선생님,
지도엔 없는
이야기 하나
들려주시죠

일러두기

- 이 책에 사용된 사진은 각 저작권자 또는 단체에 그 권리가 있으며, 출처는 책 말미에 표시하였습니다.
- 게재된 사진에 문제가 있거나 오류가 있을 경우 출판사로 연락주시면 바로잡겠습니다.

가는 길은 알아도
무얼 봐야 할지
모르겠다면,

노승대 지음

선생님,
지도엔 없는
이야기 하나
들려주시죠

불광출판사

들어가며

저의 스승이신 에밀레박물관의 고(故) 조자용 박사님께서 당부하시던 말씀이 있습니다.

"책상머리에서 글 쓰지 마라."

박사님께서는 '이것저것 문헌 자료만을 취합해 글을 쓰면 안 된다'고 하시면서 늘 현장 답사를 다니셨습니다. 그 가르침대로 필자도 늘 문화 유적지를 찾아다녔습니다. 그리고 그 사이 42년이 흘렀습니다.

어느 때는 박사님을 모시고도 다녔고, 어느 때는 가족과도 다녔고, 어느 때는 혼자서도 다녔습니다. 그 후 '바라밀문화기행' 답사팀을 만들어 공동 답사를 다닌지도 32년이 훌쩍 지나갔습니다.

오랜 세월 답사를 다니다 보니 몇 가지 뜻깊은 일도 경험했습니다.

첫 번째는 석가족을 찾은 일입니다.

기록에 의하면 석가모니 부처님이 태어나신 석가(Shakya)족의 나라 카필라왕국은 코살라왕국에 의해 멸망했습니다. 카필라왕국의 마지막 왕인 마하나마(Mahanama)왕은 코살라왕국의 비두다바(Vidudabha)왕에게 '자신이 연못에 들어가 있는 동안 석가족이 피신할 시간을 달라'고 요청했습니다. 비두다바왕이 이를 허락하자 왕은 연못에 뛰어들었고 석가족은 사방으로 도망치기 시작했습니다. 도망친 석가족이 시야에서 사라졌는데도 마하나마왕은 연못에서 나오지 않았습니다. 왕은 물속에서 자신의 머리를 나무 뿌리에 묶어 이미 숨을 거두었던 것입니다.

그럼 석가족은 영영 역사에서 사라진 것일까? 그런 의문은 1989년 네팔 카트만두 파탄 지역에서 우연히 석가족을 만나며 풀렸습니다. 석가족은 히말라야 산속으로 피신해 카트만두까지 이르렀고, 그곳에 정착해 오랫동안 종족을 보존하며 살아왔습니다. 20만여 명이 모여 살고 있었고 직업은 대다수가 불상 제작자였습니다.

이후 한국의 불교계에서 석가족이 만든 불상을 모셔 오기도 하며 '석가족이 네팔에 살고 있다'는 것이 많이 알려지게 되었습니다.

두 번째는 치우천왕의 묘를 찾아간 것입니다.

1985년 김정빈의 소설 『단(丹)』이 최고의 베스트셀러가 되고 다음 해에 『한단고기』가 출간되면서 한국 고대사에 대한 대중의 관심이 폭발했습니다.

그중 중국의 시조 황제와 동이족의 우두머리 치우천왕의 전쟁 내용이 실려 있는데, 사마천의 『사기』에는 '황제에게 패하여 죽은 치우의 무덤이 산동성 수장현 감향성중에 있다'고 나옵니다. 치우천왕은 동이족 중에서 가장 용맹한 군왕으로 그의 얼굴은 붉은악마 축구 응원단의 엠블럼이 되기도 했습니다.

필자는 일찍부터 조 박사님에게 치우천왕 이야기를 들었지만 당시에는 이 치우천왕의 무덤을 가 본 사람은 없고 전부 탁상공론할 때였습니다.

한중 수교 전인 1990년 9월, 필자는 겁도 없이 홍콩에서 베이징으로 혼자 날아갔습니다. 다시 베이징에서 국내선 비행기로 산동성의 성도 제남으로 간 다음 기차, 버스를 갈아타고 물어물어 치우천왕의 묘를 기어이 찾아갔습니다. 한중 수교 이전 최초로 치우천왕 묘를 찾아간 한국인이 되었던 것입니다. 참으로 감개무량했습니다.

세 번째는 미얀마(버마)를 개인 여행한 일입니다.

군사 독재 국가인 미얀마의 정부는 단체 관광객만 받고 개인 여행자는 받아 주지 않을 때입니다. 그리하여 1991년 비즈니스 비자를 끊어 홀로 미얀마에 들어가 자유롭게 돌아다녔습니다. 참 귀중한 체험이었습니다.

물론 이렇게 답사하며 처음으로 찾아낸 내용과 자료들은 여러 월간지에 기고하여 실었습니다.

이제까지 답사기를 여러 번 연재하였지만 책으로 묶어 나오는 것은 이번이 처음입니다. 이번 책은 2023년 3월부터 12월까지 월간 『불광』에 연재되었던 답사기와 이후 몇 차례에 걸쳐 다녀온 곳의 답사기를 묶고 보완하여 나오게 된 것입니다.

문화 유적지에 대한 좋은 안내서가 매우 많아서 굳이 필자까지 답사기를 써야 하는가 의문도 들었지만 이왕 쓰는 김에 이전의 여러 답사기에서 다루지 않았던 내용을 담아 보려고 노력했습니다.

예를 들면 '영주 부석사의 무량수전과 조사당, 안동 봉정사의 극락전 등 고려시대 건축물들은 냉혹한 역사를 겪으면서 어떻게 살아남았는지', '사찰 경내에 유학자의 비석이 왜 버젓이 서 있는지', '이 절터에 있었다는 국보급 승탑은 어떤 사연으로 유랑하다 국립중앙박물관에 오게 되었는지'….

이처럼 문화재를 보면서 일어난 의문들에 대해 해설이 미진했던 내용을 이해하기 쉽게 정리해 보려고 노력했습니다. 혹 문화 답사를 가실 때나 관련 문화재를 알고 싶으실 때 좋은 참고 도서가 된다면 필자는 이 책을 쓴 보람으로 삼겠습니다.

최근 안타깝게도 의성 산불로 고운사가 화마에 휩싸였습니다. 국가 지정 보물이었던 연수전과 가운루도 흔적 없이 사라졌습니다. 생각만 해도 가슴이 답답하고 먹먹합니다.

고운사는 본사(本寺) 가운데서도 가장 고즈넉한 절이었습니다. 포장도로도 없고, 그 흔한 데크도 없는 천년 숲길은 걷는 것만으로도 우리의 바쁜 마음을 쉬게 하였습니다.

필자가 처음 고운사를 간 때가 1985년입니다. 무려 40여 년을 드나들었고, 갈 때마다 변함없는 그 모습에 감동하고 미소 짓던 절입니다.

'모든 존재하는 것은 반드시 사라진다'는 것이 부처님의 가르침이지만 민족 역사의 문화적 자취가 우리의 부주의로 사라진다는 것은 너무나 슬픈 일입니다.

부처님께 깊이 참회하며 다시는 이런 불행한 일이 없도록 조심해야겠습니다.

마지막으로 부족한 부분을 다듬어 주고 성의 있게 편집하여 훌륭한 노서로 만들어 주신 불광출판사 임직원 여러분께 고맙다는 말씀 전합니다.

2025년 5월
노승대

차
례

4 　들어가며

13 　어촌과 산촌이 어울린 바닷가 고을 | **강원도 삼척**

47 　봄빛 호수 길 따라 세 절을 순례하다 | **전라북도 완주**

83 　추풍령 넘어 수행자들의 야무진 터전 | **경상북도 김천**

121 　충절과 절개로 피어난 지리산 자락 큰 고을 | **전라북도 남원**

165 　풍설을 견딘 소나무처럼 제 자리를 지킨 고찰과 서원 | **경상북도 안동**

209 　속리산에 불법이 머무니 삼년산성에 함성 소리 끊겼네 | **충청북도 보은**

257 　아리랑은 영남루를 휘감고 의열은 강물처럼 흐르네 | **경상남도 밀양**

299 　명산엔 명찰이 깃들고 고을 곳곳엔 당산이 섰네 | **전라북도 부안**

343 　올곧은 수행자의 귀의처, 뜻 잃은 선비들의 터전 | **설악산**

391 　천불 천탑의 염원과 천년 고을의 풍모 | **전라남도 화순·나주**

435 　옛길에서 만나는 백제의 숨결 | **충청남도 서산**

477 　남한강가에 늘어선 옛 절터들 | **경기도 여주·강원도 원주**

강원도 삼척

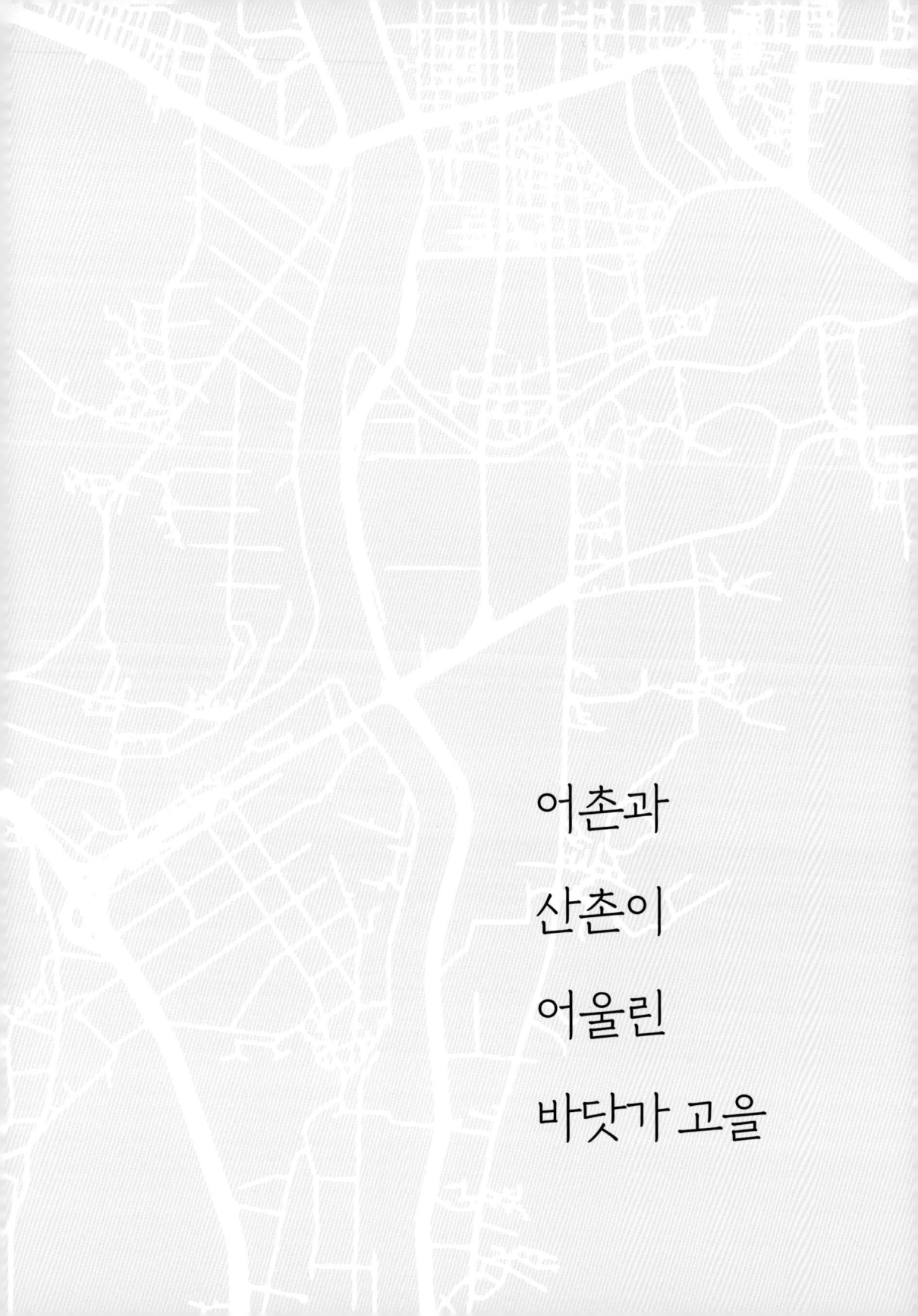

어촌과

산촌이

어울린

바닷가 고을

__ 백두대간을 넘어

　우리 선조들은 모든 생물이 살아 있듯 땅도 살아 있다고 생각했다. 몸에 혈맥이 있어 삶과 건강이 유지되듯, 땅에도 지맥(地脈)과 지기(地氣)가 흐른다는 것이다. 따라서 한반도 전체를 살아 있는 유기체로 보아 뭇 산의 조종(祖宗)이 되는 백두산의 혈맥이 전국의 산야로 거미줄처럼 퍼져나갔다고 보았다.

　이러한 관점에서 출현한 것이 바로 여암 신경준(1712~1781)의 『산경표(山經表)』다. 조선의 산맥 체계를 물길과 연결시켜 일목요연하게 정리해 놓은 책이다. 『산경표』에 의하면 이 땅의 척추가 되는 산맥이 바로 백두대간(白頭大幹)이다.

　백두산의 주맥은 마대산, 두류산을 거쳐 동해안을 따라 내려가며, 금강산, 설악산, 오대산, 태백산을 일군 뒤 서쪽으로 방향을 틀어 희양산을 거쳐 속리산을 세운다. 속리산에서 다시 남행하여 덕유산을 빚은 다음, 지리산에서 마지막 숨결을 토하고 바다로 잦아든다. 이 백두대간 큰 줄기에서 1정간(正幹) 13정맥(正脈)이 갈라져 나가며 전 국토를 인체의 혈관처럼 연결한다.

　『산경표』는 '산은 강을 건너지 못하고, 강은 산을 넘지 못한다'는 평범한 진리를 기반으로 한다. 한반도의 어느 마을, 어느 고을에서도 물을 건너지 않고 능선을 따라 백두산까지 갈 수 있다는 것이다. 곧 백두산의 정기는 한반도 산야(山野) 어느 곳으로도 다 흐르게 되어 있다는 뜻이다.

　예부터 '인걸(人傑)은 지령(地靈)'이라고 했듯이 선조들은 '인물은 산의 정기를 받아 태어난다'고 믿었다. 일제강점기 일본인들이 조선에 큰 인물이 태어나지 못하도록 그 지맥을 끊는다고 해서 영산에 쇠못을 박았다는 것도 다 이 때문이다.

　오랜 세월을 지나며 백두대간과 강줄기를 중심으로 인심도, 풍속도, 말씨도 달라졌다. 백두대간에 의해 동남쪽에 갇힌 땅이 바로 경상도가 되었으

며, 동해안 백두대간 언저리는 강원도가 되었다. 백두대간 서쪽의 남부가 충청도·전라도가 되고, 북쪽 지역은 황해도·평안도·함경도로 나뉘게 된다.

백두대간은 날씨에도 영향을 미쳤다. 백두대간에 놓인 대관령을 기준으로 동쪽을 영동(嶺東), 서쪽을 영서(嶺西) 지방이라고 한다. 같은 강원도이지만 영동으로 가려면 백두대간에 놓인 진부령, 미시령, 한계령, 대관령, 백복령 등 큰 고개를 넘어야 한다. 바람도 그러하다. 찬바람이 백두대간을 넘지 못하는 탓에 영서 지방은 겨울에 가장 춥지만, 영동 지방은 크게 춥지 않다.

추위에 약한 대나무의 식생을 살펴보면 알 수 있다. 호남 지역에서는 논산 아래쪽에서만 볼 수 있는 대나무가 동해안을 따라 삼척과 강릉은 물론 속초에서도 자란다. 그만큼 겨울이 춥지 않다(다만 근래에 기후 변화로 많이 달라지기는 했다).

그 영동의 남쪽 끝자락에 있는 삼척은 더 따뜻하다. 2월 말이면 매화가 피고, 3월 말경 삼척의 벚꽃들이 어김없이 꽃망울을 터뜨린다. 근덕면 맹방리의 벚나무 가로수 길이 대표적이다.

조선 왕실의 태 자리

조선은 지방의 관할 구역을 주(州), 부(府), 군(郡), 현(縣)으로 나누었고, 중앙에서 각각 목사, 부사, 군수, 현감을 파견해 통치했다. 삼척의 경우 동해안 변방의 척박한 고을이지만 위계가 높은 곳이다. 조선 초에 도호부가 설치되고 종삼품(從三品)의 부사가 파견되어 근무했다.

삼척은 도호부로서 육군과 수군의 합동 기지인 삼척진(三陟鎭)도 있었다. 신라 장수 이사부가 실직주(지금의 삼척)를 다스리고 있을 때 우산국(울릉도)을 정벌하여 신라 영토가 되기도 했듯, 삼척은 예부터 군사 요충지였다.

태조 이성계는 조선을 개국한 이듬해인 1393년, 4대조인 목조(穆祖)의

___ 삼척도호부 관아지 내 진주관. 삼척도호부 관아지는 일제강점기를 거치며 대부분의 건물이 소실되어 죽서루만 전해져 왔다. 이후 2010년 발굴 조사가 이루어졌고, 2021년 복원 사업이 진행되면서 사적으로 지정되었다.

외가 고향이고, 선대의 무덤이 있다 하여 삼척을 도호부로 승격시켰다. 그 무덤이 바로 준경묘(濬慶墓)·영경묘(永慶墓)다. 전주를 본향으로 하는 이성계의 선조가 어떤 연유로 삼척에 묘를 쓰게 되었을까? 그 전설을 따라가 보자.

이성계의 고조부이자, 전주 이씨의 시조인 이한(李翰)의 17세손인 목조 이안사. 전주의 호족인 그의 아버지는 이양무 장군으로 대대로 전주에 살았다.

어느 날 전주 지역을 관할하는 지주사(知州事)가 새로 부임하는 산성별감(山城別監)에게 이안사가 총애하는 관기(官妓)를 수청들게 하였다. 이 일로 이 지역의 이인자였던 산성별감이 이안사와 싸우게 되자, 그와 지주사는 이안사를 국가에서 하는 일에 반기를 드는 역적으로 몰아세워 조정에 보고하였다. 이 일로 인하여 사태가 위태로워지자 이안사는 가솔들을 이끌고 삼척의 미로면 활기리로 이주하게 된다. 삼척은 삼척 이씨인 어머니의 본향이었다. 이때 이안사를 따르던 170여 호도 함께 따라왔다.

이곳에 온 지 1년 만에 이안사의 부친 이양무 장군이 사망했다. 그는 좋은 묫자리를 찾아다니다 잠시 쉬던 중 깜박 잠이 들었다. 꿈속에서 도승과 함께 지나가던 상좌승이 '이곳에 묘를 쓰면 5대 후에 왕이 나겠구나.' 하고 중얼거렸다. 앞서가던 도승이 당장 꾸짖었다.

"네 이놈! 낮말은 새가 듣고 밤말은 쥐가 듣는다 하였거늘 어디 함부로 천기를 누설하느냐!"

이 말을 엿들은 이안사는 도승에게 급히 나아가 묫자리에 대해 자세한 말씀을 해 달라고 청했다. 도승은 어쩔 수 없다는 듯 '이 자리에 무덤을 쓰고자 할 때에는 소 백 마리를 잡아 제사하고 금으로 된 관을 써야 한다'고 일러 주고는 홀연히 사라졌다. 백우금관(百牛金棺)이 필요하다는 것이다.

꿈에서 깬 이안사는 고민에 빠졌다. 가솔들을 이끌고 도망치듯 피신해 온 처지에 소 백 마리와 금으로 된 관을 무슨 수로 구할 것인가. 고심하던 이

___ 위가 이양무 장군의 준경묘, 아래가 삼척 이씨의 영경묘다.
우리나라에서 유일한 조선 왕실 선대의 능묘로서 사적으로 지정되어 있다.

안사는 기발한 묘책을 내었다. 백우는 외가에 있는 흰 소[白牛]로 대신하고, 누런 귀리 짚으로 관을 싸서 금관을 대신해 무덤을 썼다. 이것이 준경묘로 고려 고종 18년(1231)의 일이다. 그 뒤 얼마 후 이안사의 모친도 사망해 준경묘에서 4킬로미터 떨어진 곳에 무덤을 쓰니 이것이 바로 영경묘다.

그러나 호사다마라 했던가. 전주에서 다투었던 산성별감이 안렴사(지금의 도지사 격)가 되어 삼척으로 순행을 나온다는 소식이 들려왔다. 이안사는 부랴부랴 가솔들과 170여 호를 이끌고 삼척을 떠나 북행길에 올랐다. 마지막엔 함길도(지금의 함경도) 덕원군 용주리로 도피해 자리를 잡게 된다.

이안사의 가계는 이안사 → 이행리 → 이춘 → 이자춘 → 이성계로 이어진다. 결국 도승의 예언대로 5대를 내려가 이성계가 조선을 건국하게 된다. 준경묘를 쓴 지 161년 만의 일이다.

이 전설에 대해서는 이안사의 머슴이 산에 나무하러 갔다가 두 스님이 묫자리에 대해 이야기하는 것을 엿듣고 그에게 알려 결국 준경묘 자리를 얻었다는 설도 있다.

주차장에서 준경묘까지는 1.8킬로미터 거리다. 8백 미터는 가파른 언덕길이나 계단 길을 힘들게 올라야 하지만 나머지 1킬로미터는 평탄한 숲길이다. 해묵은 금강송들과 잡목들이 울울창창 길손을 반기는 잊을 수 없는 풍경의 명품 숲길이다. 숭례문과 광화문 복원에 쓰인 소나무 일부를 이곳에서도 벌채해 갈 만큼 좋은 소나무가 오래 보존된 숲으로, 길에는 곧고 맵시 나게 쭉 뻗은 미인송(美人松)도 있다. 속리산 정이품송을 신랑으로 맞은 신부 소나무다.

1899년 고종은 이 무덤에 '준경묘'라는 존호를 올리고 홍살문, 제각, 비석 등을 갖추도록 했다. 제각 앞에는 명당으로 뻗은 지기가 혈 자리를 맺고도 그 기운이 남아 지상으로 분출시킨다는 진응수(眞應水) 샘물이 있다. 한 번도 마른 적이 없다는 신비한 샘물이다.

영동 사람들의 오래된 기도 터, 쉰움산

삼척에는 만신 기도처로 유명한 산이 있다. 바로 두타산 지맥이 동해를 바라보고 뻗다가 돌출된 쉰움산이다.

산정에는 크고 작은 자연석 돌우물이 널려 있는데, 그중 구멍이 큰 것이 50여 개나 된다. 그 구멍에서 물이 솟아나지는 않으나 비가 온 뒤에는 빗물이 고여 마치 우물처럼 보인다. 그리하여 50개의 우물이 있다는 뜻의 '쉰움산'이라 불렸고, 한문으로는 '오십정산(五十井山)'이라 하였다.

삼척뿐만 아니라 영동 지역에서 가장 유명한 민간 기도처였기에 자연석으로 쌓은 돌탑과 무속의 흔적들이 많이 남아 있다. 소위 '신빨'이 잘 받는 곳이다. 조선시대에도 신사(神祠)가 있어 봄·가을에 제사를 모셨고, 날이 가물면 기우제를 올리던 기도 터다.

필자가 이 쉰움산을 처음 찾은 해가 1992년 초여름이다. 스승이신 조자

삼척 쉰움산 정상의 오십정

용 박사님은 평생 우리의 전통문화를 천착하시면서『신증동국여지승람』이나 『여지도서(輿地圖書)』에 실려 있는 산정(山頂)의 기우신단을 한번 조사해야 한다고 자주 말씀하셨기에 필자가 스스로 이 조사를 맡겠다고 나섰다. 박사님은 몹시 기뻐하시면서 이미 정리해 놓으신 20곳의 기우제단 목록을 주셨다.

　목록을 살펴보니 산정 바위에 물이 고여 있어 이름에 '우물 정(井)' 자가 들어가 있는 곳은 다 신단이었다. 천제(天祭), 또는 기우제를 지내던 전통의 민족 신단이었으니 월출산 구정봉(九井峯), 부산 금정산 금정(金井), 삼척 쉰움산의 오십정(五十井)이 대표적이다. 민족의 성산인 백두산이 만물 생명의 근원인 물을 담고 있어 '천지(天池)'라 부르며 받들어 왔듯이 백두산의 혈맥이 뻗어 나간 산 중에서 산정 부근에 물이 고인 바위나 연못이 있으면 자연스럽게 비를 비는 기우제단으로 이용되었던 것이다. 한라산 백록담에서 기우제를 지냈다는 기록이 많이 남아 있는 것도 이런 이유다.

　전국의 산을 다니며 기이한 풍경과 만신들의 외진 기도 터도 많이 만났지만 이 쉰움산만큼 신령함과 경외감을 느끼게 해 주는 곳은 없었다. 아직도 처음 찾았을 때의 그 기이하고 서늘했던 느낌은 마음속에 그대로 남아 있다.

　두타산 삼화사에서 용추폭포 쪽으로 오르다가 쌍폭 가기 전 왼쪽 계곡을 건너 두타산성으로 오른 후 쉰움산으로 내려갈 때까지는 보통의 산행 길이었다. **하지만 쉰움산 신단 가까이 다가가자 풍경이 확 달라졌다. 왼쪽으로는 울창한 소나무 숲이, 오른쪽으로는 높은 암벽이 쭉 이어졌고, 그 사이로 난 소로**(小路)는 이제 성역이 나타날 것임을 예고하는 듯했다.

　이곳을 벗어나자 길 양쪽으로 누군가가 쌓아 놓은 돌탑들이 줄지어 **나타난다. 얼마나 많은 사람들이 올라와 얼마나 많은 시간과 정성을 들여 이 신탑들을 쌓았을까?** 기도의 간절함이 이 수많은 신탑에 어려 있으니 어찌 신령하지 않을 수 있겠는가.

__ 삼척 쉰움산에 세워진 돌탑

__ 삼척 쉰움산 기도터.
백지로 싸인 입석들이 보인다. 여전히 많은 이들이 기도하러 이곳을 찾는다는 의미이다.

신탑 지대를 벗어나면 드디어 천연의 돌우물들이 펼쳐진 기이한 풍광이 나타난다. '오십정'이라 하시만 백 개가 넘을 듯힌데 전부 자연에 의한 돌우물인데다가 그 크기가 다 다르니 신비하고 신비하다.

북쪽으로는 너른 터에 작은 입석(立石)들이 수도 없이 세워져 있는데 백지로 싸인 입석들도 꽤 많다. 여전히 많은 사람들이 기도하러 올라온다는 뜻이다. 한쪽에서는 산 기도하러 온 만신들이 열심히 기도를 올리고, 높은 소나무에 걸린 기다란 오색천은 바람에 따라 이리저리 휘날린다.

어디에서도 보지 못한 낯선 풍경이지만 두타산을 배경으로 동해를 바라보고 우뚝 솟아오른 이 바위 신단은 아주 오랜 옛날, 선사시대부터도 기도 신단으로 쓰였을 것 같은 느낌을 준다. 누구에게나 영험함과 신비함, 약간의 두려움과 오싹함도 느끼게 해 주는 천연의 바위 신단이다.

이승휴, 단군을 말하다

바로 이 쉰움산 아래에 고찰 천은사가 있다. 1948년 화재로 소실되어 옛 건물들은 없어졌지만 고찰의 향기는 여전하다. 이 천은사에서 고려의 명신(名臣) 이승휴(1224~1300)가 『제왕운기(帝王韻紀)』를 저술했다.

두타산 아래 외가 마을인 구동(龜洞, 지금의 삼척시 미로면 내미로리)에서 태어난 그는 벼슬길에 나아간 후에도 간관(諫官)으로서 매우 강직한 인물이었다. 그런 성격이 잘 묻어나는 일화 한 가지가 있다.

고려 원종이 죽자 이승휴는 원나라 연경으로 파견되어 고려의 세자 왕거(王昛, 후일 충렬왕)를 모시러 갔다. 당시 복식과 머리 모양을 몽고식으로 하고 있던 세자를 본 이승휴는 깜짝 놀라 세자에게 직언했다.

"고려의 왕이 되실 분이 이국의 의관을 하고서 어찌 나라를 다스릴 수 있겠습니까?"

___ 두타산이 품은 천은사, 산 우측은 쉰움산이다.

원래 원나라 세조 쿠빌라이는 황제로 즉위한 뒤 고려가 내놓은 6가지 조항을 기꺼이 수용했다. 그 첫 번째 조항이 '의관은 본국의 풍속을 따를 것이며, 상하가 모두 바꾸지 아니한다'였다. 이를 '불개토풍(不改土風)'이라 하니 고려의 제도와 법식을 고치지 않는다는 것이다. 그런데 세자가 몽고식 복식과 머리 모양을 하고 있으니 강직한 이승휴가 세자에게 직설한 것이다.

이승휴는 간관으로 일하면서 왕과 권신들에게 직언을 서슴지 않아 미움을 많이 받았고, 해직과 복직을 반복했다. 충렬왕도 이승휴를 좋아하지 않아 결국 1280년에 파직당했다.

이승휴는 다시 두타산 아래로 돌아와 용안당(容安堂)을 짓고 은거한다. 그는 우리 민족의 뿌리와 역사, 문화가 중국과 완전히 다른데도 점점 원나라 풍의 문화가 뿌리내리는 것을 보고 안타까움을 느껴 중국과 우리의 역사를 칠언시와 오언시로 엮어 정리하였다. 이 역사 서사시가 바로 『제왕운기』다. 상·하 두 권으로 되어 있으며, 상권은 중국의 신화 시대부터 원나라 흥기까지를, 하권은 우리나라의 역사와 고려조의 역사를 다루었다.

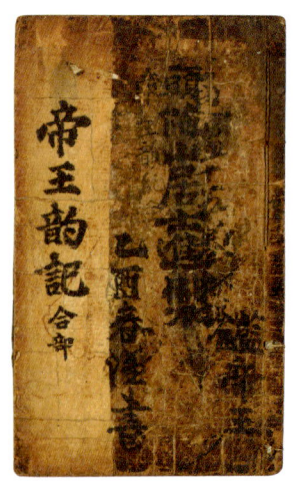
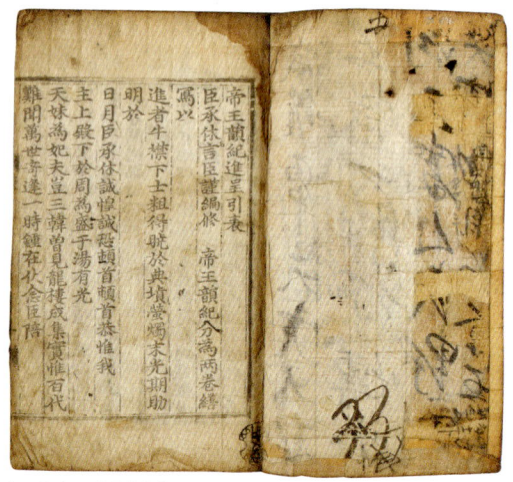

___ 고 이건희 회장의 기증으로 국립중앙박물관에 소장된 『제왕운기』.

이승휴는 이를 통해 중국과 우리나라는 민족도, 역사도 다르며, 문화도 다르다는 것을 부각해 민족의 정체성을 확립시키고자 하였다. 한편 우리 민족은 단군을 중심으로 하는 단일 민족임을 천명하고, 신라, 고구려, 남·북 옥저, 동·북 부여, 예, 맥이 모두 단군의 후손이라고 하였는데, 우리나라 전체를 '조선'이라 지칭하면서, 최초로 발해의 역사를 우리 역사로 포용하기도 했다. 일연 스님의 『삼국유사』와 같이 고대사와 단군을 언급하였으니 나라에서 편찬한 『삼국사기』와는 전혀 다른 역사적 관점을 가지고 있었음을 보여준다.

불교에 우호적이었던 이승휴는 호를 '동안거사(動安居士)'라고도 했다. 그는 용안당에 머물며 삼화사의 대장경을 빌려 읽으며 정진했다. 후일 그는 용안당을 간장암(看藏庵)으로 바꾸고 토지를 절에 희사했다. 간장암이 있던 곳이 지금의 천은사 구역이다. 최근에 절 아래쪽에 이승휴를 기리는 사당인 동안사(動安祠)가 세워졌고, 사찰 경내는 이승휴 유적으로 지정되었다.

— 삼척 천은사 경내에 위치한 동안사. 매년 이승휴를 기리는 동안대제가 봉행된다.

허미수, 삼척부사로 오다

조선시대에 삼척부사로 온 인물 중에서 이름이 가장 잘 알려진 인물은 단연 미수 허목(1595~1682)이다. 그의 초상화에서 보듯 깡마른 몸매에 눈을 덮을 듯한 흰 눈썹이 특이해 그는 자신의 아호를 스스로 '미수(眉叟)'라고 지었다.

아버지 허교는 독창적 학문과 사상으로 이름이 높았던 화담 서경덕의 제자인 박지화의 문인(門人)이었고, 외할아버지인 백호 임제는 도학과 경학에 밝았다. 그러한 영향으로 허미수는 도학과 노장사상에도 해박한 지식을 갖추게 되었다. 또한 영의정을 지낸 이산해의 문하에도 출입하고, 이황과 조식의 학통을 함께 이은 한강 정구에게서도 배웠다. 하지만 아버지의 뜻에 따라 관직에 뜻을 두지 않았고, 오직 학문에 매진하여 일가를 이루었다.

그런 그를 즉위한 효종이 거듭 부르며 가르침을 청했다. 그리하여 56세에 처음으로 왕릉 수호와 관리를 책임지는 정릉참봉으로 첫 벼슬을 받았다. 이후 81세에는 우의정에 오르는 전설적인 기록을 남겼는데, 대과시험을 보지 않고 벼슬길에 오른 사람으로서는 매우 이례적인 일이었다.

그는 남인의 영수로서 송시열의 서인과 치열하게 대립하면서도 큰 횡액을 당하지 않고 88세의 나이로 세상을 떠났다. 그는 성리학자이면서도 화가, 교육

___ 허목 초상(보물)

가, 작가, 시인이기도 했으며, 다방면에서 활동한 인물이다.

그런 그가 한때 당파 싸움에 밀려 삼척부사로 왔다. 1660년 그의 나이 65세 때였다. 삼척부사로 좌천되어 왔지만 그는 물외의 신선이 된 듯 마음은 한가롭고 여유로웠다. 그의 시를 한 편 보자.

無可無不可吟	옳고 옳지 않음을 읊다
一往一來有常數	한번 가고 한번 오는 것은 정해진 법칙
萬殊初無分物我	애당초 모든 것이 너니 나니 분별없었네.
此事此心皆此理	이런 일 이런 마음 모두 다 이러한 이치니
孰爲無可孰爲可	어떤 것이 그르고 어떤 것이 옳다 하랴.

그가 삼척부사로 내려올 즈음 삼척은 심한 바다 폭풍이 일어 바닷물이 고을까지 들어오고 백성들의 피해가 심했다. 그는 조수의 피해를 막고자 손수 글을 짓고 써서 비석을 만들어 바닷가에 세웠으니, 그것이 바로 '척주동해비(陟州東海碑)'다.

그의 독특한 전서체 글씨는 '동방의 제1인자'라 불릴 정도로 평판이 자자했다. 게다가 비문의 내용은 동해를 찬미하면서도 웅혼하고 신비하여 하늘에 닿는 힘이 있었는지 바다가 잠잠해지며 백성의 피해가 줄었다고 한다.

이러한 일 때문에 척주동해비는 파도를 물리친 비라 하여 '퇴조비(退潮碑)'라는 별명이 붙었다. 나아가 이 영험한 글씨를 집안에 걸어두면 화재와 액난이 없어진다고 하여 사람들이 줄을 지어 탁본해 갔다. 조선 후기에는 척주동해비 탁본이 웬만한 사대부 집안에는 한 점씩 있을 정도였다.

허미수가 처음 세웠던 척주동해비는 그 후 마멸이 심해 세운 지 48년 뒤인 숙종 34년(1708)에 다시 새겨 세웠고, 2년 뒤에는 지금의 육향산 동쪽에 옮

___ 육향산 정상에 자리한 동해비각 내부에는 척주동해비가 자리하고 있다.

겨 세웠다. 근래에 삼척항이 개발되면서 1966년에 다시 육향산 정상으로 옮겨 놓았으니 지금도 여전히 파도의 침해를 막고 서 있다.

___ **죽서루에 오르다**

　관동8경은 모두 동해 바닷가 풍광이 뛰어난 곳을 가려 뽑은 명승지이지만 딱 한 군데, 바닷가가 아닌 곳이 있다. 바로 죽서루(竹西樓)다.

　태백산에서 발원해 동해로 흘러가면서 수십 차례나 물줄기를 바꾸며 산간의 아름다운 자태와 물색을 담아 온 시내가 바로 '오십천(五十川)'이다. 태백에서 삼척을 왕래하려면 50여 차례나 시내를 건너간다고 해서 붙은 이름이다. 이 아름다운 오십천이 바닷가 삼척 고을에 이르러 다시 한 번 비경을 빚어 놓으니 깊고 옥같이 맑은 물이 허공에 솟은 듯 높고 긴 기암절벽을 휘돌아 가

___ 삼척 죽서루(국보).
누각 아래 기둥들의 자유로운 변주가 눈에 띈다.

___ 죽서루 내부에 걸린 현판.
죽서루에는 『정조대왕어제시』를 비롯해 유명 시인과 명신들의 한시가 새겨진 현판이 많았으나 1959년 태풍의 영향으로 많이 유실되고 현재는 28개만 남아 있다.

고, 그 암벽 위에 고목들과 어우러진 죽서루가 날아갈 듯 사뿐히 앉아 있다. 한 폭의 진경산수화다. 그래서일까? 죽서루는 겸재 정선, 단원 김홍도, 표암 강세황 등이 그림으로 남겼고, 수많은 민화에도 자연스레 등장했다.

　우리나라에는 지역마다 그 지역을 대표하는 누각을 하나씩 정해 놓는 풍습이 있다. 영남 제일루는 밀양의 영남루이고, 호남 제일루는 남원 광한루다. 평안도 지역인 관서 제일루는 안주 백상루, 그리고 관동 제일루는 바로 이곳, 삼척 죽서루다. 이러한 누각들은 별명처럼 부르는 누각의 이름을 당당하게 현판으로 내걸고 있다. 관동 제일루 현판 글씨는 숙종 41년(1715) 삼척부사로 왔던 이성조의 글씨다.

사실 죽서루는 고려시대부터 존재해 왔다. 고려 명종 때의 문인 김극기가 죽서루 시를 남기고 있는 것으로 보아 적어도 1190년 이전 그 자리에 있었음을 알 수 있다. 현재의 죽서루는 조선 태종 3년(1403)에 삼척부사로 있던 김효선이 한 차례 중건한 이후에 여러 차례의 중수를 거치면서 오늘에 이른 것이다.

2층 누각 형태로 되어 있는 죽서루는 지은 이의 활활자재한 솜씨가 잘 드러나 있다. 특히 1층에 세워진 17개 기둥을 보면 더욱 그렇다. 본래 있던 자연석 암반을 그대로 둔 채 어떤 기둥은 그 암반에 이가 맞도록 깎아 세웠고, 또 어떤 기둥은 자연석 주춧돌을 놓고 그 위에 세웠다. 어떤 기둥은 길고, 어떤 기둥은 짧기도 하여 그 길이가 전부 다르다. 옆에서 바라보면 누각 아래 기둥들의 자유로운 변주가 바로 자연의 모습임을 실감한다.

반은 인공, 반은 자연이라는 우리 선조들의 솜씨가 유감없이 발휘된 죽서루에는 이 천하절경의 누각에 오고 갔던 이들이 남긴 글씨와 시판들이 빼곡히 걸려 있다. 삼척부사를 지낸 허미수, 이성조, 이규헌의 글씨를 비롯해, 율곡의 시, 「정조대왕어제시(正祖大王御製詩)」 등을 담은 28개의 현판을 감상할 수 있다는 것도 죽서루를 찾는 또 하나의 기쁨이다.

영은사와 탄허 스님

삼척에는 한국전쟁 때에도 살아남은 고찰이 두 곳 있다. 바로 영은사와 신흥사다. 원래 영동 지역에는 많은 고찰이 있었지만 민족상잔의 전쟁으로 큰 피해를 보았다. 건봉사, 낙산사, 명주사, 삼화사 등 크고 작은 사찰들이 전쟁의 참화 속에 스러진 것이다. 그럼에도 불구하고 다섯 군데 사찰이 기적적

___ 삼척 죽서루와 오십천. 우리나라 명승으로 지정되어 있다.

으로 목숨을 구했으니 속초 신흥사와 양양 영혈사, 강릉 보현사, 그리고 삼척의 영은사와 신흥사다. 두 사찰은 신라 말에 선종(禪宗)을 들여와 강릉 지역에 사굴산파(闍崛山派)를 이룩한 범일 국사가 창건한 역사를 갖고 있다.

영은사는 임진왜란으로 소실된 것을 인조 19년(1641) 벽봉 스님이 중건하였다. 그러나 순조 4년(1804) 봄, 또다시 대웅보전 등 10여 동의 건물이 전소되었고, 이듬해 10월 서곡 화상이 당시의 삼척부사 심공저의 지원을 받아 복원하였다.

특이하게 영은사에서는 근세의 명필 해강 김규진(1868~1933)의 글씨를 감상할 수 있는 현판과 주련이 많다. 해강은 8살에 외삼촌인 소남 이희수(1836~1909)에게 서예를 배우기 시작해 18살에 중국에 유학하여 실력을 닦고, 34세에는 영친왕의 서예 선생이 되었다. 사진 기술을 배워 조선 최초의 천연당 사진관을 열었는가 하면, '고금서화관'이라는 고서화점을 연 선구자적 인물이었다.

해강은 수많은 사찰에 유묵을 남겼지만 여기 영은사처럼 다양한 서체를 4점이나 남긴 곳은 드물다. '태백산 영은사(太白山 靈隱寺)', '심검당(尋劍堂)', '설선당(說禪堂)'이 각기 다른 서체를 뽐낸다. 대웅보전의 4점 주련

__ 삼척 영은사 범일국사진영

__ 해강 김규진이 쓴 '태백산 영은사' 편액

___ 삼척 영은사 심검당 현판(위)와 설선당 현판(아래).
모두 해강 김규진의 글씨이지만 각기 다른 서체를 뽐낸다.

도 그의 글씨다.

　영은사에서는 이와 함께 탄허 스님의 글씨도 감상할 수 있다. 사실 탄허 스님과 영은사는 인연이 깊다. 스님은 월정사 수도원이 정화 불사의 혼란 속에서 잠정 폐쇄되자 1959년 봄에 영은사로 옮겨 왔다. 영은사는 농토가 많아 경제력이 조금 나았고, 무엇보다 호젓했기 때문이다.

　탄허 스님은 이곳에서도 『화엄경』 강의 3년 결사 수도원을 열었다. 영은사에서 5백 미터 정도 떨어져 있는 일소굴(一笑窟)이 그 수도원이었는데, 탄허 스님에게 배우고자 한 많은 대중도 함께 들어 왔다.

　11월에는 금강선원 고 혜거 스님이 외삼촌인 김지견 박사의 소개장을 들고 찾아와 출가했다. 탄허 스님은 '행자도 공부하려고 출가한 사람'이라며

행자들도 청강을 하게 했다. 또한 아침 공양과 점심 공양을 함께 준비하도록 해서 행자들이 점심 준비 때문에 강의에 빠지지 않도록 했다. 혜거 스님은 생전, 그러한 스승의 배려 속에서 열심히 공부할 수 있었다고 회고했다.

영은사 수도원은 탄허 스님이 월정사로 돌아간 1962년까지 3년간 지속됐다. 이 수도원에서 스님에게 배운 30여 명의 사람들 중에는 녹원 스님, 각성 스님, 인보 스님, 운학 스님, 법등

__ 탄허 스님

__ 삼척 영은사 심검당. 기둥에 자리한 주련 글씨가 모두 탄허 스님의 글씨이다.

스님, 명우 스님, 명성 스님, 박성배, 박완일, 서경수 등이 있었다. 다들 불교계에서 큰 역할을 한 인재들이었다. 그러한 역사를 담고 있는 일소굴은 2000년 4월에 일어난 산불로 사라졌다. 그나마 영은사 큰절이 불길 속에서 살아남은 게 천만다행이었다.

또 하나의 고찰 삼척 신흥사는 강원도 사찰의 특성을 잘 갖추고 있다. 강원도의 산중 사찰은 나무가 흔하고 황토는 구하기 어려운 탓에 흙벽 대신 나무 널벽을 많이 썼다. 나무를 넓게 켠 후 세로로 이를 맞춰 세워서 벽체로 삼는 것이다. 이를 '판벽(板壁)'이라고도 부른다.

신흥사의 요사채인 설선당과 심검당은 1821년에 짓고 1863년에 중수한 건물로 벽을 모두 나무 널벽으로 마감했다. 널찍한 부엌의 환기 구멍을 '卍' 자 형태로 뚫어 놓은 것이 이채롭다.

아담한 대웅전 뒤편에 병풍처럼 둘러선 솔숲도 싱그럽다.

___ 삼척 신흥사 설선당. '卍' 자 형태의 환기구를 볼 수 있다.

___ 삼척 신흥사 주불전인 대웅전 뒤로 솔숲이 싱그럽다.

대웅전 마당에는 배롱나무 사이로 솔씨가 떨어져 마치 한 몸인 듯 자라는 기이한 나무도 한 그루 있다. 몇십 년이 지나는 사이 소나무가 점점 커져 이제는 배롱나무가 힘겨운 듯 보인다.

___ 공양왕은 어디에 묻혔나

삼척 근덕면 궁촌리에는 고려의 마지막 왕인 공양왕의 무덤이 전해지고 있다. 임금이 계시던 곳이라 해서 마을 이름도 '궁촌리(宮村里)'다.

이성계는 우왕, 창왕을 내쫓고, 허수아비 왕으로 공양왕을 세웠다. 3년 뒤에는 '덕이 없다'는 구실을 붙여 공양왕을 폐위시키고 마침내 스스로 왕위에 올라 조선왕조를 열었다. 공양왕은 원주를 거쳐 바닷가 간성으로 와 2년간의 귀양살이 후 삼척으로 옮겨 왔지만 한 달 만에 이성계에 의하여 두 왕자와 함께 목숨을 잃었다.

___ 삼척 공양왕릉

궁촌항 가까이에 있는 공양왕릉은 높지도 낮지도 않은 언덕에 남서향을 하고 앉았다. 돌계단을 오르면 맨 오른쪽 호석을 두른 무덤이 공양왕릉이고, 나란히 있는 두 무덤이 두 왕자의 무덤이다. 왼쪽 끝의 무덤은 시녀의 무덤이라고도 하고, 공양왕이 타던 말의 무덤이라고도 한다.

그러나 이 무덤이 공양왕 일족의 무덤이라는 증거를 찾기는 어렵다. 게다가 경기도 고양시 원당에는 공식적인 공양왕릉이 있다. 공양왕이 죽임을 당한 뒤 목을 가져가 상부에 보고한 후 고양에 묻은 것이 공양왕릉이고, 이곳에는 몸만 묻은 곳이라는 주장도 있다. 하지만 고양시의 공양왕릉은 태종이 재위 16년만인 1416년 공양왕을 복권시키면서 새로 조성한 것이다. 곧 시차가 맞지 않는다.

한편 조선을 창업한 이성계 선조의 묘와 이성계가 무너뜨린 고려왕조의 마지막 왕인 공양왕의 무덤이 삼척 지역에 같이 있다는 것도 기이하다.

건국과 멸망, 승자와 패자의 다툼 사이에는 언제나 희생과 죽음이 따를 것이다. 다만 그 폭풍 속에서 민초들이 겪을 아픔과 고통은 얼마나 많았겠는가.

___ 삼척의 역사, 삼척의 자연

삼척은 어촌과 산촌으로 이루어진 궁벽한 곳이지만 외진 곳이었기에 다양한 문화재가 남아 있다. 그런 것들이 이제는 삼척의 문화 자산이 되었다.

강원도 산간 화전민촌에는 너와집이나 굴피집이 흔했다. 볏짚이나 기와를 구하기 어려우니 주변의 재료를 이용해 지붕을 덮은 것이다. 너와집은 나무를 두껍게 켠 널조각으로 지붕을 덮은 집이고, 굴피집은 굴피나무나 떡갈나무 등 두꺼운 나무의 껍질로 지붕을 이은 집이다. 다만 바람에 날릴 수도 있으므로 돌이나 통나무를 지붕에 얹어 눌러 놓아야 한다. 신리와 대이리의 너

__ 삼척 대이리 너와집

__ 삼척 해신당공원 내 해신당.
삼척시 원덕읍에는 해신당과 해신당에 전해 오는 전설을 주제로 공원이 조성되어 있다.

와집, 굴피집은 이제 국가민속문화유산이 되어 옛 산촌 마을의 생활상을 엿볼 수 있다.

한편 바다에 의지해 생업을 일구는 동해안 어촌 마을에는 해신당(海神堂)이 많다. 무사고와 안전을 빌기 위해 바다를 관장하는 신의 보호가 필요하기 때문이다. 그중에서도 신남리 해신당은 나무로 깎은 남근을 바치는 해신당으로 널리 알려졌다. 물론 여신을 모시는 신당으로 남녀의 사랑에 얽힌 애틋한 전설도 끼어 있다. 근래에는 관광 차원에서 여러 가지 시설물을 설치해 예전의 고즈넉한 분위기는 사라진 아쉬움이 있다.

삼척시 성북동에는 삼척 김씨의 시조 묘인 실직군왕릉도 있다. 이 능의 주인은 김위옹으로, 실직군왕으로 책봉되어 삼척군 일대를 식읍으로 하사받은 인물이다. 그는 고려에 귀부한 신라 경순왕이 왕건의 딸 낙랑공주와 결혼해 낳은 여덟 번째 아들 김추의 아들인데, 그의 후손들이 삼척을 본관으로 하는 삼척 김씨로 분파하면서 김위옹은 삼척 김씨의 시조가 되었다.

삼척은 이러한 문화 자산뿐만 아니라 경치 좋은 해변과 계곡, 동굴 등을 골고루 갖춘, 관광 자원이 넉넉한 고장이다. 바닷가로는 긴 백사장을 가진 맹방리 해변과 풍경이 뛰어난 부남리 해안, 장호항 등을, 계곡으로는 이끼로 유명한 무건리 이끼계곡과 소(沼)와 폭포가 줄줄이 이어지는 덕풍계곡(용소골)이 있고, 석회암 동굴로는 환선굴, 대금굴이 그 규모에 있어서 다른 동굴들을 압도한다.

레일바이크, 해상 케이블카 등의 즐길 거리는 물론, 해산물로 유명한 임원항 등, 삼척은 볼거리, 즐길 거리, 먹거리가 풍부하다. 어느 계절에 가도 우리를 실망시키지 않는 삼척으로 가는 발걸음은 즐겁고 가벼울 수밖에 없다. 필자가 삼척을 좋아하는 이유다.

전라북도 완주

봄빛

호수 길 따라

세 절을

순례하다

마음속에 담아둔 절

사찰 답사를 오래 다니다 보면 누구나 마음속에 자리하고 있는 절 하나쯤 있기 마련이다. 생각만 해도 기분이 좋아지고, 언제나 가도 마음이 차분해지는 그런 절 말이다. 내겐 완주 화암사가 그런 절이다. 처음 화암사를 찾아간 30여 년 전이나 지금이나 화암사는 언제나 내 마음의 쉼터요, 안식처다.

많은 이들이 화암사에 대해 상찬의 글을 남겼다. 이미 화암사는 '잘 늙은 절', '곱게 늙은 절집', '성채 같은 고찰'이라는 별명이 붙을 만큼 많이 알려졌다. 많이 알려질수록 그만큼 세속의 때가 묻을 수도 있지만 다행스럽게도 화암사는 아직까지 오롯하게 옛 몸가짐을 잘 지키고 있다. 참으로 고마운 일이다.

필자는 처음 화암사를 찾아갔을 때의 풍광과 행로를 잊지 못한다. 완주에서 대둔산으로 뻗은 17번 도로의 용복주유소(아직도 건재하다)에서 우회전하여 화암사 초입까지 가는 길은 구절양장의 시골길이었다. 앞산을 마주 보고 가다가 별안간 방향을 바꾸어 밭 사이로 뚫린 길을 가기도 하고, 작은 다리를 여러 번 건너기도 하였다.

논이라곤 찾아볼 수 없는 산골에는 감나무가 많았다. 조선시대에는 고산 곶감으로 알려진 명물의 산지였다. 지금이야 상주 곶감이 전국을 석권했지만 완주 고산과 동상면의 곶감은 나름 유명했다. 다만 생산량이 적어 널리 알려지지 못했던 것이다. 그래도 곶감 말리는 시설을 지금도 차창 밖으로 볼 수 있다.

어렵게 도착한 화암사 입구에 차를 대고 걸어 들어간 숲길은 호젓하고 조용하면서도 드라마틱하다. 그럼 자동차가 없던 옛 시절, 옛사람들이 화암사를 찾아갔던 순례 행로는 어땠을까? 그 길을 복원해 보자.

동쪽 숲으로 가늘게 이어지는 조붓한 숲길은 산새들의 지저귐만 정적을 깰 뿐 인적은 끊겼다. 어쩌다 스치는 바람이 나뭇가지를 흔들고 후두둑 새가

난다. 골은 점점 깊어지는데 절은 그림자도 비치지 않는다.

'정말 절에 가는 길이 맞기는 한 건가?'

작은 시내를 건너니 또 숲길. 숯가마 터의 흔적을 지나 조촐한 승탑 두 기가 왼쪽에 나타난다. 한 기는 한쪽 귀퉁이가 깨져 나가 겨우 버티고 서 있다. 누구나 태어나면 죽어 묻히기 마련이니 스님들도 예외는 아니다. 그 흔적이 승탑인데 그도 온전치가 못하다. 깨진 승탑이 말없이 중생에게 한 방망이를 날린다.

'중생들이여, 자신의 길을 잘 살펴 가라.'

승탑을 벗어나자 이내 바위 협곡 길이 나타난다. 좌우는 암벽이고, 바닥도 암반이다. 암반을 타고 맑은 계류가 조용히 미끄러지며 흘러간다. 따로 만들어 놓은 길은 없다. 발밑을 잘 살피지 않으면 미끄러져 시냇물에 빠지는 낭패를 당할 수도 있다. 이리 건너가고 저리 건너뛰며 협곡에 난 앞사람의 희미한 발자취를 따라 계속 올라간다. 오직 한마음으로 발밑을 조심해 올라야 하니 천연의 산문이요, 일주문이다.

오래지 않아 아득한 바위 절벽이 눈앞을 턱 막아선다. 길은 어디에도 보이지 않는다. 오른쪽으로는 수십 길 폭포에서 물이 2단으로 쏟아져 내리고, 그 물은 이제까지 올라왔던 계곡의 시내가 되어 흘러내려 간다.

'절은 도대체 어디에 숨어 있나?'

찬찬히 살펴보니 앞을 막아선 절벽 허리로 가느다란 길이 있다. 앞사람의 발자취는 왼쪽 계곡을 거슬러 올라간 뒤 암벽 중허리의 낭떠러지 길로 이어져 있다.

이제는 손과 발이 다 필요한 암벽의 소로다. 정신 바짝 차리고 올라가야만 한다. 나쁜 생각이고, 좋은 생각이고 일으킬 시간이 없다. 번뇌 망상이 순간 소멸된다. 이제 천왕문을 통과하고 있는 중이다.

__ 완주 화암사

암벽 길은 이내 폭포 위로 이어지고 다리를 건너면 계곡 옆에 선 키 큰 은행나무가 순례객을 반긴다. 다시 돌다리를 건너기 전에 이미 화암사 우화루가 성채처럼 막아선다. 이제야 일주문, 천왕문을 지나 절의 영역, 불국토(佛國土)에 들어선 것이다.

이 길은 누구에게나 평등한 길이다. 주지스님도, 신도도, 내방객도 누구나 오솔길과 암반 길을 걷고, 절벽 길을 돌아서 걸어와야만 한다. 누구나 공평하게 그 길을 걸으며 속진(俗塵)을 씻고, 마음 길을 닦으며 오르는 수행의 행로다.

사실 이러한 상상 속 행로의 모습은 오래전에 사라졌다. 1983년에 폭포 위로 거대한 철 계단이 놓여 풍광을 이그러뜨리더니 오솔길도 넓히고 바위 협곡 길에는 계단과 데크가 이곳저곳 설치됐다. 절 뒤로는 차가 닿을 수 있는 임도도 생겼다. 절을 찾아 오르는 길에 저절로 마음이 다스려지는 자연 정화 장치가 반감된 것이다. 안타까운 일이다.

그래도 아직 화암사는 옛 모습을 그대로 간직하고 있으니 아쉬운 마음을 누그러뜨리고 돌다리를 건너 우화루 앞에 선다.

─ 닫힌 공간, 열린 마음

1611년 조성된 화암사 우화루(보물) 양쪽으로는 높직한 돌담이 절 구역을 에워싸고 있다. 왼쪽 돌담은 서쪽의 커다란 암반을 휘돌아 점점 낮아지며 절 뒤로 이어지고, 오른쪽 돌담은 계곡을 끼고 이어지다가 산기슭에서 슬며시 자취를 감춘다.

우화루는 문이 있되 닫힌 문이다. 바깥쪽으로 난 3개의 창은 종이를 바른 창호가 아니라 나무 널판으로 짠 널문 창호다. 또 여느 절처럼 누각 아래를 통과해 절 마당으로 들어서는 구조도 아니다. 누각 아래는 막돌을 가지런히 쌓은 담으로 막혀 있다. 내방객은 우화루 왼쪽의 돌계단을 올라 문간채에 달린

___ 완주 화암사 우화루(보물). 내방객은 우화루 왼쪽에 난 문으로 진입해야 한다.

문으로 진입해야만 절 마당에 들어설 수 있다. 우화루 널문을 닫고 대문을 잠그면 마치 성채처럼 견고해 보인다.

    문간채는 세 칸인데 한 칸은 절 문으로 사용하고, 두 칸은 각각 작은 방이다. 구조로 보아 기도객이나 고시생들이 묵어 가던 곳이다. 1980년대 이전에는 사법고시를 준비하는 고시생들이 주로 조용한 사찰에서 시험 준비를 했다. 그런 인연으로 불교에 귀의해 출가한 스님들도 꽤 있었다. 화암사 역시 그랬을 것이다.

    위아래가 다 휘어진 목재를 문지방으로 쓴 절 문을 지나면 요사채인 적묵당과 우화루 사이의 좁은 통로가 보인다. 이 통로를 통과하면 바로 절 마당의 한 귀퉁이다. 단청도 입히지 않은 적묵당은 'ㄷ' 자 건물로 마당 쪽으로는 툇마루가 달려 있다.

___ 완주 화암사 우화루 내부. 목어가 홀로 정진 중이다.

툇마루에 가만히 앉아 본다. 마당과 우화루는 마치 평지로 연결된 듯 이어져 있고, 우화루에 홀로 매달린 목어는 예나 지금이나 홀로 눈을 부릅뜨고 정진 중이다. 적묵당은 왼쪽 극락전이나 오른쪽 우화루와 바짝 붙어 있다. 자세히 살펴보면 우화루와 적묵당의 지붕이 서로 이어져 있다. 힘들게 지붕을 분리하느니 아예 두 지붕을 하나로 연결한 것이다.

북쪽으로 뻗은 적묵당 지붕은 극락전의 풍판을 뚫고 들어갔다. 세 건물이 어깨를 비비듯 'ㄷ'자 형태로 서 있으니 적묵당의 툇마루는 볕이 잘 들지 않아 언제나 어둑하다. 오가는 인기척도 없으니 고요하고, 고요해서 마음이 저절로 쉬어진다. 그러니 '적묵(寂默)'이다.

적묵당과 마주 보이는 불명암은 적묵당보다 작은 규모다. 만약 불명암이 적묵당과 같은 규모였다면 되려 답답했을 것이다. 적묵당 툇마루에 앉으면

불명산 연봉에 둘러싸인 화암사는 그 자리가 기막힌 명당으로 알려져 있다.

하늘이 열려 보이는 것도 이 때문이다.

불명암과 극락전 사이에는 뒤로 조금 떨어져 성달생의 위패를 모신 철영재가 있고, 다시 불명암과 우화루 사이에는 멀찍이 떨어진 명부전이 앉아 있다. 이렇게 여섯 채의 건물이 올망졸망 모여 있지만 닫혔으되 열린 공간이고, 열렸으되 닫힌 공간이다. 참으로 절묘한 구조다.

화암사는 그 앉은 자리가 기막힌 명당이다. 진입로에서부터 절 영역에 이르기까지 전체적인 배경과 고찰의 풍모가 남다르다.「화암사 중창기」에도 이 절의 환상적인 입지에 대해 이렇게 기술했다.

> 바위 벼랑의 허리를 감고 가느다란 길이 나 있으니 폭은 겨우 한 자 남짓이다. 여기를 통해 들어가면 이내 절의 넓은 골짜기가 나타나니 말 1만 마리를 숨길 수 있다. 기괴한 바위와 고목들로 오목하고 깊지만 탁 트인 곳이다. 참으로 하늘이 땅 위에 은밀한 곳을 만들어 사람에게 주신 복된 땅이다.

화암사는 불명산 시루봉 남쪽 열여덟 연봉(連峯)에 둘러싸인 8백여 평의 암반 대지 위에 올라앉았다. '화암사'라는 이름도 절 앞 암반 위에서 자라는 단향목(檀香木)에서 유래했다. 의상 대사가 가져와 심었다는 단향목 중에는 특이하게 누런 잎을 가진 3그루가 있었는데 중국에까지 알려져서 황제가 사신을 파견해 황궁의 정원으로 옮겨 심게 하였다 한다. 이런 연유로 '화암사(花巖寺)'라는 절 이름을 가지게 되었다고 전한다.

― 극락전을 다시 보다

화암사 극락전은 그 조성 연대(1605)가 확실하고, 국내에서는 유일한 하

___ 완주 화암사 극락전.
화암사 극락전은 하앙식 목조 건축물로서 그 가치를 인정받아 국보로 지정되었다.

앙식(下昻式) 목조 건축물로서 2011년 11월 28일 국보로 지정되었다. 여기에서 '하앙'이란 공포와 서까래 사이에 끼인 긴 널판 모양의 목재를 말한다. 그 위에 외목도리와 서까래를 얹어 그만큼 처마를 길게 뺄 수 있도록 고안한 것이다.

이는 중국과 일본에선 흔하지만 우리나라에서는 발견된 적이 없었다. 백제시대의 청동제 소탑과 간송미술관 소장 금동불감에 하앙 구조가 나타나 있지만 실제 건축물로 확인된 경우는 없었던 것이다.

그런데 백제의 장인들이 일본에 건너가 조성하였다고 알려진 호류지[法隆寺]의 금당이나 오중탑에 하앙 구조가 나타나 있으니, 일본은 이를 중국에서 직수입해 건축했다고 주장해 왔지만 1970년대에 화암사 극락전이 하앙식

___ 일본 호류지 금당과 오중탑. 백제 장인들이 일본에 건너가 조성하였다고 알려진 일본의 대표 사찰이다.

이라는 게 밝혀지면서 일본의 주장은 머쓱해졌다. 이로 인해 우리나라는 이 구조의 일본 전승이 백제로부터였음을 자신 있게 주장할 수 있게 되었다.

    화암사는 1597년 정유재란이 일어나면서 왜군의 침탈로 전라도가 처음 쑥대밭이 되었을 때 불길 속으로 사라졌다. 승군에 대한 반감으로 전라도의 사찰은 하나도 남김없이 인멸되었다. 화암사처럼 깊은 산중에 숨어 있던 사찰도 승군의 근거지가 된다고 하여 악행의 손길을 벗어나지 못했다. 조선 초기에 지어진 강진 무위사 극락보전(국보)이 왜군의 손아귀에서 벗어난 것은 그나마 기적 같은 일이다.

    하지만 전쟁이 끝난 지 불과 7년 뒤 극락전이 중건되었다. 다시 6년 뒤에는 우화루가 세워졌으니 화암사에 의지하는 이 지역 백성들의 신심이 대단했음을 알 수 있다.

극락전을 다시 지으면서도 장인들은 옛 법식대로 충실하게 지으려 공을 들였다. 하앙식 구조를 다시 설치한 것이다. 그러면서 전쟁 후에 생긴 새로운 양식도 가미했으니 극락전을 살펴보면 쉽게 알 수 있다.

우선 극락전 뒤쪽의 하앙식 부재는 그 끝을 쐐기 모양으로 날카롭게 처리했으므로 누구나 보면 대번에 알 수 있다. 앞쪽의 하앙식 부재의 끝은 조금 다르다. 부재의 끝을 일정한 형태의 투각으로 처리했기 때문이다. 자세히 보면 부재 위로 용의 머리를 조각하여 길게 걸쳐 놓은 사각의 외목도리에 각각 고정시켜 놓았다.

곧 하앙식 부재 끝의 투각 형상은 용의 손인 것이다. 팔을 90도로 꺾어 여의주를 꽉 잡고, 여의주에서 뿜어져 나오는 상서로운 서기를 투각으로 표현한 것이다. 모두 8마리의 용이 이렇게 일렬로 늘어서서 여의주를 손에 쥐고 있다.

__ 완주 화암사 극락전 하앙식 부재 위로 조각된 용의 형상. 손에 여의주를 잡고 있는 모습이다. 하앙식 구조상의 문제로 독특한 현판이 달린 점도 화암사 극락전의 특징이다.

___ 완주 화암사 극락전 내부. 삼존불 위의 닫집과 거기에 매달린 비천상 조각은 화암사에 오면 꼭 봐야 할 것 중 하나이다.

___ 완주 화암사 극락전 순각판에 그려진 비천상.

용은 수신(水神)이기도 하기 때문에 임진왜란 이후 지은 법당 건물 외부에 화재 방지의 차원에서 많이 설치하기 시작했다. 그것이 화암사 극락전에도 적용된 것이다. 대개는 법당 현판 양쪽으로 청룡과 황룡을 설치하지만 공포마다 용을 설치하기도 했다. 군산 상주사 대웅전에도 공포마다 용 조각을 설치했는데 이곳은 모두 11마리다.

화암사 극락전은 이 하앙식 구조 때문에 평면의 현판을 걸기가 쉽지 않았다. 그래서 편법으로 극락전 당호를 따로따로 조각해 어간 공포 사이사이에 나란히 배치했다. 현판이 공포나 불화를 가리는 부작용도 없어졌다. 독특한 현판이 탄생한 것이다.

공포와 외목도리 사이의 순각판(楯桷板)에 그려진 빛바랜 비천상도 3백여 년의 나이를 가진 걸작이다. 또한 법당 내부의 독특한 닫집과 그 안에 설치된 용 조각은 물론, 닫집 아래 옷깃을 날리며 나는 비천상 조각도 그냥 지나칠 수 없는 명작이다.

성달생과 화암사의 인연

그렇다면 정유재란 전까지 불교를 푸대접하던 조선시대에 화암사가 잘 유지되도록 힘을 쓴 인물은 누구일까? 바로 성삼문의 조부인 성달생(成達生, 1376~1444)이다.

성달생의 위패를 모신 건물을 '철영재(啜英齋)'라 한다고 앞서 말했다. 철영재는 글자 그대로는 '꽃을 먹는 집'이라는 뜻이지만, 속뜻은 '말을 삼가는 집'이라는 의미다. 무엇을 먹으려면 입을 닫아야 하기 때문이다. 철영재에 와서는 더욱 몸가짐을 조심하고 정숙하라는 요구가 묻어난다. 그만큼 성달생은 화암사와 깊은 인연이 있다.

철영재 현판 글씨는 자하(紫霞) 신위(申緯, 1769~1847)가 썼다. 성달생이 화

__ 완주 화암사 경내에 자리한 철영재. 화암사와 깊은 인연이 있는 성달생의 위패를 모시고 있다.

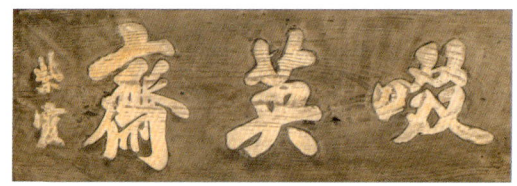

__ 완주 화암사 철영재 현판

암사를 중건하고 2백여 년이 지난 뒤에 활동한 인물이다. 시와 글씨에 능해 당대의 '삼절(三絶)'이라 칭송된 사대부로, 벼슬도 도승지와 이조참판을 거쳤다. 이 궁벽한 절에서 자하 신위의 글씨를 구해 걸었다는 것에서 성달생을 기리고자 하는 화암사 스님들의 마음을 읽을 수 있다.

성달생은 태종 17년(1417)부터 이듬해까지 전라도 관찰사를 지냈다. 아직 조선을 건국한 지 오래되지 않았고, 성달생은 무관 출신이어서 고려의 관습대로 마음으로 받들 원찰을 찾고 있었다. 그런 와중에 화암사에 대한 소식을 들었다. 그는 화암사의 스님을 불러 말했다.

"내가 그 절을 직접 보지는 못하였지만 그곳이 복된 땅이라고 들은 지 오래되었다. 내가 거듭 절을 넓히고 새롭게 하고 싶으니 누가 이 일을 맡아 보겠는가? 내가 단월(檀越, 시주자)을 하겠노라."

여러 스님들이 기뻐하며 보시를 모으고 목재를 준비해 세종 7년(1425)부터 중창 불사에 들어갔다. 화려한 법당도 3동 지었고, 승당과 조사당 등 모든 당우를 새롭게 하였다.

세종 11년(1429)에 성달생의 딸이 화암사에 와서 산천의 뛰어남과 절의 내력을 살펴보다가 고려시대의 목판에 기록된 화주 달생(達生)의 이름을 찾아냈다. 달생은 화암사가 퇴락하자 대덕(大德) 연간(1297~1307)에 화주가 되어 절을 중창했던 것이다.

성달생은 이 기이한 인연에 "내가 현재 장상(將相)의 지위로 부귀를 누리고 있음은 전생에 선한 인연의 씨앗을 심었기 때문이 아닌가."라고 하며 더 많은 재물을 보시하였다. 또한 신도들이 절에 오기 위하여 소나 말을 타고 왔을 때 동물들이 절 초입에서 노숙하는 것이 힘들다 하여 민가에서 마구간 1개를 운영하게 하고, 스님을 기거하도록 하였다. 이 모든 불사를 마치는 데 무려 15년이 걸렸다.

성달생은 개성유후를 지낸 성석용의 아들인데, 성석용은 글씨를 잘 썼다. 그의 아들 삼 형제, 달생, 개(槪), 허(栩)도 모두 글씨에 일가견이 있었다. 불심이 깊은 형제들은 불경을 많이 필사했고, 스님들이 이를 목판으로 만들어 불경을 찍어냈다.

부친 성석용이 죽었을 때 성달생·성개 형제가 정서한 『묘법연화경』은 대둔산 안심사에서 목판본으로 찍어내었는데 태종 5년(1405)의 일이다. 화암

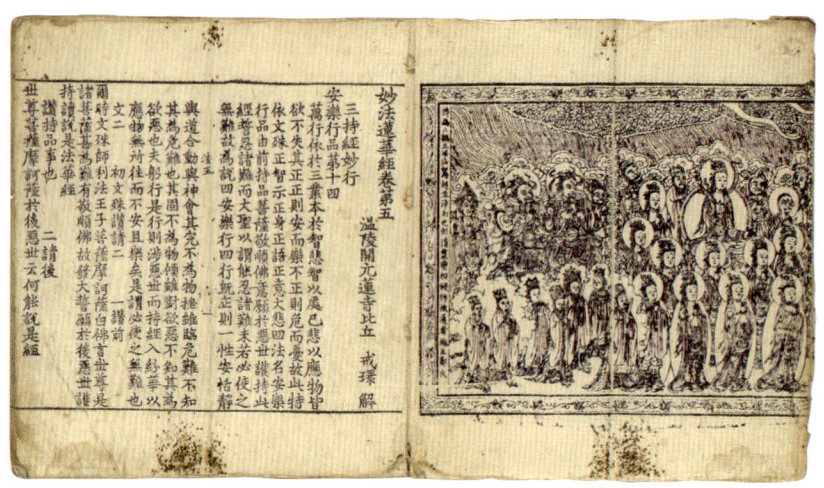

___ 묘법연화경 권5~7(보물). 성달생·성개 형제가 돌아가신 아버지의 명복을 빌기 위해 필사한 것을
도인(道人) 신문(信文)이 안심사에 가지고 가 판각하여 간행한 것이라 전한다.

사 중창 이전부터 성달생의 경전 목판본이 간행되고 있었던 것이다. 이 판본
들은 모두 보물로 지정되었다.

성달생의 글씨로 판각한 화암사판 경전은 세종 25년(1443)부터 쏟아져
나와『법화경』,『능엄경』,『부모은중경』,『지장경』등이 속속 간행되었다. 특히
화암사에서 처음 찍어낸『법화경』에는 성달생의 아들인 성승(成勝, ?~1456)과
손자 성삼문(成三問, 1418~1456)이 발원자로 나온다.

그러나 단종 복위 운동으로 성승과 성삼문이 목숨을 잃자 성달생도 무사
하지 못했다. 파주에 묻힌 성달생 무덤의 비석과 석물을 모두 없애고 제사도
금지시켰다.

하지만 화암사판『법화경』은 이후에 복각본만 24종이 나왔다. 조선시대
에 출간된『법화경』은 거의 성달생의 글씨를 판각했다고 해도 무리가 아닐 정
도로 많다. 무덤은 없어졌어도 그의 불심은 오래도록 이어진 것이다.

완주 화암사는 성달생과의 인연으로 인해 조선시대 불경 간행의 중요 사찰이 될 수 있었다. 경내 극락전 바로 옆에 성달생을 기리는 철영재를 세운 것도 어찌 보면 다 이해가 될만한 일이다.

산은 첩첩한데 해는 기우네

서향으로 터진 적묵당 마당으로 가려면 공양간을 통해야 한다. 한편 적묵당 외벽을 따라 서쪽으로 돌아가면 널찍한 바위 암반에 앙증맞게 얹혀 있는 1칸짜리 산신각을 볼 수 있다. 산신각 뒤로는 올망졸망한 장독들이 한 켠에 가지런히 서 있다.

산신각은 보통 법당 뒤쪽 조금 높은 곳에 모시는 것이 일반적인데 'ㄷ' 자 요사채의 안쪽 공간과 마주하고 서 있으니 여느 절에서도 찾아보기 힘든 구성이다. 워낙 깊은 산중이다 보니 돌담 안쪽에서 찾아낸 자리가 여기였던 것

___ 완주 화암사 산신각

이다. 이것도 화암사만의 특색이라고 해야겠다.

다시 절 문을 나와 서쪽 돌담을 따라가면 길은 바위 언덕으로 이어지고, 돌담은 경사진 암반을 따라 올라가며 점차 낮아진다. 돌아보면 돌담 위로 건물들의 기와 지붕만 살짝 보인다. 완전히 닫힌 공간으로 돌아가는 것이다.

바위 언덕으로 오르기 전 오른쪽 계곡의 비스듬한 암반에는 세숫대야만큼 움푹 파인 구멍들이 연이어 있고, 가느다란 물줄기가 흐른다. 그 위로 철제 원통관을 묻고 축대를 쌓은 뒤 복개하여 주차장과 해우소를 앉혔다. 예전에는 이쪽 작은 골짜기의 물이 암반 위를 흐르며 5개의 원형 구멍을 줄지어 흘러갔다. 자연적으로 생겨난 듯한 이 돌구멍들을 보노라면 〈회심곡〉에 나오는 가사 대목이 저절로 생각난다.

> 상탕에 메(쌀)를 씻고 중탕에 목욕하고 하탕에 수족 씻고 촛대 한 쌍 벌려 놓고(…)

사실 이곳은 복개 전에 손을 씻거나 빨래를 하던 곳이다. 이제는 빨래조차 할 수 없는 장소가 되어 버려 방문 때마다 아쉬움이 인다. 하지만 이 또한 세월 따라 생겨난 인연이니 어찌할 것인가? 다만 더 이상 절 주변의 풍광이 손상되는 일은 없었으면 좋겠다는 바람은 나 혼자만 느끼는 게 아닐 것이다.

바위 언덕을 오르는 길섶에는 '화암사 중창비'가 서 있다. 비는 작

__ 화암사 중창비

고 조촐하다. 비문은 성달생이 살아 있던 1441년에 지었다지만 비석은 선조 5년(1572)에 세웠다.

단종 복위 운동으로 성달생 가문에 모진 풍파가 밀어닥쳤으니 역모에 연루된 사람의 이름이 들어간 비석을 함부로 세울 수는 없었을 터. 백여 년이 지난 뒤 피바람의 역사가 잊힐 즈음 조용히 세웠을 것이다. 다만 아직 성승과 성삼문이 복권되기 전의 일이니, 두 사람은 비석을 세운 지 또다시 백여 년이 지난 숙종 17년(1691)에야 신원(伸冤)한다. 이때 성달생도 신원하여 후손 성시민 등이 땅속에 묻힌 비석을 다시 찾아 세우고 묘역을 수축하였다.

화암사 중창비를 지나 한 번 더 오르면 서쪽으로 확 터진 전망이 아스라이 펼쳐진다. 이 자리는 절벽 허리를 돌아가며 올라오던 암벽길 꼭대기다. 폭포와 거슬러 올라오던 협곡 숲이 바로 내려다보인다.

계곡 숲 바깥으로는 산들이 첩첩하게 싸안으면서 그 끝을 알 수 없도록 이어진다. 결코 깊은 숲이 아니건만 중중무진하여 깊고 깊은 산중에 홀로 나앉은 듯하다. 어쩌다 해가 서쪽 아득한 산마루로 기울면 그 풍광은 더욱 끝 모를 아련함으로 이어진다.

부석사 무량수전 노을의 스케일이 크고 장엄하다면, 이 바위 언덕에서 보는 노을은 여리고 애잔하다. 그러니 예부터 문사들이 화암사에 찾아오면 많은 글을 지었다. 그중에서 고려시대의 백문절(白文節, 1217~1282)은 7언(言) 40구(句)의 명시를 남겼다. 제목도 「화암사운제(花巖寺雲梯)」다. '화암사 구름사다리'라는 뜻이니 구름사다리를 타고 올라온 듯한 화암사의 풍광을 아름답게 그려냈다. 그 마지막 구절은 화암사를 떠나기 싫어하는 우리들의 마음을 아는 듯 그려냈다.

___ 불명산 노을.
해가 서쪽 아득한 산마루로 기울면 그 풍광은 더욱 아련해진다.

山僧愛山出無期	산승은 산을 좋아해 나갈 기약이 없으나
俗士重來未可知	속세의 선비는 다시 올 수 있을지 알 수 없네.
彷徨未忍即分離	어정거리며 차마 곧 떠나지 못하니
松頭落日三竿斜	아, 솔숲에 지는 해는 겨우 석 자 남았네.

호수를 끼고 위봉사로 가다

화암사에서 위봉사로 가려면 대아저수지를 거쳐 가는 길이 좋다. 국도로 우회하여 편히 갈 수도 있지만 뛰어난 풍광을 자랑하는 이 길을 외면하기가 쉽지 않다.

대아저수지는 원래 일제강점기에 독일 기술진이 설계한 저수지다. 1920년 7월에 착공해 1922년 12월에 준공된 이 저수지는 당시엔 길이 254.11미터, 높이 32.72미터였다. 우리나라에서 가장 오래된 근대식 댐이 자리하고 있었지만 내구연한이 다 되어 댐 3백 미터 아래쪽에 1989년 12월 새로운 댐을 건설했다. 물론 옛 댐은 물속에 잠겼다.

새 댐은 길이 255미터, 높이 55미터이며, 저수량이 5,464만 톤으로 기존 대아저수지 저수량의 2.5배를 웃돈다. 물이 가득 찼을 때 면적이 234헥타르여서 도로는 저수지 물가를 따라 이리저리 돌아간다.

완주군은 동쪽으로 진안군과 맞닿아 있는데 크고 작은 산악이 줄지어 막아섰다. 댐을 만들기 좋은 지형이라 크고 작은 댐이 무척 많다. 대아저수지는 운암산(605미터), 장군봉(738미터), 동성산(558미터) 등이 감싸고 있다. 특히 운암산은 높지 않으나 빼어난 바위 암봉을 자랑하며 우뚝 치솟아 있어 발군의 중량감을 과시한다. 이 길은 사계절 어느 때에 가더라도 호수의 풍광과 암봉의 수려함을 만끽할 수 있는 도로다.

비가 내려 수량이 풍부해지면 볼만한 위봉폭포를 지나 바로 위봉사다.

___ 대아저수지. 산이 감싸고 있는 저수지 둘레의 길은 그 풍광이 뛰어나다.

___ **위봉사의 임무**

　위봉사는 위봉산성 안에 있다. 위봉산성은 숙종 1년(1675) 전라감사 겸 전주부윤 권재윤이 축성을 시작, 7개 군민을 동원하여 7년에 걸쳐 완공했다. 물론 비상시에 주민을 대피시킬 목적도 있었지만, 가장 중요한 목적은 전주 시내 경기전에 모셔진 태조 이성계의 어진(御眞, 초상화)을 피신시키는 일이었다.

　임진왜란이 일어나면서 한양, 성주, 충주의 관아 근처에 두었던 〈조선왕조실록〉은 모두 불타 버렸고, 오직 태조의 본향인 전주에 두었던 실록과 어진만이 남아 있었다. 왜군의 전주 침입에 앞서 선비 안의와 손홍록이 실록과 어진을 내장산 용굴암으로 옮겼다.

이후에도 실록과 어진은 충청도 아산을 거쳐 황해도 해주로 갔다가 다시 강화도를 거쳐 서산 대사가 머무는 묘향산 보현사로 옮겨졌다. 임진왜란이 끝나자 영변 객사를 거쳐 다시 강화도로 옮겨지는데 10여 년 동안 2천여 리를 옮겨 다닌 셈이다.

그 후 다시 경기전에 모셔진 어진을 비상시에 어디로 옮길 것이냐는 문제가 대두하면서, 정읍 내장산이나 무주 적상산보다 가깝고 지형적으로도 유리한 곳으로 위봉산성이 선택된 것이다.

위봉산성은 길이가 16킬로미터에 이르고, 안에는 우물 45곳, 물을 가두는 방죽 9곳이 있었다. 어진을 옮겨 모실 행궁은 6칸에 좌익랑 5칸, 우익랑 5칸 등 부속 건물도 잘 정비했다. 위봉산성을 지키는 임무는 북한산성이나 남한산성처럼 승군이 담당했다. 승대장(僧大將) 2인에 승병 130명이 기거했고, 위봉사를 필두로 암자가 10곳이 넘게 있었다.

3백여 년 뒤 이 위봉산성으로 태조 어진을 옮겨 와야 하는 긴급 사태가 벌어졌다. 1894년 갑오농민전쟁이 일어난 것이다. 전주 경기전에 있던 어진을 판관 민영승이 모시고 위봉산성에 올라왔으나 행궁은 이미 퇴락할 대로 퇴락해 어진을 모실 형

___ 조선태조어진(국보)

__ 완주 위봉산성

편이 못 되었다. 나라가 기울대로 기울어 농민들이 들고 일어났으니 행궁이나 부속 건물도 기울어지기는 마찬가지였다. 결국 위봉사 대웅전에 임시로 모실 수밖에 없었다. 어진이 외적에 쫓겨 산성에 올라온 것이 아니라 제 나라 백성들에 쫓겨 올라왔으니 참 아이러니한 일이다.

    위봉사는 1868년에 보련 화상이 화주가 되어 60여 칸을 중수하였다고 했으니 이때까지는 스님들이 상주하며 잘 유지되었던 듯하다. 1910년 한일합병이 강제적으로 이루어지고, 1911년 조선총독부가 조선의 사찰을 관리하기 위해 본말사제도를 실시하자 위봉사는 전북 일원의 46개 사찰을 관할하는 본사가 되었다.

___ 완주 위봉사

위봉사에 불어닥친 위기

그러나 이러한 위봉사의 위상은 이후 급격한 퇴락을 겪게 된다. 워낙 깊은 산중에 있는 데다 일제 말기, 한국전쟁 등을 겪으며 더욱 쇠잔해진 것이다. 1970년대에 이르면 무너지기 직전의 2~3채 건물만 겨우 남게 되는데, 전각에 봉안되어 있던 불상과 존상도 여기저기 흩어졌다. 명부전에 있던 존상은 1963년 남원 선원사로, 법당 안에 있던 목조 보살상 두 점은 익산 관음사와 혜봉원으로 흩어진 것이다.

이후 1977년 위봉사 보광명전이 보물로 지정되었지만 위봉사에 불어닥친 풍파는 아직 끝나지 않았던 모양이다. 1989년 9월 25일 새벽 보광명전 불단에 있던 목조관음보살입상과 목조지장보살입상이 도굴꾼의 손에 감쪽같이 사라지는 사건이 발생한 것이다. 누가 훔쳐갔고, 누가 소장하고 있는지 전혀 알 수 없었다.

다행히도 28년 뒤인 2016년 두 보살상은 개인 사립박물관의 수장고에서 발견됐다. 우여곡절을 거쳐 위봉사로 돌아와 다시 제자리에 안치됐으나 관세음보살의 보관은 영영 사라져 다시 돌아오지 못했다. 지금 보광명전을 참배하면 다시 돌아온 두 보살상을 친견할 수 있다.

1990년대에 비구니 스님이 들어와 도량을 재정비해 선원으로 탈바꿈하면서 다시 안정을 찾은 위봉사. 위봉사의 금당인 보광명전은 정면 3칸, 측면 3칸의 겹처마 팔작지붕 다포계 건물이다. 적어도 17세기 이전에 건축된 것으로 추정되는데 조선 초기의 유풍을 간직하고 있기 때문이다. 단청과 벽화의 색조가 차분하고 아늑한 이 법당 내부에는 일반에 잘 알려진 주악비천상 벽화는 물론 후불벽의 뒷면을 꽉 채운 백의관음보살도가 압권이다.

___ 완주 위봉사 보광명전(보물)

___ 완주 위봉사 목조관음보살입상(우)과 목조지장보살입상(좌).
도난된 뒤 서울의 개인 사립박물관 수장고에서 발견되어 돌아온 두 보살입상은 위봉사로 돌아왔으나 관음보살의 보관은 사라지고 말았다. 지난 2022년 불교중앙박물관 특별전 당시 일반에 공개되었다.

조선시대에 다시 창건된 송광사

우리나라에는 '송광사(松廣寺)'가 두 곳 있다. 가장 유명한 곳은 순천 송광사, 다른 한 곳은 완주 송광사다. 별개의 사찰이지만 한자도 똑같다.

완주 송광사를 창건한 인물에 대해서는 여러 가지 이설이 있다. 도의 국사(?~825?)가 이 지역을 지나다 신령스런 샘물이 솟는 것을 보고 그 옆에 절을 지어 백련사로 했으나 보조 체징 선사(804~880)가 머물며 송광사로 바꾸었다 한다.

또 다른 설도 있다. 고려시대 보조 국사(1158~1210)가 종남산을 지나다가 기이한 샘물을 마시고는 이곳에 절을 경영하고자 돌을 쌓아 표시해 두었으나, 승주 조계산 송광사로 옮겨 가 머물렀다. 뒷날 의발을 전하면서 '종남산에 도량을 열도록 하라' 했으나 수백 년이 지나도 산문을 열지 못했다는 것이다.

아마도 신라시대의 보조 체징 선사와 고려시대의 보조 국사가 등장하는 것으로 보아 오랜 시간이 흐르며 서로 혼동된 듯하다.

송광사 개창비에는 인조의 척족이 되는 이취반이 절터를 시주했다고 하니 임진왜란과 정유재란을 겪으며 빈 절터로 남아 있었던 것으로 짐작된다.

시절인연이 도래하였는지 벽암 각성(1575~1660)의 문도인 덕림 화상이 불사를 주도하고, 응호 스님, 승명 스님, 운정 스님, 득순 스님, 홍신 스님 등이 뜻을 모았다. 1622년 터를 보고 방위를 가려 땅을 고르고, 풀과 나무를 베어 내고, 산과 바위를 깎아 가람을 이룩하니 창건 불사가 마무리된 1636년에는 앞서 말한 개창비도 세웠다.

대웅전은 정면 7칸, 측면 5칸의 중층 구조로 웅장하게 지었고, 삼존불 점안의 증명법사는 당대 최고의 도인으로 칭송되던 진묵 일옥 대사(1562~1633)가 맡았다.

불사가 마무리될 즈음 벽암 각성 스님을 모시고 와 50일간 화엄법회를 열

__ 완주 송광사 대웅전(보물)

면서 송광사의 창건 원로로 받들었다. 벽암 각성 스님은 사명 대사를 이은 승군의 팔도도총섭(임진왜란 때 승군이 맹활약하자 조정에서는 8도에 총섭스님을 선종과 교종에 각각 1명씩 두고 이를 총괄하는 팔도도총섭을 임명했다. 승군의 최고 사령관인 셈이다)으로 남한산성을 축조하고, 병자호란 때에는 3천 명의 승군을 이끌고 출병하기도 했다. 그런 스님이 창건 원로이니 송광사는 조정의 보살핌을 받았다. 인조가 '조선선종수사찰(朝鮮禪宗首寺刹)' 편액을 내렸다는 점만으로도 알 수 있다.

그런 여세를 몰아 송광사는 명부전(1640), 천왕전(1649), 나한전(1656), 일주문 등 꾸준히 전각을 지어나갔다. '열 십(十)' 자 형의 독특한 종루는 1857년에 조성됐다.

완주 송광사는 평지 가람이다. 일주문에서 금강문, 천왕문, 대웅전이 일직선상에 놓여 있어 옛 법식을 따르고 있다. 하지만 일주문은 원래 대웅전으

__ 완주 송광사 종루(보물)

로부터 3킬로미터 떨어진 곳에 세워져 있던 것이다. 절의 영역이 줄어들면서 순조 14년(1814)에 조계교 인근으로 옮겼다가, 1944년 지금의 자리로 다시 이전했다. 그만큼 송광사의 영역이 넓었다는 것을 알 수 있다.

송광사는 무려 5점의 보물을 갈무리하고 있다. 대웅전도 보물이고, 대웅전 안에 모셔진 소조석가여래삼불좌상도 보물이다. 종루, 소조사천왕상, 나한전에 모셔진 목조석가여래삼존좌상과 소조십육나한상도 보물이다.

대웅전의 소조삼존불은 현재 남아 있는 소조불 가운데 가장 큰 존상으로 알려져 있다. 5미터가 넘으니 법당이 너무 비좁게 느껴진다. 제봉 선사가 철종 8년(1857) 대웅전을 중수할 때 민간의 살림이나 절집 살림이나 다 어려운 시절이라 중층 건물을 단층으로 마무리했다. 정면 7칸도 5칸으로 줄이고, 측면도 5칸에서 3칸으로 줄였다. 당연히 공간이 옹색해진 것이다.

__ 완주 송광사 대웅전에 모셔진 소조삼존불상.
소조불 가운데 가장 큰 존상으로 알려진 이 불상은 나라에 불상사가 있을 때마다 땀을 흘리는 이적이
일어났다고 전해진다.

___ 완주 송광사 나한전 십육나한상 일부.
나한전에 모셔진 목조석가여래삼존좌상과 함께 보물로 지정되어 있다.

삼존불은 인조 5년(1641)에 조성되었는데 인조 임금과 왕비의 만수무강을 빌고 병자호란으로 청나라에 볼모로 잡혀간 소현세자와 봉림대군의 조속한 환국을 기원하며 만들었다는 내용이 복장물의 기록에서 확인됐다.

이 삼존불이 더욱 유명해진 것은 나라에 불상사가 있을 때마다 땀을 흘리는 이적이 일어났다는 것이다. 그러한 이적으로 여러 번 매스컴을 타기도 했는데 밀양의 사명대사비도 나라에 나쁜 일이 있을 때 땀을 흘린다고 알려져 있으니 시대가 발전해도 알 수 없는 이적은 일어나는가 보다.

정작 요즈음 송광사가 유명세를 탄 것은 절 서쪽에 조성한 연꽃밭이다. 4

월 초순에 피어나는 송광사 초입의 해묵은 벚꽃 터널도 유명하지만 이 연꽃밭은 사찰을 배경으로 사진을 찍기가 좋아 많은 사람이 찾아온다. 게다가 송광사 가까이에 있는 아원고택과 두베카페, 오성제 저수지, 위봉산성을 BTS가 다녀가면서 내방객의 발길도 늘었다 한다.

완주는 전주의 그늘에 가려 많이 알려지지 않았지만 뛰어난 고찰인 화암사와 위봉사, 송광사가 있는 것만으로도 순례의 명소가 될 듯하다. 풍광 좋은 저수지와 빼어난 산도 많다. 전주가 바로 곁에 있으니 먹거리도 풍부하고 묵을 곳도 많다.

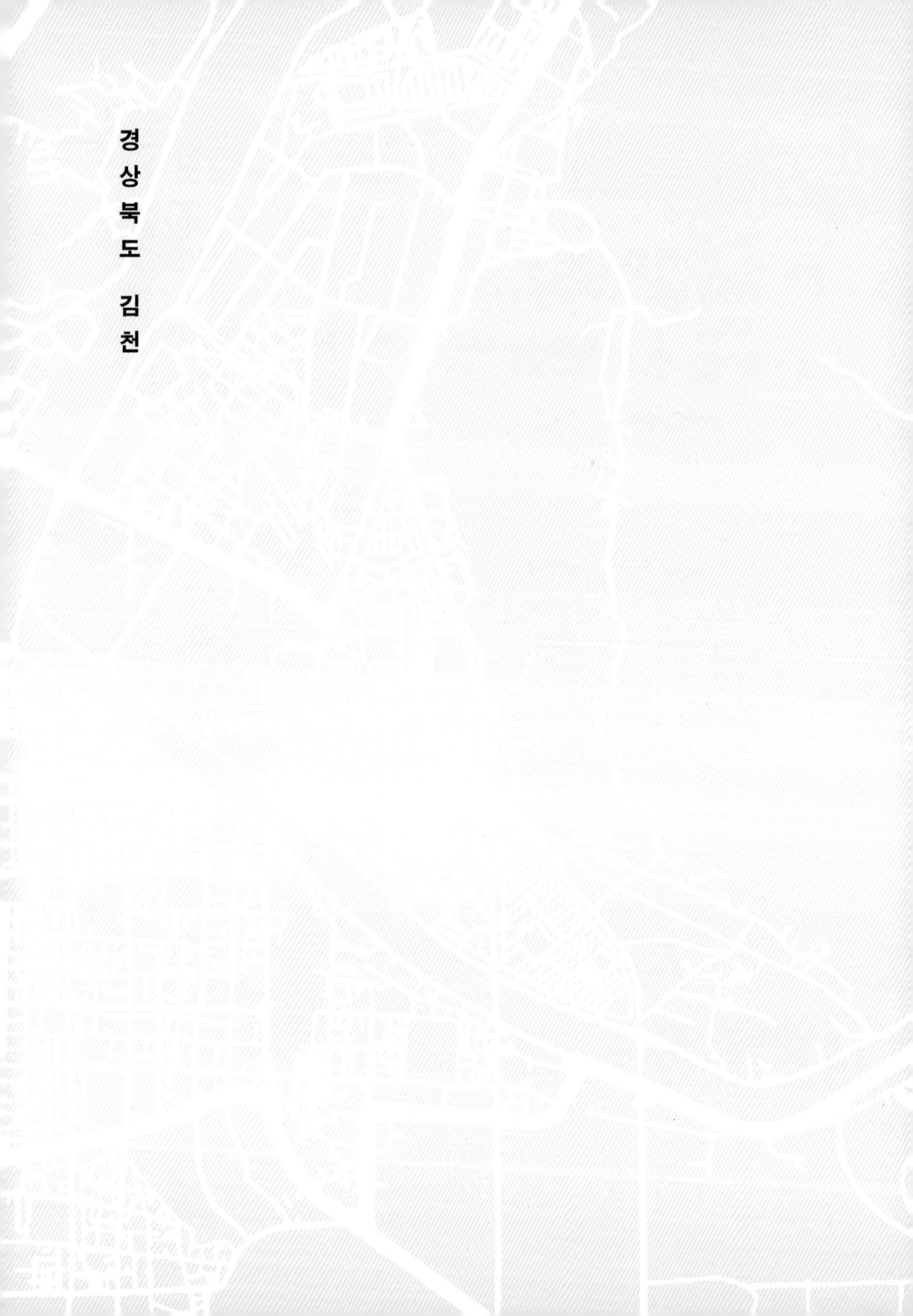

경상북도 김천

추풍령 넘어
수행자들의
야무진
터전

추풍령 징크스

충청도에서 경상도로 넘어가는 경계선에 추풍령이 있다.

예부터 충청도와 경상도를 오가려면 큰 고개 셋 중 하나를 택해야 했으니, 이곳 추풍령과 문경·충주 사이의 문경새재, 영주·단양 사이의 죽령이 그것이다. 이 중 문경새재의 '새재'란 새들도 넘기 힘들어 쉬어 간다는 의미도 있어 한자로는 '조령(鳥嶺)'이라 하였다. 그런 고개들에 이제 모두 고속도로가 통과하니 더 이상 큰 고개라고 느껴지지 않지만, 셋 중 유일하게 터널이 없는 추풍령은 가장 완만한 고개로 알려졌다.

하지만 조선시대에 과거를 보러 한양으로 올라가는 선비들은 추풍령을 경유하지 않았다. 추풍령을 지나가면 과거시험에서 추풍낙엽처럼 떨어진다는 속신(俗信)이 전해지고 있었기 때문이다. 같은 맥락에서 죽령도 지나지 않았다. '죽죽 미끄러진다'는 속신 때문이다.

따라서 대구에서 살던 선비들은 먼 거리를 마다하지 않고 빙 돌아 김천과 상주, 문경을 경유해 새재를 넘었다. '문경(聞慶)'이라는 지명은 '문희경서(聞喜慶瑞)', 즉 '기쁘고 경사스러우며 상서로운 일을 듣는다'는 말에서 왔으니, 경사를 맞고자 하는 간절한 염원에 굳이 징크스가 있다는 고개를 넘을 리 없었던 것이다.

향화가 끊기지 않는 가람

김천 땅에서 추풍령을 넘기 직전 서쪽 방향을 바라보면 부드러우면서도 높은 산이 우뚝 솟았다. 황악산(1,111미터)이다. 골은 깊고 그윽하니 대가람이 들어섰다. 김천 지역을 대표하는 직지사다.

직지사가 언제 창건되었는지는 확실한 기록이 없다. 그리하여 여러 설이 전해지는데, 선산의 도리사를 창건한 아도 화상이 멀리 황악산을 가리키며

__ 직지사는 골이 깊고 그윽한 황악산 품에 들어선 대가람으로, 김천 지역을 대표하는 고찰이다.

'저 산 아래 절을 지을만한 상서로운 터가 있다'고 말한 데서 유래하였다는 설도 있고, 고려 초기 능여 스님이 사찰을 중창할 때 직접 자신의 손가락으로 길이를 재었기 때문에 절 이름이 생겼다는 설도 있다. 한편 학계에서는 선종의 가르침인 '직지인심 견성성불(直指人心 見性成佛)'에서 사찰의 이름이 유래되었다고 보고 있다. 그러나 선종은 9세기에 이르러 유행하였으므로 창건 시기가 너무 늦게 된다.

창건 시기야 언제면 어떠하랴. 중요한 건 창건 이래로 직지사엔 향화(香火)의 불빛이 사그라진 적 없다는 사실이다. 신라·고려시대는 말할 것도 없고, 조선시대에 들어와서도 그러했다. 조선 초기 조정에서 정종의 태를 직지사의 북봉에 안장함으로서 직지사는 자연스럽게 태실 수호 사찰이 되어 조정의 보호를 받았기 때문이다. 정종 원년(1399)의 일이니 조선이 개국한 지 불과 7년 만의 일이다.

한편 조선 중기 직지사에는 14세의 나이에 부모를 연이어 잃고 출가하여 신묵 화상의 제자가 된 스님이 출현했다. 바로 사명당 유정 스님(1544~1610)이다. 스님은 승과 시험에 급제한 후 30세에 직지사 주지가 되었지만 곧 사양하고 서산 대사의 문하에 들어가 크게 깨달았다. 이후 49세 때 임진왜란이 일어나자 승군 총대장이 되어 많은 전공을 세웠다. 다만 직지사는 그 앙갚음으로 오히려 쑥대밭이 되었다.

하지만 임진왜란이 끝난 후 직지사는 스님들의 원력과 조정의 도움으로 원만히 중창되었다. 그때부터 전해진 문화유산을 잘 보존해 오기도 했다. 함부로 옛 법당을 손대지 않으면서도 새로운 불사를 잘 진행해 대가람의 품위를 잘 지키고 있는 곳이 바로 직지사다.

고려 왕건과 직지사

고려를 세운 왕건과 직지사 사이엔 깊은 인연이 있다.

927년, 그와 신라 경애왕이 연합하여 후백제 변방 관할 지역을 쳐들어가 경상도 예천을 점령하고 충청도 홍성을 공격했다. 이때 왕건 휘하의 김락 장군은 합천의 대야성을 빼앗았고, 고려 수군은 남해를 돌아 진주 일대를 공격했다.

고려·신라 연합군이 전방위적으로 변방 지역을 두드리자 전략에 능한 견훤은 상주에서 출발해 곧바로 군위, 영천을 거쳐 서라벌로 쏜살같이 쳐들어갔다. 그리하여 지금의 상주영천고속도로 루트를 따라 최단 거리 지름길로 직행해 포석정에서 경애왕을 죽이고 서라벌을 피바다로 만들었다. 서라벌의 방위가 허술한 점을 노린 것이다.

신라를 구하고자 서둘러 군대를 거느리고 출동한 왕건. 하지만 견훤은 이미 서라벌에서 북상해 팔공산 아래 진을 치고 있었으니, 고려군은 후백제군에게 야습을 당해 대패했다.

왕건은 절체절명의 위기에 빠졌다. 이때 왕건과 몸집이 비슷한 신숭겸이 왕건의 갑옷으로 바꿔 입었다. 왕건은 졸병의 복장을 하고 겨우 사지에서 벗어났지만 이 전투에서 신숭겸, 김락을 비롯해 고려 장수 여덟이 사망하게 되었다.

직지사 인근까지 쫓겨 온 왕건은 부하들의 권유로 직지사의 능여 대사를 찾아뵙게 된다. 능여 대사는 짚신 2천여 켤레를 헌납하며 말띠 해부터 좋은 기운이 들어올 것이라 예언했다.

3년 뒤인 930년, 왕건의 고려군은 안동에서 견훤의 군대와 맞붙어 대승을 거두게 된다. 후백제군의 전사자만 8천 명이라 기록된 것으로 보아 꽤 큰 전투였고, 이 전투에서 패배한 견훤은 차츰 내리막길을 걷게 된다. 이후 경상

___ 김천 직지사 소조사천왕상(보물) 중 남방증장천왕

도 지역의 110여 성이 고려에 항복하였기 때문이다.

4년 뒤(934)엔 고려군이 다시 충청도 홍성을 공격하여 승리하자 인근에 있던 30여 군현이 고려에 귀부했다. 이 해가 바로 말띠 해이니 능여 대사의 예언대로 후삼국 통일에 박차를 가하게 되고, 다음 해에는 신라의 경순왕이 개경으로 찾아와 귀부함으로써 신라 땅은 공식적으로 고려의 영토가 되었다.

936년에는 아들 신검에게 쫓겨 왕건에게 와 있던 견훤이 후백제를 징벌해 달라는 요청을 해 오자 이를 받아들여 87,500명의 군사로 후백제를 공격하였다. 이해 9월, 신검도 결국 논산 연산벌에서 항복하니 왕건은 비로소 후삼국 통일의 대업을 완성했다.

금자대장경을 조성하다

고려군이 안동에서 벌어진 후백제군과의 전투에서 대승을 거둔 930년, 직지사에서는 대작 불사가 발원된다.

나라 정세가 더욱 어지러워지고, 백성이 고난에 내몰리자 천묵 대사가 금자대장경(金字大藏經) 조성을 발원한 것이다. 금니로 필사한 대장경은 593함(函)에 이르는 방대한 양이었다. 천묵 대사는 당시 이 대장경을 신라 조정에 헌납하였는데 경순왕은 6개 함에 들어 있는 『대반야경』의 제목을 손수 써서 달았다고 한다.

후삼국을 통일하여 고려가 탄생하고, 왕건은 능여 대사에게 지난 일에 대한 고마움을 표현하기 위해 직지사에 전답 1천 결(약 275만 평)을 하사했다. 그리하여 새롭게 중창된 직지사에는 신라에서 돌아온 금자대장경을 잘 보존하고 있었던 것으로 보인다. 1185년 임민비(1122~1193)가 이 대장경을 보관하고 있던 것으로 보이는 대장당(大藏堂)의 비문을 짓고 그 비를 세웠다는 기록이 남아 있기 때문이다. 이 비는 현재 남아 있지 않지만 일부 비편의 탁본 내

___ 김천 직지사 대장당기 탁본

용이 『대동금석서』에 수록되어 있다. 또 『신증동국여지승람』 '직지사조'에 고려 임민비가 지은 「대장당기(大藏堂記)」가 있다는 기록도 있다. 곧 16세기 전반까지는 대장당의 내력을 쓴 비가 실재하고 있었음을 알 수 있다.

이 금자대장경 조성 불사는 고려조에 나무로 판각한 초조대장경 조성 이전, 이미 대장경을 만든 최초의 시도이자, 가장 큰 대장경 불사였을 것으로 보인다. 또한 이러한 사경 불사는 이후 대장경 판각 불사로 이어지니 그 시발점이 되었다고도 볼 수 있을 것이다.

___ **세 가지 보물을 품은 법당**

조선시대에 들어와서도 사세를 유지하던 직지사는 임진왜란의 병화만은 피해갈 수 없었다. 임진왜란 발발 4년 뒤인 1596년 왜병의 방화로 43동의 건물이 일시에 사라지고 천불전, 천왕문, 자하문만 겨우 남아 있게 된 것이다.

전쟁이 끝난 후 직지사는 스님들의 발원과 조정의 도움으로 70여 년 간에 걸쳐 복원 불사를 마무리했으니 8전(殿), 3각(閣), 12당(堂), 4료(寮), 3장(藏), 4문(門)을 갖추었다. 산내 암자는 20여 곳에 이르렀다.

대가람의 형세를 회복한 뒤에도 숙종의 어필(御筆)을 하사받고, 영조의 후궁 정빈(靖嬪) 이씨(1694~1721)의 원당이 들어서면서 왕실 원찰로서 입지를 크게 다졌다. 당시 왕실 원찰이 되면 불교에 대해 편파적인 시선을 가진 유생들의 트집과 침탈을 벗어날 수 있었다. 왕실 원당과 임금의 글씨를 보유한 사찰에서 유생들이 행패를 부리는 것은 조정에 대한 반역으로 비칠 수 있었기 때문이다.

직지사의 많은 전각 중에서도 대웅전은 3점의 보물을 품고 있는 명품 문화재다.

___ 김천 직지사 대웅전(보물)

___ 직지사 대웅전 지붕을 유심히 살펴보자.
그곳엔 법당을 장엄하기 위해 조성한 백자 연꽃 봉오리가 나란히 끼워져 있고,
용마루 가운데엔 청기와 하나가 얹혀 있다.

첫 번째 보물은 대웅전 자체이다. 원래 임진왜란 전에는 2층 건물이었지만 다시 중건할 때는 단층 건물로 세웠다. 1649년에 대웅전을 완공하고 단청을 했을 때는 그 규모와 벽화의 아름다움이 인도 기원정사에 못지않았다고 찬탄한 기록이 있다.

이 대웅전은 다시 90년 만인 1735년에 다시 중창되었다. 목수 20명과 50여 명의 산중 대중, 그리고 9백여 명의 시주자가 동참했다. 곧 지금 대웅전의 모습은 1735년에 중창된 바로 그 모습인 것이다. 정면 5칸, 측면 3칸의 단층 팔작지붕의 대웅전은 적당한 지붕 선과 단정한 맵시, 잘 보존된 벽화 등이 남아 있어 보물로 지정되었다.

뒤의 숲을 배경으로 품위 있게 앉아 있는 대웅전을 자세히 살펴보면 처마 끝 수막새기와 위에 연꽃 봉오리 형태의 백자가 일렬로 늘어서 있음을 볼 수 있다. 법당 건물에서는 비가 많이 오거나 눈이 쌓였을 때 수막새기와가 밀려 떨어지기도 한다. 이를 방지하기 위해 긴 쇠못을 박아 고정시키는데, 지붕의 손상과 혹시 모를 사고에 대비하는 것이다. 다만 그 쇠못의 노출을 막고 법당을 장엄하기 위해 백자 연꽃 봉오리를 쇠못에 끼워 놓는 것이다. 그만큼 법당 장식에 정성을 다했다.

대웅전 용마루 가운데에는 청기와도 얹혀 있다. 조선시대에는 왕실과 연관된 사찰들이 청기와를 하사받아 용마루에 얹어 놓은 사례가 많았는데, 이는 직지사가 왕실과 인연이 있다는 증거물이다.

한편 대웅전 내부의 벽화도 볼만하다. 특히 서쪽 벽에 그려진 벽화가 압권이다. 흰옷을 입은 관세음보살이 여의주를 쥔 용을 타고 나아가는 모습과 등에 동자를 태우고 날갯짓을 하며 날아가는 용의 모습을 그린 벽화는 여느 절에서 보기 힘든 작품이다. 흰 코끼리를 타고 있는 보현 동자의 모습도 큼직하게 그려져 있다. 그린 솜씨도 좋거니와 색감도 남다르다.

___ 김천 직지사 대웅전 내벽에 그려진 벽화.
여의주를 쥔 용에 탄 관세음보살(위)과 날개 달린 용에 탄 동자(아래)의 모습.

___ 김천 직지사 대웅전 내부. 전각에 모신 삼존불상 뒤로 자리한 세 폭의 석가여래삼불회도는 국보로, 불상이 놓인 수미단은 보물로 지정되어 있다.

두 번째 보물은 대웅전 후불탱화이다. 이 탱화는 국보로 지정되었는데, 중앙의 영산회상도와 양옆의 약사회도, 극락회도가 불상 뒤로 각각 걸려 있다. 이 3폭의 탱화는 1744년 10여 명의 화승들이 그린 것으로 폭 2미터가량에 길이는 6미터에 이르는 거작이다. 세간에서는 겸재 정선(1676~1759)으로 대표되는 진경산수화가 크게 유행한 시기였고, 불가에서는 의겸 스님으로 대표되는 뛰어난 화승들이 활약하던 시기의 작품이다. 녹색을 기본으로 짜임새 있는 구성과 섬세한 묘사, 안정감 있는 색감 등은 당시의 불화를 대표하는 명작이다.

마지막 보물은 의외다. 바로 세 부처님이 앉아계시는 목조 수미단이다. 법당 내 수미단이 별도의 보물로 지정된 곳은 은해사 백흥암과 직지사, 단 2곳뿐일 정도로 귀하다. 이 수미단에는 1651년에 조성했다는 글씨가 남아 있어 17세기를 대표한다.

수미단은 높이 129센티미터, 길이 1,068센티미터, 너비 206센티미터의 평면 탁자형 대형 불단이다. 수미단은 상대·중대·하대로 구성되어 있지만 높은 부조나 투각으로 깎은 문양은 중대에 주로 베풀어졌다.

중대는 상·중·하단의 3단 구조로 되어 있는데 하단에는 주로 수중생물들이 조각되어 있다. 물고기, 개구리, 거북이도 있고, 쏘가리나 조개도 있다. 그 가운데는 보기 쉽게 드러나 있는 경우도, 연꽃에 숨은 경우도 있는데, 이들 조각엔 화재를 막고자 하는 염원과 자손 창성, 출세의 꿈이 함께 담겨 있다.

중단에는 주로 지상에 살고 있는 중생들이 연꽃과 모란 사이에 새겨져 있다. 새, 나비, 잠자리도 있고, 지상의 최상부인 도리천도 새겨져 있다. 푸른색 병의 입구로 뭉게구름이 피어오르고, 병 주둥이로는 용의 몸이 빠져나오는 조각도 있어 호기심을 자극한다.

___ 김천 직지사 대웅전 수미단의 조각들. 3단으로 구성된 이 조각은 하단에는 수중생물, 중단에는 지상의 생물, 상단에는 용의 모습이 새겨져 있다.

상단에는 주로 구름 속에서 천변만화하는 용의 모습이 담겼다. 용의 정면 모습은 물론, 측면 모습도 새겨져 있으니, 용이 날아다니는 하늘 세계 위로는 바로 부처님의 세계라는 상징도 담고 있다.

이렇게 직지사 대웅전은 보물 3점이 한 건물 안에 모여 있다. 이는 직지사를 지켜 온 스님들이 전각에 함부로 손대지 않고 잘 보존해 준 덕분이다. 대웅전뿐만 아니라 다른 법당들 역시 옛 모습을 잘 지키고 있는 것만 보아도 알 수 있다. 따라서 직지사는 지정된 보물도 많아 무려 11점의 보물을 보유하고 있다.

이처럼 많은 보물을 품은 직지사는 운치 있는 풍광으로도 유명하다.

계곡의 물을 끌어들여 경내를 흐르게 하고 곳곳에 연못을 조성한 직지사는 단풍나무를 비롯한 많은 조경수를 심어 내방객을 편안하게 한다.

사찰의 경치를 말할 때 흔히 '춘(春) 마곡, 추(秋) 갑사'라 하여 '봄 풍경은 마곡사가 아름답고, 가을 경치는 갑사가 좋다'라고 하지만, 직지사도 갑사 못지않게 가을 경치가 뛰어나다. 경내의 나무들을 잘 가꾸어 어느 때나 풍광이 좋지만 단풍나무, 은행나무, 벚나무, 소나무, 전나무 등이 어울려 가을이면 다채로운 단풍의 아름다움을 선보이는 것이다. 더구나 10월에 열리는 가을꽃 축제에는 다양한 국화뿐만 아니라 갈대, 핑크뮬리 등 가을꽃들로 사찰 경내를 꾸며 놓아 가을의 정취를 만끽하게 해 준다. 직지사를 찾아갈 계획이 있다면 이왕 10월 축제 기간에 맞춰 가기를 '강추'한다.

온돌이 시설된 정자

연안 이씨 집성촌인 김천시 구성면 상원리 원터마을 들머리에는 특이한 정자가 하나 있다. 바로 '방초정(芳草亭)'이다.

정자는 보통 경관 좋은 계곡이나 물가에 있는 것이 전통이다. 그런데 이 정자는 마을 앞 들녘을 바라보며 서 있으니 왠지 낯설다. 어떤 연유가 있었던 것일까?

연안 이씨가 원터마을에 정착한 것은 이숙기(1429~1489)의 차남 이세칙 때였다. 이숙기는 세조 때 이시애의 난을 토벌한 공으로 적개공신에 올랐고, 벼슬이 호조판서에 이르렀다. 그런 그의 아들 이세칙이 이 마을에 정착하면서 연안 이씨는 차츰 지역 명문가로 자리매김하게 된다.

방초정은 이숙기의 5세손 방초 이정복(1575~1637)이 인조 3년(1625)에 처음 건립하였다. 1736년 큰 홍수로 정자가 떠내려가 없어지자 1788년 이정복의 5대손 이의조가 현재의 위치로 옮겨 새로 지은 것이다. 정면 3칸, 측면 2칸의 2층 다락집인 이 정자는 중앙에 온돌방을 두고 사방을 마루로 꾸몄으며, 온돌방 아래쪽에는 아궁이를 시설하기 위해 온돌방 크기의 벽체를 세웠다. 방초정과 같이 정자에 온돌방을 두는 방식은 호남 지역에서 흔히 볼 수 있지

___ 방초정은 정가운데에 온돌방을 두고 그 아래 아궁이를 시설한 독특한 형태의 정자다.

만 경상도에서는 매우 드문 방식이다.

온돌방은 정자의 정가운데에 한 칸으로 구성하였는데 벽 없이 사면을 창호로 구성하였다. 창호는 다 들어서 열 수 있는 들어열개문으로 하여 더운 여름에 대비하도록 했다. 특히 남쪽 창호에는 여닫이 쪽문을 양쪽으로 달아놔서 이 쪽문을 열고 밖의 풍경을 즐길 수 있도록 재미있게 구성했다.

정자의 앞쪽에는 사각의 연못이 있고, 안에는 둥근 섬이 2개 있다. 보통 인공 연못의 경우 섬을 하나 또는 셋을 두는데, 2개를 만든 것도 특이한 경우다. 연못의 이름은 '최씨담(崔氏潭)'이다. 이런 이름을 갖게 된 데에는 뼈아픈 사연이 서려 있다.

최씨담은 이정복의 처 화순 최씨 부인의 일화에서 생긴 이름이다. 17세에 이정복과 혼인 후 시집으로 오기도 전에 임진왜란을 만난 최씨 부인은 죽어도 시집에서 죽어야 한다며 상원리로 왔으나 이미 시집 식구들은 피난을

___ 방초정 앞쪽의 최씨담에는 최씨 부인과 여종 석이의 안타까운 사연이 서려 있다.

___ 충심 하나로 최씨 부인을 따라 목숨을 끊은 여종 석이의 비.
작고 소박한 비석을 보호해 주는 비각 하나 없으니 못내 서운하다.

떠난 뒤였다. 수소문 끝에 시집 식구들이 선대의 산소가 있는 능지산에 있음을 알고 그쪽으로 가던 중 왜병을 만난 최씨 부인은 정절을 지키려 웅덩이에 몸을 던져 자결했고, 여종 석이도 주인을 따라 함께 빠져 죽었다.

이정복은 관리로서의 임무가 끝난 뒤 고향으로 돌아와 혼례 때 밖에 보지 못한 신부의 죽음을 안타까워하며 정자를 짓고, 자신의 호를 따서 '방초정'이라 하였다. 그리고 훗날 최씨 부인이 죽은 웅덩이를 정비하여 새롭게 단장하였으니, 사람들은 이를 '최씨담'이라 부르게 된 것이다.

1632년에는 인조가 직접 쓴 정려(旌閭)를 내려 최씨 부인을 기렸고, 1752년에는 방초정 옆에 정려비를 세웠다. 지금 정려비각 앞에는 작고 소박한 비석이 하나 서 있는데, '충노석이지비(忠奴石伊之碑)', 최씨 부인과 함께 투신해 죽은 여종 석이의 비석이다. 절개로 죽으나, 충성으로 죽으나 다 의로운 죽음인데 신분의 차이로 이리 되었을 것이다.

이 비는 1975년 최씨담을 준설할 때 발견되어 세워 놓은 것으로, 연안 이씨 문중에서 비석을 만들었으나 차마 세우지 못하고 연못에 던져 놓았을 것이라 추측하는 사람이 많다. 수백 년간 물속에 잠겼다가 모두가 평등한 시대에 발견됨으로서 주인으로 모셨던 최씨 부인의 정려각 앞에 자리 잡게 된 것이다.

이러한 사연이 있는 최씨담 가운데의 두 섬은 해와 달을 상징한다고도 하고, 최씨 부인과 노비 석이를 기리기 위해 만들었다고도 전한다.

최씨 부인 정려각 옆에는 나란히 선 비각이 하나 더 있다. 그곳엔 1937년에 세운 풍기 진씨(1912~1935)의 열행비(烈行碑)가 서 있다. 풍기 진씨는 이정복의 후손인 이기영의 처. 18살에 이기영과 결혼한 그녀는 자신의 남편이 늑막염으로 고생하다가 숨지자 시신 옆에 누워 음식을 거부했고, 결국 굶어 죽었다. 당시 그녀의 나이는 24세였다. 전국의 각 유림(儒林)에서 애도문과 제

___ 최씨 부인 정려비(좌)와 풍기 진씨 열행비(우)

문, 만사(輓詞)를 보내왔으며 2년 후에는 정려를 세웠다.

330여 년의 시차를 두고 두 여인이 스스로 목숨을 끊었으니 최씨 부인은 나라에서, 진씨 부인은 유림에서 정려했다. 여종 석이는 충심(忠心)으로 따라 죽었으니 이도 정려할 일이건만 신분사회의 한계에 그리되지 못한 것이 못내 서운하다.

___ 인현왕후, 청암사로 오다

청암사는 김천시에서도 부항고개라는 큰 재를 넘고 깊은 산골을 한참 들어가야만 만날 수 있는 산중 사찰이다. 지금이야 도로 사정이 좋아졌지만 그래도 오지 중의 오지 사찰이 바로 청암사다.

청암사는 숙종의 비였던 인현왕후가 3년여를 머물렀던 독특한 인연을

__ 김천 청암사 대웅전

갖고 있다.

숙종의 계비인 인현왕후 민씨는 소생이 없었다. 아니, 정확히 말해 자녀를 낳았지만 일찍 죽었다. 숙종은 15세에 인경왕후를 정비로 맞았으나 후손을 얻지 못했다. 인경왕후가 19세에 천연두로 사망했기에 인현왕후를 계비로 맞았으나 후사가 없었고, 후궁 귀인 김씨에게서도 아들을 얻지 못했다.

숙종은 30세가 다 되어서야 희빈 장씨에게서 아들(훗날의 경종)을 얻었으니 그 기쁨을 이루 말할 수 없었다. 그래서일까? 정비인 인현왕후가 회임할 수 있음에도 불구하고 숙종은 생후 2달이 갓 지난 아들을 원자로 정했다. 당파싸움과 희빈 장씨의 모략이 뒤엉켜 인현왕후는 아들도 못 낳으면서 투기를 일삼는 왕비로 내몰리게 된다.

끝내 폐위된 인현왕후의 죄목에는 '자식이 없는 죄', '투기로 내전의 일을 조정으로 확대시켜 국정을 어지럽힌 죄', '희빈 장씨의 팔자에는 아들이 없어 왕이 가까이해도 아무 소용이 없다며 왕의 육체를 조롱한 죄', '내전에서 궁인의 당파를 나누어 붕당을 일으킨 죄'도 들어 있었다.

숙종 15년(1689) 폐위된 인현왕후 민씨는 안국동 본댁(감고당)으로 서인이 되어 돌아갔다. 그러나 한양도성 안에 있으니 여러 구설이 따르고, 희빈 장씨 세력의 음해도 있어 평탄치만은 않았다. 게다가 도둑이 드는 불상사도 있었다.

민씨는 결국 어머니의 외가와 인연이 있는 청암사로 오게 된다. 깊고 깊은 산중 사찰로 몸을 숨긴 것이다. 김천과 같은 생활권인 상주에 자리한 외가의 도움을 받으며 청암사에 3년여를 머문 민씨는 시녀와 함께 청암사와 수도암을 오가며 기도를 올리고, 시문도 지었다고 한다.

다만 폐비되고 5년 뒤인 숙종 20년(1694), 왕은 민씨를 서궁(경운궁)에 입

___ 김천 청암사 극락전. 인현왕후가 청암사에 있을 때 머물던 곳이다.

궁토록 조치하고 입궁 당일 바로 왕비로 복위시키지만 불행하게도 자손을 출산하지 못했고, 복위 7년 뒤 34세의 나이로 병을 얻어 사망했다.

인현왕후가 청암사에 있을 때 주로 기거하던 곳이 극락전이다. 당시에는 청암사에서 극락전을 사대부 가옥의 형태로 새로 지어 민씨가 편하게 머물도록 배려했다고 한다.

소실과 복구를 반복하던 청암사는 구한 말 대운 스님(1868~1936)이 나서서 8년에 걸쳐 중창했다. 이때 극락전을 다시 사대부 가옥으로 지었고, 보광전에는 42수(手) 관세음보살상을 봉안했다. 그때 지은 건물들이 지금까지 잘 보존되고 있는 것이다.

인현왕후는 복위되어 왕궁으로 돌아간 후 청암사에 감사의 한문 편지를 보냈다. 그 편지가 지금 직지사 내 성보박물관에 있다. 인현왕후는 편지에서 '운(雲) 스님, 적(寂) 스님이 밤낮없이 간절하게 자신을 위해 기도하고 축원하는 전각을 새로 지었다는 소식을 이제야 들었다'고 적으며 애틋한 마음을 전하고 비녀와 잔, 신을 선물로 보냈다고 했다. 또 인현왕후는 청암사 주변의 임야를 국가 보호림으로 지정하고 전답도 내려 주었다.

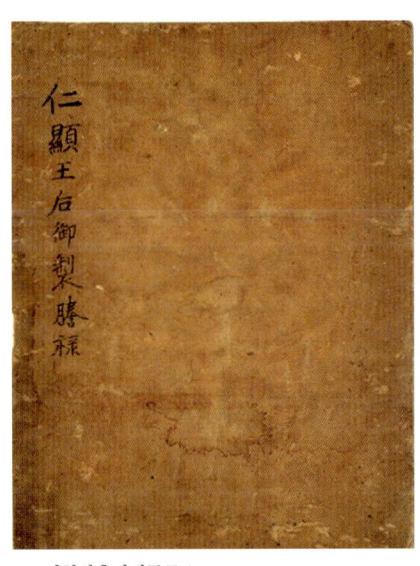

___ 인현왕후어제등록.
조선 숙종의 계비인 인현왕후가 기사환국으로 폐서인이 되어 청암사에서 은거 중 갑술옥사로 다시 왕후로 복귀하면서 청암사에 감사의 마음을 전한 어제(임금 또는 왕후가 친히 지은 글)이다.

보모상궁 최송설당

청암사의 훤칠한 일주문과 천왕문을 지나면 다리가 놓인 계곡을 만난다. 계곡 건너편에는 사람들의 이름이 빼곡히 새겨져 있는 거대한 바위가 마주 섰고, 위쪽 바위 협곡으로부터는 맑은 계류가 흘러 내려온다.

협곡의 양쪽 바위에도 새겨진 이름과 함께 푸른 이끼가 덮여 있다. '청암(靑巖)'이라는 이름은 여기에서 유래했다.

다리를 건너다 보면 유난히 세로로 크게 새기고 붉은 칠을 한 이름이 눈에 띈다. '최송설당(崔松雪堂)'. 자세히 살펴보면 그 각자는 모두 3곳에 새겨져 있다.

최송설당(1855~1939)은 선천에서 부호군(副護軍)으로 근무하다가 홍경래의 난 당시 적들과 내통하고 있다는 누명을 써 선천부사 김익순에 의해 죽임을 당한 최봉관의 손녀다. 난이 수습된 이후 이미 유명을 달리한 그에게 반란

___ 청암사 가는 길에 선 바위에 새겨진 여러 각자 중 붉은색으로 칠해진 '최송설당(崔松雪堂)' 글씨가 눈에 띤다.

군을 막지 못했다는 죄목이 씌었고, 결국 그의 네 아들은 전라도 고부(지금의 전라북도 정읍)로 유배되는 신세가 되었다.

최송설당의 아버지인 최창환은 고부에서 아버지의 장례를 치른 후 김천으로 이주해 생활했다. 그리하여 송설당은 현 김천시 문당동에서 태어나 세 자매의 장녀로 태어났다.

최송설당은 성장하며 한문과 한글을 깨우치고 길쌈과 바느질 솜씨를 발휘하여 차츰 자수성가의 길로 들어섰다. 그러다 언젠가는 가문을 신원하겠다는 결심을 한 그녀는 1895~1896년경 한양으로 이주하기로 작정한다. 갑오경장, 동학혁명 등 정세가 시끄러운 때였지만, 조상의 신원을 해결하고 남편의 벼슬길도 개척하려는 의지가 있었기 때문이다.

한양으로 올라온 송설당은 봉은사에서 국운의 융성과 왕자의 탄생, 조상의 신원을 위해 백일기도를 올렸다고 한다. 마침 덕수궁 전화과장 이규찬의 부인인 엄씨도 매일 봉은사에서 불공을 드렸는데 엄씨의 눈에 띈 송설당을 궁에 살던 언니인 엄 상궁에게 칭찬하면서 궁중에 드는 길이 열렸다.

엄 상궁은 명성왕후 시해 후 고종의 총애를 받았던 인물로 러시아 공사관을 떠나기 직전 회임함으로서 훗날 '영친왕'으로 부르던 고종의 아들 은(垠)을 출산했다. 이후 엄 귀비로 책봉되었고, 송설당은 보모상궁이 되면서, 남편 이용교도 관직의 문이 열리게 된다.

궁에 든 송설당은 1901년 비로소 억울하게 죄를 입은 조상의 신원을 바라는 상소를 올렸고, 고종은 즉시 최씨 가문을 복권시켰으니, 멸문지화를 당한 지 무려 89년 만의 일이었다.

1907년에는 영친왕이 유학의 명목으로 10살의 나이에 일본으로 끌려가자 송설당의 임무도 끝났다. 그리하여 1912년 무교동에 '송설당'이라는 당호를 내건 저택(현 서울 무교동 코오롱빌딩 자리)을 짓고, 전국에 흩어진 조상의 묘소를 찾아 석물을 안치하며 문중을 돌보고 후손의 임무를 다했다.

송설당은 청암사와의 인연이 깊다. 청암사 대운 스님이 1897년부터 청암사 중수를 시작하자 여러 번에 걸쳐 큰 시주를 했기 때문이다. 왕궁에 있을 때의 인연으로 많은 궁녀들이 불사에 동참하면서 그 이름이 비석이나 시주자 명단에 남겨지게 되었고, 송설당의 이름도 새겨진 것이다.

그녀는 청암사 외에도 금강산 유점사와 표훈사, 속리산 복천암, 화왕산 도성암 등 30여 개 사찰에 시주를 하고, 영친왕의 무사 안녕을 기원했다. 또한 여러 학교와 단체에도 희사금을 보냈다고 전한다.

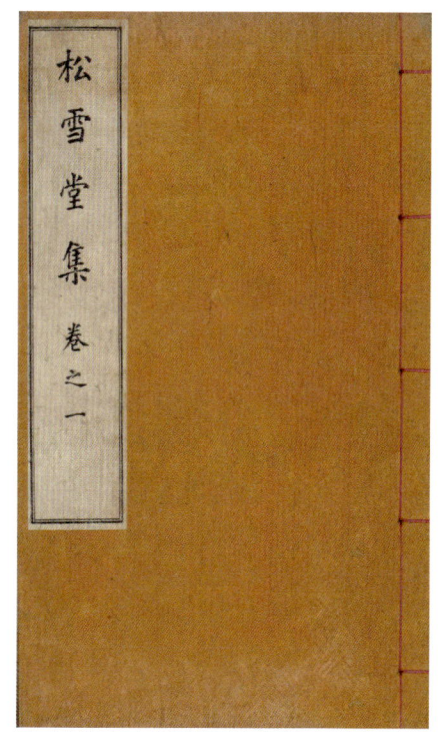

— 『송설당집』(1922)

그런 송설당은 49편의 가사와 240여 편에 달하는 한시를 묶어 1922년 『송설당집』이라는 이름으로 간행하기도 했다. 3권 3책으로 전국 각지에 배포됐는데 송설당을 조선시대 마지막 여류시인이라고 부르는 것도 이 때문이다.

세속의 일을 다 마친 송설당. 다만 그에게는 자식도 없으니 남은 재산으로 무엇을 할까 궁리하던 중 만해 한용운 스님의 설득으로 다시 한 번 값진 인생 회향을 이루게 된다.

김천고보를 세우다

1926년 송설당은 평소 교분이 있던 만해 한용운 스님을 만난 후 해인사와 여러 학교에 남은 재산을 기부하려던 생각을 접고 김천에 고등보통학교를 설립할 결심을 한다. 한용운 스님은 친일 세력이 사찰을 장악하고 있는데 사찰에 큰 기부를 한다는 것은 결국 친일 세력을 도와주는 것이나 다를 바 없다고 생각하며 송설당을 설득했다.

"사찰에 기부하는 것은 개인의 극락왕생을 기원하는 일일 뿐입니다. 학교를 세우는 일이야말로 우리 조선의 극락왕생을 위한 길이니 뜻을 바꾸시는 것이 어떻겠습니까?"

1930년 2월 26일자 〈동아일보〉 기사에는 76세가 된 송설당이 육영 사업에 전 재산을 기부하게 된 심경이 실렸고, 총 기부 금액은 302,100원이라고 밝히고 있다. 당시 서울에서 번듯한 기와집 한 채 값이 1천 원 정도 하던 시절이었으니 대단히 큰 금액이었다.

다만 학교 설립 계획이 순탄하게 진행되지는 않았다.

조선총독부는 조선인들이 수준 높은 인문 교육을 받는 걸 원하지 않았다. 그리하여 상업학교나 농업학교 등 실업학교로 진학하도록 장려하였고, 인문계 고등보통학교(보통 '고보'라고 불렸다)는 그 수도 매우 적었다. 김천이 자리한 경상북도에는 대구고보(현 경북고등학교) 한 곳만 있을 정도였는데, 경상북도 학무국은 김천이 대구에서 가까우니 학교 설립에 미온적이었던 데다, 조선인이 조선인의 힘으로 고등보통학교를 세우는 것을 달가워하지 않았다.

이해 가을, 쌀값이 폭락해 신축 대금이 모자라다는 소식을 들은 송설당이 55칸 규모의 한옥인 무교동 자택을 내놓음으로써 23,000원에 달하는 금액을 보탰지만, 경상북도 학무국은 실업학교가 아니면 재단 설립을 인가할 수 없다고 천명했다.

이에 송설당은 고보를 설립할 수 없다면 기부를 철회하겠다는 강경한 입장을 밝히면서도 한편으론 조선총독부 관계자들과 사이토 총독의 부인을 만나 고보 설립의 당위성을 설파했다. 그러한 우여곡절 끝에 결국 재단법인 인가를 받았으니 1931년 2월 5일이었다.

5년여의 신축 공사 끝에 1935년 11월 30일 새로 지은 김천고보 교정에서 개교 기념식과 신축 교사 낙성식, 최송설당 동상 제막식이 차례로 열렸다. 운동장에는 교직원 37명을 비롯해 전교생 250명, 축하객과 주민 등 1천여 명이 운집했다. 김천 읍내가 떠들썩한 날이었다.

그날 기념식에는 경상북도 도지사 오카자키를 비롯해 조선인 저명인사인 동아일보 사장 송진우, 조선중앙일보 사장 여운형, 조선일보 사장 방응모, 변호사 이인 등이 총출동했다. 무엇보다 조선인이 운영하는 3대 신문사 사장이 전부 참석한 것은 매우 이례적인 일이었다.

이후 송설당은 교정 뒤쪽 언덕에 지은 정결재에서 생활하다가 1939년 천수를 다 누리고 85세로 세상을 떠났다. 묘소도 정결재 뒤쪽에 있다.

죽기 전에 유언을 통해 마지막 용돈마저 학교에 기부한 송설당. 정결재는 한국전쟁 때 폭격으로 사라졌지만 1935년 정결재의 부속 건물로 지은 취백헌은 잘 보존되고 있다.

___ 김천고등학교 송설역사관 내 최송설당 동상. 국가등록문화재로 지정되어 있다.

___ 김천고등학교 내에는 최송설당 여사가 생활했던 정결재의 터(위)와 정결재 부속 건물인 취백헌(아래)이 보존되어 있다.

해방 후 김천고보는 '김천고등학교'로 교명이 바뀌었지만 본관과 구 과학관은 역사적 가치를 인정받아 국가등록문화재가 되었다. 1950년 윤효중이 제작한 송설당의 동상도 국가등록문화재가 되었는데 일제강점기에 만든 동상은 일제 말기 전쟁 물자로 공출되어 다시 만든 작품이다.

송설당이 학교에 남긴 뜻은 이러하다.

"길이 학교를 유지하여 민족정신을 함양하시오. 한 사람이 나라를 굳건히 하고 한 사람이 동양(전체)을 진호할 수 있으니 이 길을 따르고 지켜 내 뜻을 버리지 마시오."

─ 구름 위의 선방, 수도암

불령산(佛靈山, 1,360미터)은 '수도산(修道山)'이라고도 부른다. 수도암은 1,050미터 높이에 자리하고 있으니, 정상을 거의 다 올라간 지점에 앉아 있다. 속리산 문장대(1,028미터)보다 높은 곳에 자리하고 있는 것이다. 그래서 걸핏하면 구름이 끼고 안개에 휩싸이니 여름에도 덥지 않아 수행하기 좋다. 자연히 도를 닦기 좋은 산이라 하여 '수도산'이라 불렸고, 부처님처럼 영험한 산이라 해서 '불령산'이라는 이름도 얻었다.

청암사에서 수도암으로 가려면 평촌리까지 내려갔다가 무흘계곡을 끼고 거슬러 올라가야 한다. 7킬로미터 계곡을 끼고 가는 길에는 곳곳에 폭포와 소(沼)가 있어 그 풍광이 볼만하다.

수도암 대적광전 앞에 서면 중첩된 산 너머로 연꽃이 막 피어나는 듯 보이는 산봉우리가 아득히 펼쳐진다. 바로 해인사가 자리 잡고 있는 가야산 상봉이다. 이 연꽃 봉오리 형상의 산은 계절에 따라 황련, 청련, 홍련, 백련으로 변신한다. 이렇게 깊은 산속에서 가야산 상봉을 바라볼 수 있다니 참으로 하늘이 감추어 둔 복지(福地)다. 승려이자 조선 풍수의 비조(鼻祖)로 알려진 도선 국사(827~898)가 이곳에 절터를 잡고 너무 좋아 사흘 밤낮을 춤추었다고 하는 말이 빈말로 들리지 않는다.

조선시대 우담 정시한 선생(1625~1707)이 1686년 수도암에 들렀을 때는 이러한 일기를 남겼다.

"산세를 두루 살펴보니 사방이 빈틈없는 데다 지세는 높고도 넓다. 또 절터는 평탄하고 바른 것이 마치 가야산을 책상으로 삼은 듯하다. 봉우리의 흰 구름은 끊임없이 모였다 흩어지며 변화가 무쌍하니 앞문을 열어두고 종일토록 바라보아도 그 의미가 무궁무진하다. 참으로 절경이다."

처음 창건되었을 때 '보광사'라 불렸던 수도암은 859년 도선 국사가 창건했다. 곧 신라 말에 창건됐다는 것인데 그러한 사실을 뒷받침할 유물이 절에 남아 있다. 바로 대적광전의 기단부다. 기단부 정면 중앙에 놓인 계단석이 바로 불국사 법당 계단에서 볼 수 있는 신라 양식으로 소맷돌이 사선으로 내려와 수평으로 뻗으며 마감됐다. 신라 절터의 특징이다.

___ 김천 수도암에는 '창건주가 도선 국사'임을 새긴 입석이 자리하고 있다.

___ 김천 수도암 대적광전

　신라시대 법당의 기단부는 마치 석탑의 기단부처럼 지대석 위에 기둥을 세우고 기둥 사이에 넓은 판석(면석)을 끼워 넣는다. 또 땅에 닿는 지대석이나 위에 덮는 갑석은 2단으로 접어 넣는 방식을 취하는데, 빗물이 스며드는 것을 방지하기 위해서다.

　대적광전 기단부도 역시 이 방식을 따랐다. 다만 공사의 편의를 위해 지대석과 면석을 하나로 다듬어 마감했다. 자연히 면석 사이의 기둥은 약화됐다.

　또 기단부 귀퉁이 갑석을 'ㄱ' 자로 다듬어 얹는 것 역시 신라 방식으로 낙하 방지를 위한 기술이다. 특히 동북쪽 귀퉁이 갑석은 지붕 선이 여실히 살아 있는데, 불국사 관음전 기단부에서 볼 수 있는 방식이다.

　목조 건물은 화재로 사라질 수도 있고, 불상은 옮겨 다닐 수 있지만 사찰 기단부는 여전히 제자리에 있기 때문에 창건 연대를 추정하기 좋은 증거가

___ 김천 수도암 대적광전 계단석

___ 대적광전 기단부에서 경주 불국사 관음전에서도 볼 수 있는 'ㄱ'자 갑석을 확인할 수 있다.

___ 김천 수도암 석조비로자나불좌상(보물)

된다. 그리하여 대적광전 기단부를 통해 수도암이 신라 말에 창건된 것임을 알 수 있는 것이다.

수도암은 3점의 보물을 간직하고 있다. 대적광전 안에 모셔진 석조비로자나불좌상과 약광전의 석조보살좌상, 동·서 삼층석탑이 그것이다. 그중 눈에 띄는 것은 단연 석조비로자나불좌상이다. 대적광전에 모셔진 이 불상은 높이 251센티미터에 이르는 대형 석불로서 엄정하고 근엄한 풍모를 지녀 그 앞에 서면 자연히 마음을 가다듬게 된다.

수도암은 조선 말기에 선방으로 자리를 잡으면서 경북 제일의 수도처로 알려지게 된다. 그럼 수도암에 선방을 연 스님은 누구일까? 많은 이들은 경허 스님(1849~1912)으로 보고 있다.

해인사와 수도암은 산길로 연결되어 있어 스님들이 오랫동안 오가던 곳이었다. 1899년 봄, 경허 스님도 해인사에 머무르다 수도암을 찾았으니, 당시 51세였던 경허 스님은 이곳에서 26세의 한암 스님을 처음 만났다고 한다. 그리고 경허 스님이 『금강경』의 시구게를 설하자 한암 스님이 안광이 홀연히 열렸다는 인연담도 남아 있다.

경허 스님이 물었다.

"남산에 구름이 이니 북산(北山)에 비가 온다 했는데 이것이 무슨 소리냐?"

"창문을 열고 앉으니 기와를 입힌 담이 앞에 있습니다."

경허 스님이 다음 날 여러 대중에게 말했다.

"중원(한암 스님)의 공부가 개심(開心)을 넘어섰다."

이후로 수도암은 수행이 잘 되는 선방으로 널리 알려지게 되고, 한국전쟁 후에는 법전 스님이 선원을 복원해 선방납자들을 제접했다. 지금도 수도암은 선방의 스님들이 항상 모여드는 수행처로서 그 명성을 이어가고 있다.

전라북도 남원

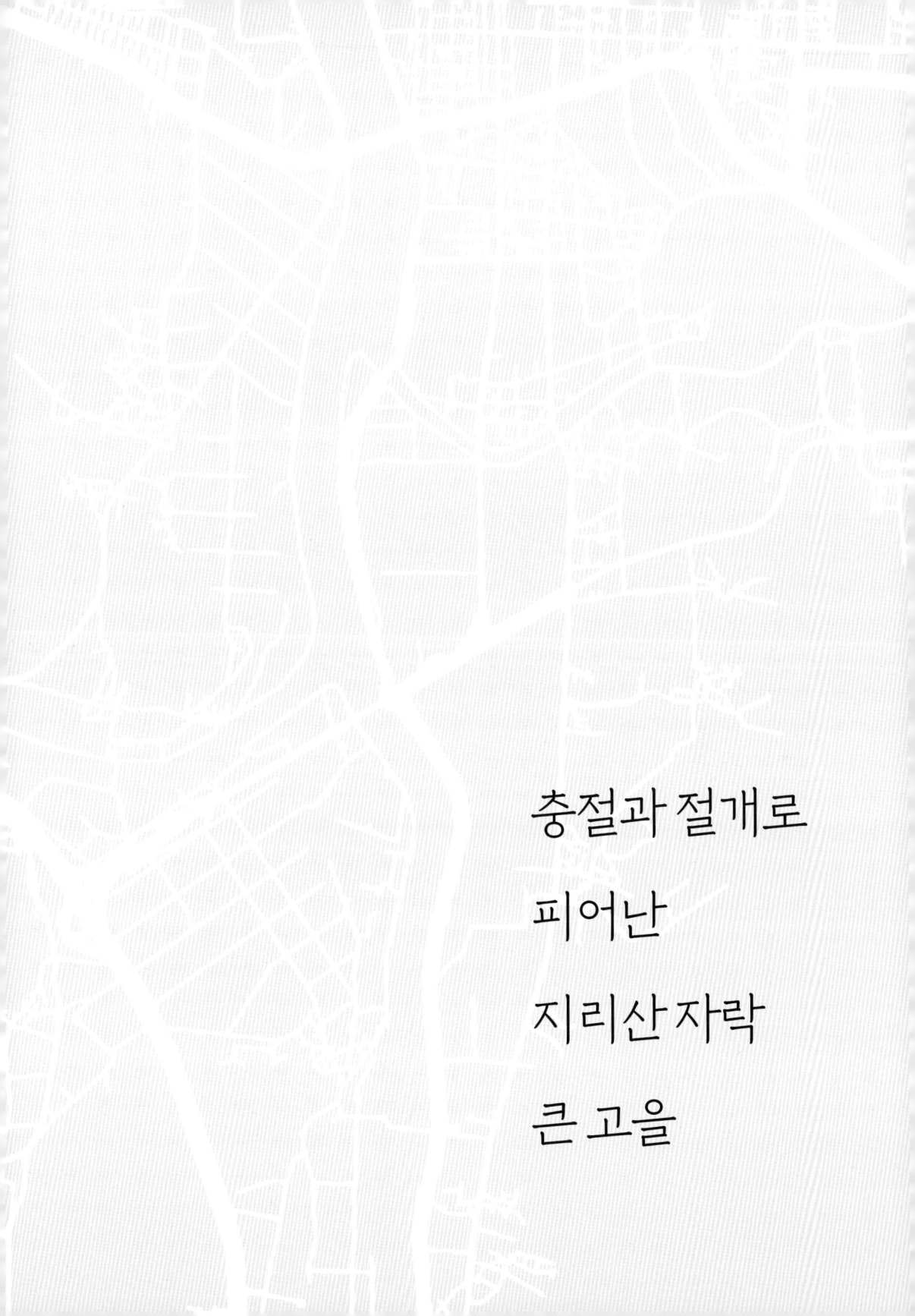

충절과 절개로

피어난

지리산 자락

큰 고을

광한루에서 〈사랑가〉를 읊조리다

지리산 서북쪽 관문인 남원은 예부터 정치·군사적으로 중요한 지점에 자리 잡고 있었다. 곧 지리산 쪽에서 전라도 거점 도시인 전주로 올라가려면 반드시 남원을 거쳐야만 했다. 반대로 남원에서는 지리산의 운봉·인월을 거쳐 경상도 함양 땅으로 넘어갈 수 있고, 섬진강을 따라가면 구례를 지나 하동에 이른다. 또 순창으로 넘어가면 광주로 나아가게 된다. 이처럼 교통의 요지였던 만큼 큰 도시를 이루었지만 대신 국가의 재난이 닥쳤을 때는 큰 피해를 당해야만 했다.

남원을 상징하는 인물을 꼽으라면 당연히 성춘향과 이도령이다. 실존 인물도 아니건만 두 남녀의 사랑 이야기는 너무나 유명해서 남원의 대표적인 인물이 된 것이다. 드라마틱한 두 사람의 러브 스토리의 첫 무대는 광한루다. 글방 도령 이몽룡이 광한루에 올라 숲속 사이를 오락가락하며 그네를 타고 있는 처녀의 모습을 보고 단번에 반해 수작을 거는 것이 첫 장면이다. 그러니 남원에 와서 광한루를 그냥 지나칠 수는 없는 노릇이다. 게다가 광한루는 국가 지정 보물이 아닌가?

광한루는 앞의 연못과 거기에 놓인 오작교, 그리고 춘향사, 완월정 등이 함께 조성되어 있는 큰 정원이어서 '광한루원(廣寒樓苑)'이라 부른다. 광한루원은 조선 전기 궁궐에서 완성된 조경문화가 민간으로 확산되는 과정에서 탄생한 정원으로서도 매우 중요한 유적이다.

광한루의 역사는 1170년 무신의 난으로 벼슬을 버리고 남원으로 내려온 황공유의 후손 황감평이 지은 작은 서실 일재(逸齋)에서 시작된다. 후일 황감평의 후손인 황희(1363~1452)가 태종의 양녕대군 폐위를 반대하다가 남원으로 유배되어 내려왔으니, 왕은 그가 미워 보낸 것이 아니라 단지 고향에서 조용히 지내다 오라는 뜻이었을 것이다. 그때 누각을 짓고 '광통루(廣通樓)'라 하였다.

__ 남원 광한루원.
연못 위의 오작교는 견우와 직녀의 칠월 칠석 만남을 상징한다.

이후 세종 16년(1434) 남원부사 민여공이 중수하였는데, 세종 26년(1444) 전라감사로 있던 정인지가 누각에 올라 풍광을 감상하다가 '달나라에 있다는 광한청허부(廣寒淸虛府)가 이곳 아닌가.' 하고 감탄한 데서 '광한루'라는 이름이 탄생하게 된다.

　세조 7년(1461) 남원부사 장의국이 지리산에서 내려와 남원 앞쪽으로 흘러가는 요천의 물을 끌어들여 은하수를 상징하는 연못을 만들고, 그 위에 은하수에 가로막혀 만나지 못하는 견우와 직녀를 위해 칠월 칠석날의 만남을 상징하는 오작교를 놓았다.

　선조 15년(1582)에는 전라도 관찰사로 부임한 정철이 연못 안에 삼신산(三神山)을 상징하는 3개의 섬을 만들었다. 삼신산은 동쪽 바다 신선들이 산다는 전설의 산으로 영주산, 방장산, 봉래산이다. 각 섬에는 정자도 짓고, 배롱나무도 심었다. 정철은 〈관동별곡〉, 〈사미인곡〉 등을 지은 명문장가로 운치와 멋

___ 공중에서 내려다본 광한루원 연못. 은하수를 상징하는 연못 위에 세 섬은 삼신산을 상징한다.

을 아는 이였으니 이러한 아이디어를 내었을 것이다.

그러나 이로부터 15년 뒤 정유재란(1597)으로 남원성은 왜군에게 철저히 짓밟혔고, 광한루도 불타 버렸다. 광한루를 다시 복원한 사람은 인조 16년(1638) 남원부사로 있던 신감이었다. 지금의 광한루 건물은 이때 복원된 모습을 기본적으로 유지하고 있다.

광한루는 연못을 앞에 두고 남향하고 있으며, 서쪽으로는 오작교가 남북 방향으로 놓여 있다. 누각 1층의 기둥을 보면 남쪽에 일렬로 서 있는 기둥들이 전부 2층 마루 높이까지 닿는 돌기둥으로 되어 있다. 모서리 기둥들도 같은 방식이다. 그런데 다른 기둥들은 반쯤 높이까지 돌기둥으로 한 것도 있고, 나무로만 세운 기둥들도 있다. 비가 많은 남쪽 지역인 것을 감안해 돌기둥들을 적절히 배치한 것이다.

2층 누각의 기둥과 기둥 사이에는 모두 2분합문의 들어열개창(들창)을

__ 광한루. 누각 1층에는 돌기둥과 나무 기둥이 배치되어 있고, 누각 2층의 기둥과 기둥 사이에는 들창을 두어 문을 여닫을 수 있게 고안하였다. 동쪽의 익루에는 온돌방을 들였다.

달았다. 쌀쌀한 날씨에는 들창을 내려 문을 닫을 수 있도록 고안한 것이다. 밀양 영남루, 진주 촉석루, 삼척 죽서루 등이 사방이 트인 구조로만 되어 있으니 이는 광한루에서만 볼 수 있는 독특한 방식이다.

광한루 동쪽에 잇대어 지은 익루(翼樓)는 삼면에 툇마루를 돌렸고 안쪽에 온돌방을 들였다. 당연히 사방으로 창호를 달았고 온돌방 1층은 아궁이를 시설하기 위해 벽체를 두르고 높은 아궁이와 굴뚝을 만들었다. 이 익루도 다른 누각에서는 보기 드문 방식이다.

더 재미있는 것은 광한루 뒤쪽에서 누각으로 오르기 위해 만든 층계다. 정면 1칸, 측면 3칸의 회랑식 구조물인데 원래부터 있던 것이 아니다. 고종 14년(1877) 남원 부사 이용준이 광한루가 자꾸 북쪽으로 기울어지는 것을 방지하기 위해 대목 추씨의 의견을 받아들여 시설한 것이다. 누각이라면 보통 나무 층계가 일반적인데 광한루는 지붕이 있는 복도식 나무 층계가 생겨나면서

__ 광한루 월랑. 광한루에 오르기 위한 복도식 층계로 지붕을 두었다.

외관이 더욱 화려해진 모습을 갖추게 되었다. 이렇게 본체에 붙여 지은 보조 건축물을 '월랑(月廊)'이라고도 부른다.

광한루원과 남원을 보호하는 동물 조각

광한루는 호남을 대표하는 누각이라고 하여 '호남제일루'라는 현판을 자랑스레 달고 있다. 그런데 이 현판 왼쪽 위에 필자의 눈을 끄는 조각물이 하나 있다. 바로 거북이다. 임진왜란 이후 다시 건축물을 세우며 화재 방지에 대한 염원으로 조각물을 설치하는 것이 유행하게 되면서 나타난 동물이다. 사찰의 법당 외부에 용 조각이 주로 등장했다면 관청이나 민간에서는 거북 조각이 주로 등장했다.

광한루 호남제일루 현판. 현판 옆으로 푸른색의 거북 조각이 자리하고 있다. 이는 화재 방지의 염원이 담긴 상징물이다.

___ 광한루 월랑 화반에는 〈수궁가〉의 주인공인 토끼와 자라가 조각되어 있다(좌).
또한 코끼리 조각도 확인할 수 있다(우).

　그런데 광한루 월랑의 화반에는 토끼를 업은 자라 조각이 설치되어 있다. 남원이 판소리의 본향인 탓인지 〈수궁가〉에 나오는 주인공을 버젓이 조각으로 만들어 화재 방지의 상징으로 설치한 것이다. 이러한 조각은 광한루 옆 춘향을 기리는 사당인 춘향사(春香祠)에도 있고, 남원 시내 선원사 칠성각에도 있으며, 구례 화엄사 구층암 극락보전에도 있다. 월랑에는 코끼리 조각도 있다. 아마도 코끼리처럼 힘차게 버티어서 광한루가 기울어지지 않길 바라는 뜻을 담은 듯하다.
　거북을 닮은 자라 조각은 광한루 바로 앞에도 있다. 폭 1.2미터, 길이 2.4미터, 높이 1.2미터의 커다란 돌 자라가 연못으로 금방 들어가려는 듯 물가에 자리 잡고 있다. 그런데 이 돌 자라도 재앙을 예방하기 위한 의미가 담겨 있다고 전해진다.

___ 광한루원 연못가의 돌 자라

정철이 광한루원에 삼신산을 본뜬 섬을 만든 이후 남원에는 천재지변이 끊이지 않았다고 한다. 원래 동해의 삼신산은 바닷속 거대한 자라가 등에 지고 있다고 하는데 삼신산만 있으니 자꾸 재앙이 일어났다는 것이다. 결국 이 돌 자라를 만들어 물가에 안치하니 재난이 따라서 없어졌다고 전하는데, 현지의 설명문에도 '오석(鰲石, 자라 돌)'이라 하였다. 어쨌거나 자라나 거북이나 다 물에 사는 생물이니 화재 방지를 위한 상징물로 적임 아니었을까 싶다.

___ 만복사 터를 배회하다

산 사람과 죽은 여인의 기이한 사랑을 다룬 전기소설(傳奇小說)이 있다. 바로 『금오신화』에 실린 김시습의 「만복사저포기」가 그것이다.

이 소설의 배경이 되는 만복사는 남원에 실제 존재했던 사찰이다. 다만

___ 남원 만복사지.
정면으로 남원 만복사지 오층석탑(보물)과 왼편으로 남원 만복사지 당간지주(보물)가 보인다.

___ 남원 만복사지 석인상

정유재란으로 사라지고 현재는 절터만 남아 보물로 지정된 석조 유물 4점이 자리를 지키고 있다. 고려시대의 오층석탑, 석조대좌, 당간지주, 석불입상이 그것이다. 더욱이 기이하게 생긴 석인상(石人像)도 있다.

만복사는 고려 문종(재위 1046~1083) 때 창건된 사찰로 남원성 인근에서 가장 큰 사찰이었다. 남아 있는 면적만도 3,200평에 달한다.

만복사는 1탑 3금당을 갖춘 사찰이었다. 한 절에 목탑이 1기, 법당이 3곳이었다는 것은 그만큼 규모가 있는 사찰이었다는 뜻이다. 오백나한전도 있었고, 사천왕을 안치한 천왕문도 있었다. 남원8경의 하나로 '만복사귀승(萬福寺歸僧)'이 들어 있는 것만 보아도 알 수 있다. 만복사의 스님들이 탁발을 마치고 줄지어 돌아가는 모습이 남원에서 꼭 볼만한 풍경이었다는 것이다.

임진왜란이 발발한 지 5년 후 소강 상태였던 전쟁이 다시 정유재란으로 재점화되자 왜군은 전쟁 초기의 실패가 전라도를 점령하지 못한 것이라고 생각했다. 군량미를 비롯한 모든 군수 물자가 전라도에서 나오는데 이를 방치했기 때문에 이순신도 그게 활약할 수 있었다고 본 것이다.

다시 전쟁이 벌어지자 왜군은 전라도부터 점령한 후 북진하기로 결정했다. 왜군은 두 갈래로 나뉘어 한 부대는 하동·구례를, 한 부대는 합천·거창·안의를 거쳐 육십령 아래 황석산성을 넘어 남원에 집결키로 했다. 어차피 남원을 무너트려야 전주로 진격할 수 있기 때문이었다.

8월 12일에는 이미 왜군이 둘러싸고 있는 남원성을 전라도 병마절도사(육군사령관) 이복남이 수백 명 군사를 이끌고 군악을 울리며 보무(步武)도 당당하게 남원성으로 행진해 들어갔다.

___ 남원 만복사지 석조대좌(보물)

___ 임진왜란 웅치 전적 전경. 임진왜란 초기 전라도를 침략한 왜군에 맞서 민관 합동으로 호남을 지켜낸 '웅치전투'가 발생한 곳이다.

왜군도 조선군의 드높은 기개에 길을 터 주며 멀뚱히 바라보았다. 이복남이 누구인가? 혈전에 혈전을 거듭한 웅치전투에서 끝까지 살아남은 용장 아닌가?

임진왜란 초기, 한양에서 선조에게 항복을 받으려던 왜군의 계획은 선조가 북행길에 올라 평양으로 가자 모두 틀어졌다. 결국 한양에 모인 왜군의 장수들은 각각 조선의 도 하나씩을 맡아 점령키로 하였다.

전라도를 맡은 코바야카와 타카카게는 금산으로 들어와 주둔하였다. 왜군이 전주로 들어가려면 대둔산 이치를 넘어 완주로 들어가거나 진안에서 웅치를 넘어 전주로 진출해야만 했다.

당시 이치에서는 권율 장군이 버티고 있었고, 웅치에서는 김제군수 정담, 나주판관 이복남, 의병장 황박이 진을 치고 있었다. 7월 7일부터 벌어진 웅치전투에서 밀고 밀리는 혈전 끝에 정담, 황박이 전사하고, 이복남은 남은 병력을 이끌고 전주 동쪽 10리에 위치한 안덕원에 방어선을 쳤다. 왜군이 밀어닥쳤지만 때마침 북상한 황진의 군사가 왜군을 공격하여 간신히 막아냈다.

전주 공략에 실패한 왜군은 퇴각하는 길에 조선군의 분전에 감명을 받아 조선군의 시신을 모아 무덤을 만들고 '조조선국충간의담(弔朝鮮國忠肝義膽)'이라는 푯말을 세웠다. '조선군의 충성스러운 마음과 의로운 용기를 조상한다'는 뜻이다. 이러한 피비린내 나는 전투에서 살아남은 역전의 용사가 바로 이복남이다.

남원의 의병장 조경남(1570~1641)은 이때의 상황을 그가 쓴 『난중잡록』에 자세히 기록해 놓았다.

이복남이 성 밑에 다다라 왜군을 바라보더니 눈을 부릅뜨고 (수하 장졸들에게) 말하였다.
"임금의 위급한 날을 위해 일힐 날이 이날이 아니냐? 국가의 큰 은혜에 보답할 날이 이날이 아니냐? 병사는 분발함으로 날래지고 군사는 곧음으로써 씩씩하나니 삶과 죽음, 화와 복을 어느 겨를에 따지겠느냐?"
크게 나팔과 호각을 불며 북을 치면서 만복사 앞 대로를 따라 행군하여 남문을 거쳐 조용히 남원성으로 들어갔다. 바깥 촌락에서 불을 지르고 노략질하던 왜군도 손가락질하며 구경하고 성 밑에 있던 왜병들도 군대를 움직이지 못하고 놀라서 한참 동안 바라보았다.

___ 남원 만복사지 석조여래입상(보물)

여러 왜병이 사로잡힌 (조선) 사람에게 힐문하여 묻기를 '저 사람은 누구이기에 당돌함이 이러하냐?' 물으니 '본 도의 병마절도사 이복남이다.' 하였다. 왜군도 그를 장하게 여기지 아니하는 자가 없었다.

이복남이 만복사 앞길을 유유히 행진해 지나간 다음 날인 8월 13일부터 본격적인 전투가 벌어졌다. 14일에는 서문을 공략하던 왜군이 수레에 만복사의 사천왕을 싣고 가 성 밖을 돌며 시위하면서 남원성을 지키는 명군과 조선군에게 겁을 주었다.

이때 남원성을 에워싼 왜군은 모두 합해 46,700명, 남원성에는 명군 3천 명과 조선군, 백성을 모두 합해 1만 명이 지키고 있었다. 결국 8월 16일 남원성이 함락되고 이복남과 방어사 오응정, 조방장 김경로 등은 화약고에 불을 질러 자결하였다. 백성들도 살아남지 못했다.

___ 남원 만인의총. 정유재란 당시 남원성 전투에서 순절한 1만여 의사들을 모셨다.

전쟁이 끝나고 폐허가 된 남원성에 돌아온 이들은 곳곳에 흩어져 있는 유골들을 수습해 무덤을 만드니 바로 '만인의총(萬人義塚)'이다. 곧 1만 명의 의로운 사람들을 모신 무덤이다. 일제강점기에는 이곳에서의 제사마저 금지당했으나, 1963년 박정희 대통령이 관리가 허술한 묘역을 보고 이장을 검토하도록 하였고, 다음 해에 지금의 장소로 이전하였다.

만복사의 부처님이나 오백나한들은 이복남 장군이 병사들과 함께 절 앞 대로를 행진해 가는 비장한 모습을, 그리고 왜군이 사천왕상을 뜯어 수레에 싣고 가는 모습도 보았을 것이다. 그러나 전투가 벌어지며 모든 존상은 흔적 없이 사라졌고, 커다란 석조대좌만 제자리에 남아 있다.

만복사 터에 와 항상 말없이 서성이게 되는 이유는 그날의 안타까웠던 전투와 의로운 사람들의 죽음, 다시 일제에 의한 침략과 억압이 우리의 마음을 무겁게 하기 때문이다.

실상사, 선문(禪門)을 열다

실상사는 지리산 자락 넓은 분지에 있는 평지 가람이다. 신라 말 구산선문 가운데 가장 먼저 문을 연 선종 사찰이자, 부속 암자인 백장암과 약수암의 문화재를 포함해 국보 1점, 보물 12점을 보유하고 있는 문화재 사찰이기도 하다.

실상사는 흥덕왕 3년(828)에 홍척 국사가 창건하였는데, 홍척은 도의 국사와 함께 당나라에 들어가 서당 지장(735~814)의 법을 잇고 돌아온 후 지리산에서 실상산문을 열었다. 스님의 선풍은 2대조 수철 화상(817~893)과 3대조 편운 대사로 이어졌다.

고려 때까지도 사세를 잘 유지하던 실상사는 조선시대에 이르러 쇠락의 길을 걷게 된다. 태종 5년(1405)에 사찰 토지에 대한 몰수 조치가 내려지고 곧이어 11개 종파는 7개 종파로 줄어들었다. 사찰 소유 토지와 노비 수도 제한을 받아 사원에 딸린 논밭은 3~4만 결(結), 노비는 8만여 명을 몰수했다고 한다. 1결이 보통 30~40마지기였고, 1마지기를 평균 2백 평으로 본다면 1억 8천~2억 4천 평의 사찰 전답이 조정에 귀속된 셈이다.

세종 초기에는 불교에 대한 핍박이 더욱 강화되어 7개 종파가 선(禪)·교(敎) 양종으로 다시 혁파되었다. 사찰도 선종 사찰 18곳, 교종 사찰 18곳만 국가의 공인을 받은 사찰로 존속할 수 있었다. 승려의 숫자도 제한해 선종 1,950명, 교종 1,800명으로, 총 3,750명만이 승려로 인정받았다.

성종 23년(1492)에는 스님들의 신분을 보장해 주는 도첩의 발급을 중지시켰다. 스님이 되는 길을 사실상 막는 조치로 도첩이 없는 스님들은 강제로 환속시켜 군인으로 충당했다.

남원 실상사는 선종 사찰 18개소에 들지 못했다. 도회지를 벗어나 산중 깊은 곳에 있는 실상사가 국가의 지원도 끊기고, 토지도 잃은 상태에서 사세를 유지하기는 매우 어려웠을 것이다. 게다가 세조(재위 1455~1468) 때 큰불이 나서 폐허가 된 후 2백여 년 동안이나 빈터로 남아 있게 되었다. 이렇게 폐허가 되어 버린 실상사의 모습은 임진왜란 때 의병장 양대박(1543~1592)이 전쟁 전인 1586년 지리산 유람을 하고 남긴 「두류산기행록」에 잘 나타나 있다.

> 절은 폐허가 된 지 백 년이 지나 무너진 담과 깨진 주춧돌이 가시덤불 속에 묻혀 있었다. 깨진 비석만이 길옆에 쓰러져 있고 철불이 석상(石床) 위에 우뚝 앉아 있었다.

이 기록은 임진왜란이 일어나기 불과 6년 전의 기록이다. 또 이 절터에서 한 스님이 '병화에 소실되어 지난날 화려하게 단청했던 불전이 지금은 시골사람들의 농경지가 되고 말았으니 사찰의 불행입니다'라고 그에게 말하였다.

___ 남원 실상사

결국 실상사는 한 번 소실된 후 새정석 여선으로 중건이 어려웠던 것이다.

이로부터 정확히 백 년 후 성리학자 우담 정시한이 1686년 4월과 8월 두 차례 실상사를 들르며 변하고 있는 실상사의 모습을 그의 『산중일기』에 생생하게 실어 놓았다.

4월 25일 미시(오후 1~3시)에 실상사에 닿았다. (…) 이 절의 스님들은 지금 마을 사람들과 절 땅을 놓고 다툼이 있어 제대로 보존이 어려운 형국이라고 한다. (…) 법당의 옛날 철불을 보았다. 절의 터로 보아 실로 거찰(巨刹)이다.

8월 22일 향로전에 들어가니 담익 스님과 화주(化主)를 맡고 있는 일행

스님, 계오 스님이 와서 만나 보았다. 잠시 뒤에 한 스님이 들어오니 바로 영휴 대사였다. 파근사에서 온 지 10여 일이 되었는데 불상 뒤에 조성하는 후불탱화를 증명하기 위해서 왔다고 한다.

백여 년 전 석상 위에 덩그러니 앉아 있던 철불도 이제 새롭게 지어진 법당으로 모셔졌고, 승려들이 머무는 향로전 등 일부 건물들의 중건도 이루어지고 있었음을 알 수 있다.

그럼 이 시기의 실상사 중창은 어떤 연유로 시작되었을까?

실상사가 불에 탄 후 실상사의 스님들은 약 2백 년 동안 백장암에 머물렀다. 많은 스님이 모이다 보니 절의 규모도 커져 '백장사'로도 불렸다. 양대박의 「두류산기행록」에도 '산의 거의 9부 능선에 이르러서야 백장사가 있다. (…) 날아갈 듯한 누각과 우뚝 솟은 불전이 골짜기에 그득하였다. 이 절의 승려 천지(千指)가 합장하며 나와 우리를 맞이하였다. 이 절은 참으로 이 산에서 제일가는 총림이다.' 하며 규모가 큰 백장사를 묘사했다.

그런데 이 백장사가 1679년 화재로 소실되었다. 스님들은 결국 백장사 터가 협소하니 철불과 석탑이 남아 있는 옛 실상사 터에 절을 중건하기로 뜻을 모으고 1680년부터 시작하여 1690년 낙성하기에 이르렀다. 이때 지은 건물이 모두 36동이었다. 대신 백장사는 규모를 축소하여 백장암으로 남게 되었다.

하지만 이렇게 힘들여 중창한 실상사는 2백여 년 뒤인 고종 19년(1882) 유생들의 어이없는 방화로 약사전, 명부전, 극락전을 제외한 모든 건물이 불에 타 버렸다.

예부터 실상사에 대해서는 '승천년 속천년(僧千年 俗千年)'이라는 속설이 전해져 내려왔다. 스님들이 천 년을 살고 나면 속인의 터로 바뀌어 천 년이 간

— 남원 실상사 백장암

다는 것이다. 이 허무맹랑한 말을 믿은 시골 선비로 한양의 양재묵과 산청외 민동혁이 있었다. 이들은 실상사를 불태우면 수백 마지기의 땅이 거저 생긴다고 생각했다. 그래서 심복인 노복(奴僕)을 시켜 실상사를 남몰래 불태워 버린 것이다.

그러나 얼마 뒤 양심의 가책을 느낀 노복이 관청에 자수를 했다. 실상사에서는 두 사람을 운봉현의 형방청에 고소했지만 이미 뇌물을 받은 관청에서는 유야무야로 넘어갔다. 실상사 측에서는 다시 상급 기관인 전주부 형방청에 다시 고소했다. 그런데 전주 형방청에서는 도리어 '산골 스님들이 염불은 하지 않고 양반들을 모함하여 관가에 소송이나 한다'고 스님을 잡아 가두는 사태가 벌어졌다.

이런 시끄러운 와중에 스님들이 어렵게 다시 중건을 하다 보니 정면 7칸,

측면 3칸이었던 대적광전을 1884년에 정면 3칸, 측면 2칸으로 줄여 짓고 '보광전' 현판을 달았다. 대적광전이었을 때의 기단부를 그대로 두고 보광전을 지어 당시의 어려웠던 상황을 되짚어 볼 수 있다.

해탈교를 건너다

여느 절이나 마찬가지지만 절 영역으로 들어가려면 대개 다리를 건너가는 경우가 많다. 개울이나 계곡을 건너가면 저쪽 언덕은 부처님의 세계라는 상징성을 담고 있기 때문이다. 이쪽 언덕은 차안(此岸)이고, 저쪽 언덕은 피안(彼岸)이니, 피안의 세계가 바로 불국토다. 자연스럽게 '피안교'라는 다리 이름이 등장하고 '해탈교', '극락교', '수정교' 등으로도 부른다. 해탈하면 극락세계고, 극락세계는 금·은·수정 등으로 장식되어 있기에 붙은 이름이다.

실상사의 다리는 '해탈교'로 이 다리를 건너기 직전 왼쪽에 돌장승 하나가 홀로 의연히 서 있다. 원래 한 쌍으로 만드는데 건너편 장승은 1936년 홍수에 떠내려갔다. 남아 있는 장승에는 '옹호금사 축귀장군'이라는 한문 각자가 희미하게 남아 있다. 퉁방울눈, 주먹코에 입가 양쪽에는 송곳니가 '八' 자형으로 비죽 튀어나왔다. 이 송곳니를 보통 '벽사치(辟邪齒)'라고 부른다. 재앙이나 질병 등 삿된 것이 들어올 때 물어뜯어 물리치는 이빨이라는 의미다.

해탈교를 건너가면 또 장승 2기가 길 양쪽으로 나뉘어 서 있다. 왼쪽 나무 밑에 있는 장승이 대장군, 오른쪽 키 큰

— 실상사 해탈교 장승 중 옹호금사 축귀장군

장승이 상원주장군이다. 대장군은 1725년에, 상원주장군은 1731년 조성했다는 명문이 있다. 장승은 사찰과 아무 관련이 없는데 실상사에서는 왜 4기나 만들어 세웠을까?

사찰 장승의 유래

사찰에 장승이 등장하게 된 것은 전염병과 관련이 있다고 본다. 원래 장승은 신라시대에 사찰의 경계 표시 용도로 세우기 시작했다. 고려시대에도 마찬가지였는데 그와 관련한 유물이 양산 통도사에 있는 '국장생 석표(國長栍石標)'다. 국가 지정 보물로, 고려 선종 2년(1085)에 나라에서 세운 사찰 경계 표지석이다. 통도사에는 12기의 국장생 석표가 있다고 했는데 또 1기의 국장생석표가 울주군 상천리에서 확인되었다. 통도사에서 동북쪽으로 4킬로미터 떨어진 곳이다. 그만큼 통도사의 영역이 넓었다는 증거다.

한편 조선시대에 와서는 역참제도와 함께 길거리에 장승을 세워 지명과 방향, 지역 간의 거리를 표시했으니, 이를 '노표장생(路標長栍)'이라 했다.

조선 후기로 가면 인마(人馬)의 통행에 따라 번지는 전염병을 막기 위해 사나운 인물형의 노표장승이 조성되기 시작한다. 곧 전염병으로 인해 우리가 알고 있는 장승의 초기

___ 실상사 해탈교 장승 중 상원주장군(좌)과 대장군(우)

형태가 유행하게 되었다는 것이다.

임진왜란으로 줄어들었던 인구가 1732년에 727만 명으로 증가했지만, 전염병으로 죽어 가는 사람도 그만큼 증가했는데 특히 숙종 때 많은 피해가 발생했다. 이 당시의 가장 무서운 전염병은 천연두와 홍역이었다. 숙종 14년 (1688), 전염병으로 사망한 자가 전국 1만여 명, 1699년에는 폭증하여 25만여 명이 죽었다. 1717년 봄부터 1719년까지는 사망자가 3만 5천여 명이었다. 이렇게 역질로 죽어 나가는 사람이 많았지만 그 원인을 알아서 대처할 방법이 별로 없었다.

그 시대의 백성들은 이 전염병을 여귀(厲鬼)의 장난이라고 여겼다. 전쟁이나 형벌, 홍수, 전염병 등으로 재앙을 당해 비명횡사한 원통한 영혼은 제사를 지내 줄 후손이 없어 여귀가 되고, 이 여귀가 돌아다니며 재앙과 전염병을 퍼뜨린다고 믿은 것이다. 이 여귀를 물리치기 위해 마을 입구나 고갯마루 등에 사나운 형상의 인물형 장승을 세우기 시작하면서 전국적으로 유행하게 된다. 돌이나 나무를 이용해 장승을 세우다 보니 나무 장승은 세월을 이기지 못해 다 없어지고, 돌장승만 전라도 지역에 집중적으로 많이 남아 있다.

남아 있는 돌장승 중 가장 이른 시기의 돌장승은 부안읍 서외리에 있는 장승으로 숙종 15년(1689)에 세운 것이다. 부안읍성 서문 바깥쪽에 양쪽으로 세웠던 것이고, 동문 밖에

__ 부안 서문안 당산. 현존하는 돌장승 중 가장 이른 시기의 것이다.

도 1쌍이 서 있다. 이곳의 장승에는 각각 '상원주장군', '하원당장군'이라는 명문이 있다. 이는 도교에서 명부를 지키는 장수의 이름인데 전염병을 퍼뜨리는 여귀가 들어오지 못하도록 막고 있다. 전염병은 서쪽 중국에서 들어온다고 생각했기에 중국의 장수를 동원한 것이다. 그래서 훗날에는 서쪽에서 오는 재앙을 진압한다는 뜻에서 '진서대장군(鎭西大將軍)'이라는 명문도 등장한다.

이러한 역질이 절집이라고 피해갈 리 없다. 게다가 사찰은 많은 스님들이 함께 생활하는 공간이라 전염병이 한 번 돌면 황폐화되기 십상이다. 결국 민간에 세워지던 장승이 자연스럽게 사찰 입구에 등장하게 되고, 돌로 만들다 보니 사찰 장승이 많이 남게 된 것이다.

__ 나주 운흥사 터 돌장승. 실상사 장승보다 이른 시기에 세워진 사찰 장승이다.

현재 우리가 만날 수 있는 가장 이른 시기의 사찰 장승은 숙종 45년(1719)에 세운 나주 운흥사 터 돌장승이다. 처음에는 민간의 풍속을 따라 '상원주장군', '하원당장군'을 새겨 넣었다. 그다음 시기의 장승이 바로 이곳 실상사에 세운 것으로 '대장군' 명문이 있는 돌장승이다. 운흥사 터 돌장승보다 6년 뒤에 세운 것이다.

사찰 장승은 무안 법천사와 총지사 터, 영암 쌍계사 터, 창녕 관룡사 등에 남아 있고, 운흥사 터 돌장승보다 이른 시기인 숙종 43년(1717)에 세운 영암 도갑사 돌장승 1쌍은 1989년 도둑맞은 후 아직까지 오리무중이다.

사찰 장승을 처음 세웠을 때는 민간의 풍속대로 '상원주장군', '하원당장군'이라는 명문을 새겼지만 시간이 지나면서 점차 불교식 명호로 바뀌게 된

___ 마천 벽송사 목장승.
불교식 명호로 각각 '금호장군', '호법대신'이라 새겨져 있다.

다. 실상사 해탈교를 건너기 전에 보았던 장승의 명호가 그런 경우다. 그러므로 이 장승은 해탈교 건너편의 장승보다 늦게 만들어졌을 것이다.

마찬가지로 지리산 마천 벽송사의 나무 장승들은 '금호장군(禁護將軍, 경내에 잡귀의 출입을 막는 장군)', '호법대신(護法大神, 잡귀를 막아 불법을 지키는 큰 신령)'이라 새겨져 있어 조성 연대가 훨씬 아래로 내려온다.

___ 실상사 도량을 거닐다

앞서 말한 대로 실상사 경내에는 많은 문화재가 산재해 있다. 돌장승을 지나 평지 길을 걸어가면 실상사의 대문 격인 천왕문이다. 절 구역은 천왕문 양쪽으로 뻗어나간 돌담으로 둘러싸여 있다.

오층목탑지를 지나면 바로 동·서로 나란히 서 있는 석탑이 있다. 전형적인 통일신라시대의 석탑으로 이중 기단의 삼층석탑이다.

이 탑들은 상륜부를 거의 완전하게 갖추고 있다. 신라시대 석탑으로 상륜부를 갖추고 있는 석탑은 매우 드문데, 삼층 지붕돌 위에 둥근 쇠막대기 같은 찰주를 꽂아 세우고, 거기에 가공된 석조 부재인 노반, 복발, 앙화, 보륜,

___ 남원 실상사 삼층석탑 상륜부. 신라 석탑 가운데 유일하게 원형이 잘 남아 있다.

보개, 수연, 용차, 보주를 맞춰 끼운다. 아쉬운 점은 동탑의 경우 용차가 반쯤 훼손되었고, 서탑은 수연이 없어졌다는 점이다. 그러나 이 정도로 상륜부가 남아 있는 석탑도 없다. 장흥 보림사 삼층석탑과 제천 월악산 신륵사 삼층석탑이 상륜부를 갖추고 있지만 보개 위의 수연이나 용차, 보주가 없다. 경주 불국사의 석가탑도 상륜부가 없었는데 다시 해체 복원하면서 실상사 삼층석탑의 상륜부를 참고해 만들었다.

실상사의 두 석탑은 천 년 이상 큰 손상 없이 제자리를 지키고 있는 귀중한 문화재다. 당연히 보물로 지정됐다.

실상사 석등도 상부까지 온전히 보존되어 내려왔다. 신라 후기의 작품이어서 기둥돌이 장구 모양으로 변했고, 화사석에는 8면에 화창이 뚫려 있다. 석등 안에 불을 붙일 때 오르내리는 돌계단을 갖추고 있는, 전국에 남아 있는 석등 중에서 유일한 유물이다. 석등의 높이가 5미터에 이르니 지상에서는 바

― 남원 실상사 석등. 돌계단을 갖춘 전국 유일의 유물이다.

___ 남원 실상사 보광전과 동·서 삼층석탑(보물), 석등(보물)

로 석등에 불을 붙일 수 없어서 만든 구조물이다.

보광전에는 강희 33년(1694)에 조성된 범종이 있다. 실상사를 대대적으로 중창할 무렵에 조성한 종이다. 이 종을 치는 자리에 일본의 지도 비슷한 것이 그려져 있는데 종을 치면 일본이 망한다는 속설이 전해져 왔고, 그 바람에 일제 말기에는 실상사 주지가 일본 경찰에게 문초를 당하기도 했었다 한다.

비슷한 이야기로 홍척 국사가 도선 국사에게 절터를 부탁하였는데 현재의 실상사 약사전 자리에 절을 세우지 않으면 나라의 정기가 일본으로 빠져 나간다는 말을 듣고 이 절을 창건했다고도 한다.

약사전에 있는 철조여래좌상은 실상산문의 2대조 수철 화상이 철 4천 근을 들여 만든 철불로 높이 2.7미터이다. 이 철불이 바로 의병장 양대박과 정시한의 글에 등장하는 바로 그 철불이다. 손을 나무로 만들어 끼웠고, 등 뒤쪽도 터져나간 것을 목재로 보강했다.

___ 남원 실상사 철조여래좌상(보물)

1987년 복원 불사를 할 때 불상 안에서 원래의 철제 손들을 발견했는데 손의 모습이 아미타불의 수인이었다. 손가락들이 예리하게 잘려 있어 편협한 유생들이 저지른 소행으로 추정하였다. 이후 2013년에 다시 철불을 보수·정비하면서 복장 아래에 넣어두었던 손을 다시 꺼내어 보존 처리를 한 후 법당 한 켠에 모두가 볼 수 있도록 모셔 놓았다.

__ **실상사의 암자**

실상사에 왔으면 약수암에 가 보는 것도 좋다. 실상사에서 2킬로미터 떨어진 이 조용한 암자는 경종 4년(1724) 천은 스님이 처음 세웠다. 좋은 약수가 예부터 있었는지 암자의 이름을 그렇게 지었고, 지금도 작은 샘에서 물이 계속 흘러나온다.

약수암 가는 길에서는 보물로 지정된 편운화상탑을 만날 수 있다. 편운

__ 남원 실상사 편운화상탑(보물)

___ 남원 실상사 약수암 보광전. 내부에는 보물로 지정된 목각아미타여래설법상의 모사본이 걸려 있다.

화상은 실상사를 세운 홍척 국사의 제자로 승탑이 독특하다. 신라 말 고려 초에는 선사들의 승탑이 대개 팔각원당형으로 조성되었다. 실상사 경내에 있는 홍척 국사나 수철 화상의 승탑도 마찬가지다. 그러나 편운 화상의 승탑은 둥근 기둥형 받침대가 있는 향완 모양의 몸돌에 원형 지붕돌을 얹은 모습이다.

큰 손상 없이 잘 보존된 이 승탑은, 또한 후백제 견훤의 연호인 '정개 십년(正開十年)'이라는 명문이 있어 910년에 세웠음을 알 수 있다. 당시 남원 지역이 후백제 영역에 있었으므로 이 연호를 썼을 것으로 보이는데, 이처럼 견훤의 연호가 새겨진 유물은 이 승탑이 유일한 것으로 알려져 있다.

약수암엔 귀한 보물이 한 점 있다. 정조 6년(1782)에 조성된 목조 탱화이다. 조선시대 후기에는 법당 부처님 뒤에 거는 후불탱화 대신 나무로 조각한 목조 탱화를 설치하기도 했다. 그런 목조 탱화가 모두 6점 남아 있는데 전부 다 보물로 지정됐다. 보광명전 안에 있는 이 목조 탱화는 높이 181센티미터, 폭 183센티미터로 아미타불과 8명의 보살, 2명의 비구가 상하 2단으로 조각되어 있다. 목조 탱화 가운데 가장 간단한 구도다. 그러나 이 약수암 목조 탱화는 원본이 아니다. 원본은 금산사성보박물관에 있다. 화재와 분실의 위험이 있어 원본을 그대로 모각해 모셔 놓은 복제품이다. 그래도 원본과 다름없이 잘 조각되어 있어 원본만큼 아름답다.

찾는 이가 없어 더욱 고요한 약수암. 실상사에서 이곳을 오갈 수 있는 여유가 있다면 그것만으로도 큰 휴식이 될 것이다.

실상사 암자 가운데 또 하나 대표적인 곳은 바로 백장암이다. 다만 백장암은 실상사에서 거리가 꽤 떨어져 있는 데다 차를 타고 올라가야 한다. 하지만 문화 답사를 다니는 이라면 꼭 가 보아야 할 곳이기도 하다.

백장암에는 전형적인 양식에 구애받지 않고 자유롭게 조성된 특이한 석탑과 석등이 있다.

___ 남원 실상사 백장암. 주불전인 대웅전 앞으로 백장암 석등(보물)과 백장암 삼층석탑(국보)이 나란히 서 있다.

___ 백장암 삼층석탑의 사천왕과 동자상(좌), 주악천인상(우)

국보로 지정된 삼층석탑은 이중 기단이라는 형식이 아예 없다. 지대석 위에 받침돌을 하나 놓고 바로 1층의 몸돌을 올려 놓은 것이다. 1층 몸돌에는 문짝을 새긴 문비 옆에 사천왕과 보살상을, 다른 쪽에는 사천왕과 동자상이 조각되어 있다. 동자상 가운데 어떤 것은 머리에 두 뿔이 솟아 있어 '도깨비 동자'라고 유명세를 치르기도 했다.

2층 몸돌에는 난간 뒤에 앉아서 악기를 연주하는 주악천인상이 한 면에 둘씩 새겨졌고, 3층 몸돌에는 난간 뒤에 천인들이 하나씩 앉아 있다. 정말로 독특한 구성이다. 3층 지붕돌 위 상륜부에는 노반에서부터 수연까지 차례로 다 남아 있다.

석탑 앞에 있는 석등도 석탑과 짝을 이루는 듯 솜씨가 매우 정교하다. 상대석 윗부분을 석탑처럼 난간을 빙 둘러 조각하고 그 위에 화사석을 얹었다. 기본적인 석등 양식을 따르면서도 곳곳에 화려한 조각을 넣은 것이 특징이다.

옛 석등 사진에는 지붕돌 위에 연꽃 모양의 보주 장식이 큼지막하게 올라가 있었는데 다시 정비사업을 하고 나서는 이 보주 장식이 사라졌다. 안타까운 일이다. 역시 보물로 지정되어 있다.

7암자 순례길

이왕에 실상사를 찾아가는 길이라면 체재 기간을 하루 늘리더라도 실상사 일곱 암자의 순례를 고려해 보는 것도 좋다. '7암자 순례길'이라는 별도의 명칭이 붙은 이 길을 필자도 2021년에 순례하였는데 아직도 그 여운이 마음 속 깊이 남아 있다.

7암자 순례길은 지리산 자락인 삼정산(1,225미터) 주위의 3곳 사찰(영원사, 삼불사, 실상사)과 4곳의 암자(도솔암, 상무주암, 문수암, 약수암)을 순례하는 코스로 실상사와 약수암도 이 순례길에 포함되어 있다.

지역적으로는 경남 함양군 마천면과 전북 남원시 산내면을 잇는 산행길로 마천면 양정마을에서 출발해 도솔암 – 영원사 – 상무주암 – 문수암 – 삼불사 – 약수암 – 실상사로 내려오게 된다.

다들 알다시피 지리산에 산재해 있던 고찰과 암자는 한국전쟁을 겪으며 많은 피해를 입었다. 벽송사, 연곡사, 대원사 등 큰절들이 포연 속에 스러졌고, 산중 암자들은 옛 모습을 지키지 못하고 거의 사라졌다.

하지만 지리산의 절들은 한국불교사에서 빼놓을 수 없는 고승들이 수도하던 수행처였기에 전쟁이 끝난 후 유서 깊은 암자들은 계속해서 복원되었다. 7암자 순례길에도 그러한 고승들의 자취가 어려 있는 암자들이 끼어 있으니 불자라면 이러한 성지를 순례하는 것도 큰 의미가 있을 것이다.

더구나 산중 암자는 예로부터 전해 내려 온 신령스러운 터에 자리 잡은 경우가 많아 산세는 물론 풍광도 뛰어나다. 날씨만 좋다면 평생 잊을 수 없는 대자연의 장엄한 파노라마를 떨리는 가슴으로 마주할 수도 있다.

도솔암과 영원사

순례길의 기점이 되는 양정마을에서 부지런히 오르막 숲길을 오르며 처음 만나게 되는 암자는 도솔암(1,160미터)이다. 서산 대사의 제자로 임진왜란 때 의승장으로 활동한 청매 인오 선사(1548~1623)가 수행한 곳으로 알려져 있다. 조계종 종정을 지내셨던 해인사 혜암 스님(1920~2001)이 1987년에 중창하여 지금에 이르고 있다.

늦게 복원한 암자이지만 법당에는 경상남도 유형문화재인 목조관음보살좌상을 모시고 있다. 강희 46년(1707) 조각승 진열 스님이 조성한 보살상으로 머리에는 구름 무늬와 불꽃 무늬로 장식된 화려한 보관을 쓰고 있다. 원래 이 보살상은 혜암 스님이 원불로 모시고 계시던 것이다.

___ 함양 도솔암. 도솔암엔 화려한 보관을 쓴 관음보살좌상이 모셔져 있다.

　도솔암에서 다시 왔던 길을 내려가 만나는 시멘트 포장길을 따라 위로 올라가면 영원사에 닿게 된다. 영원 조사가 신라 진덕왕(재위 647~654) 때에 창건한 절로 창건자의 이름이 사찰 이름으로 남았다.
　영원 조사의 깨달음에 얽힌 옛이야기가 하나 있다. 영원 조사는 처음 이곳에서 토굴을 파고 8년간 수행하였는데 아무 소득이 없었다. 그리하여 수행처를 옮기고자 산길을 내려가는데 산중의 한 노인이 낚시를 하고 있었다. 물도 없는 산중에서 무슨 낚시를 하나, 고개를 갸우뚱하니 그 노인이 중얼거리기를 '8년간 낚시를 했는데 고기 한 마리를 못 낚았네. 하지만 2년만 더 있으면 큰 고기를 낚으리라.' 하였다.
　그 소리를 들은 영원 조사는 느끼는 바가 있어 다시 토굴로 돌아가 2년을 더 정진하니 그 끝에 큰 깨달음을 얻었다고 한다. 물론 그 노인은 지리산에 상

___ 함양 영원사와 대세지보살상

주하고 있는 문수보살의 화신이었다는 이야기도 따라왔다.

영원 조사가 깨달은 후 지은 영원사는 오랫동안 법의 등불이 이어졌지만 1948년 여순 사태 때 폐허가 되었고, 1971년에 대일 스님이 머무시면서 복원 불사를 시작하게 되었다.

법당에 계신 대세지보살상은 원래 영원사에 있던 보살상이다. 영원사를 불 질러 소개(疏開)할 때 극락보전에 있던 삼존불은 아랫마을로 피신시켰는데 대일 스님이 다시 찾아와 모신 보살상이다.

이 보살상의 복장에서 조각승 승일 스님이 1661년에 조성한 기록물이 나와 25종의 복장물과 함께 경상남도 유형문화재로 지정되었다. 삼존불 중 주존불인 아미타불은 행방이 묘연하고, 관세음보살상은 7암자의 한 곳인 삼불사에서 모시고 있다.

대일 스님은 조계종 종정을 모두 지내신 혜암 스님, 법전 스님(1925~2014)과 함께 상무주암에서 정진하셨고, 이 인연으로 혜암 스님은 도솔암을 복원, 문수암을 다시 짓게 된다. 영원사가 산내 암자로 도솔암, 상무주암, 문수암을 두게 된 것도 다 이런 인연 때문이다.

영원사는 한때 너와를 얹은 선방이 9채에 100칸이 넘는 건물들이 있었고, 선방 스님들이 오랫동안 정진한 절이었기에 역대 조실들의 명단인 「조실안록(祖室案錄)」이 전해져 왔다. 일종의 방명록이다. 부용 영관, 서산 휴정, 청매 인오, 사명 유정, 환성 지안, 포광 스님 등 쟁쟁한 고승 109명의 이름이 올라 있다.

법맥으로 따지자면 부용 영관의 제자가 서산 휴정이고, 서산 대사의 제자가 사명 대사와 청매 인오 선사다. 환성 지안 스님 또한 서산 대사의 법맥을 잇고 있다. 영원사로 출가한 후 강백(講伯)과 독립운동가로 맹활약했던 백초월 스님도 이름을 남기고 있다.

영원사는 지리산 깊은 산속에 이렇게 너른 절터가 있으리라고는 상상도 할 수 없을 정도로 전망이 확 트여서 마당에서 바라보는 풍광이 시원하고 장쾌하다. 지리산 산중의 첫 번째 거찰이었다는 말이 허언이 아니었음을 실감하게 된다.

— 상무주암

영원사에서 상무주암까지는 1.8킬로미터, 일단 가파른 오르막길을 올라 빗기재에 올라서야 한다. 그래도 이제부터는 힘든 오르막길은 없으니 가벼운 발걸음으로 바윗길과 숲길을 이리저리 돌아 내려가면 상무주암이다.

보조 지눌 국사가 41세 되던 1198년, 여러 명의 도반들과 이곳에 올라왔다. 이미 2번의 깨달음이 있었지만 아직 뭔가가 가슴에 걸려 툭 터지지는 않

__ 상무주암

__ 상무주암 현판. 경봉 큰스님의 글씨가 힘차다.

았다. 부지런히 정진하는 사이 세월은 쏜살같이 흘러갔다.

어느 날 『대혜보각선사어록』을 읽다가 '선(禪)은 고요한 곳에도 있지 않고 시끄러운 곳에도 있지 않다. 날마다 인연에 응하는 곳에도 있지 않고 생각하고 분별하는 곳에도 있지 않다. 그러나 고요한 곳과 시끄러운 곳과 날마다 인연에 응하는 곳과 생각하고 분별하는 곳을 버리고 참구하지 말라. 홀연히 눈이 열리면 그 모두가 집안일임을 알게 될 것이다'라는 구절에 이르러 크게 깨달았다. 비로소 확철대오(廓撤大悟), 진정한 깨달음을 얻은 것이다. 햇수로 3년 만의 일이다.

보조 지눌 국사는 이곳이 '누더기를 입은 청빈한 스님이 수도하는 곳으로는 세상에서 첫 번째로 손꼽을 수 있는 수행처'라고 말했다. 당연히 상무주암은 보조 국사 이후에도 수많은 고승들의 수행처가 되었다. 한국전쟁 중 토벌 작전으로 소실되었지만 1954년에 이미 토굴 모습으로 복원되었고, 이후에도 계속 복원해서 언제나 올곧은 수행자가 머무는 암자가 되었다. 방문 당시에는 현기 스님이 40년 넘게 홀로 수행하고 계셨는데, 2025년 3월에 좌탈입망하셨다.

상무주암은 출입이 금지되어 있어 자유롭게 들어갈 수 없지만 현판 글씨가 독특해 멀리서도 눈에 들어온다. 바로 근래의 고승인 양산 통도사 경봉 큰스님(1892~1982)의 글씨다.

행여나 큰스님에게 누가 될까 하여 상무주암 돌담 아랫길을 소리 없이 지나 곧바로 나아가면 좌선대가 나온다. 지리산 주 능선을 다 조망할 수 있는 명당 자리다. 지리산 최고봉인 천왕봉부터 형제봉, 벽소령, 토끼봉, 반야봉이 장엄하게 펼쳐졌다. 좌선대에는 다듬은 돌판도 깔려 있는데, 인적이 끊어진 한밤중 큰스님이 참선하러 오시는 것으로 짐작된다.

이 좌선대를 무대의 좌석으로 치면 로얄석이라고 누군가 품평했는데 딱 그렇다. 지리산에서 상무주암이 최고의 수행처라는 평가에도 한몫을 하는 명소다. 한번 앉으면 일어나기가 쉽지 않은 최고의 전망대이기도 하다.

보통 '상(上)'은 부처님도 발을 붙이지 못하는 경계이고, '무주(無住)'는 머묾이 없는 자리라고 한다. 상무주(上無住)! 그렇다면 나는 지금 어디에 있는가? 상무주암을 배경으로 좌선대 곁에 멈춰선 순간, 순례 자체가 몸과 마음을 쉬어가는 수행임을 다시 한 번 깨닫게 된다.

문수암과 삼불사

상무주암에서 문수암까지는 8백 미터 거리다. 문수암은 무열왕 6년(659) 마적 대사가 창건했다고 알려져 있었는데 1965년 혜암 스님이 옛터를 찾아 복원했다. 문수암의 현판 역시 경봉 스님이 썼다.

암자 바로 뒤로는 약수가 흘러나오는 천인굴(千人屈)이 붙어 있다. 임진왜란 때 천 명의 백성이 올라와 피신했었기에 이런 이름이 생겼다고 한다.

정면으로는 금대봉이 내려다보이고 그 뒤로는 서룡산, 삼봉산, 법화산, 백운산이 늘어섰다. 다시 그 뒤로 희미하게 덕유산과 가야산의 봉우리가 보인다. 역시 조망이 좋다. 축대 끝에 올라 앉은 해우소도 이 시원한 풍경에 일조한다.

문수암에서 삼불사까지도 8백 미터 거리다. 전망이 뛰어나 아래로 마천

산청 문수암 현판. 경봉 스님의 글씨다.

__ 문수암 뒤로 자리한 천인굴. 임진왜란 당시 백성들이 이곳으로 피신해 있었다고 전해진다.

마을이 아득히 내려다보이는 명소, 삼불사. 이곳은 조선시대에 창건되어 비구니 수행처로 남아 있었으나 지금은 비구스님이 산다.

법당에는 삼불주(三佛住) 편액이 걸려 있다. 편액 이름대로 과거, 현재, 미래의 삼세불(三世佛)을 모시고 있었으나 한국전쟁 때 소실되었고, 지금은 영원사에 있던 관세음보살님을 모시고 있다.

삼불사에서 내리막길을 걸어 2.7킬로미터를 내려가면 바로 실상사의 산내 암자인 약수암에 닿게 된다.

7암자 순례길은 총 길이 8.9킬로미터로 만만한 거리는 아니다. 빠르게 걸어도 7시간을 걸어야 하고, 여유 있게 걸으면 10시간을 잡아야 한다. 따라서 벚꽃 피는 4월부터 초여름까지 일정을 잡는 것이 좋다. 한여름은 너무 덥

__ 함양 삼불사

고, 가을부턴 해가 점점 짧아지기 때문이다.

　필자는 이 순례길을 2번에 나누어 걸었다. 지리산 마천에 살고 있는 아우가 차로 태워다 준다는 것이 첫 번째 도솔암을 빼고 영원사에 데려다 주었기 때문이다. 곧 영원사부터 실상사까지 순례하고 상경했다.

　몇 주 후 다시 도솔암을 순례하기 위해 인월에 살고 있는 개그맨 전유성 씨의 처소에서 하룻밤 자고 도솔암을 올라갔다. 대신 양정마을에서 올라가지 않고, 음정마을에서 도솔암으로 향했다. 곧 도솔암 가는 길은 양정마을과 음정마을 두 길이 있는데 음정마을에서 올라가는 길은 비법정 탐방로로 초파일에만 다닐 수 있다. 평상시에는 양정마을 길을 이용해야 한다.

경상북도 안동

풍설을 견딘

소나무처럼

제 자리를 지킨

고찰과 서원

온갖 고난을 이긴 고려 건축물

우리나라에는 현재 고려시대 건축물이 6점 남아 있다. 이는 모두 국보로 지정되어 있는데, 그중 5점은 사찰 건물로 영주 부석사의 무량수전과 조사당, 안동 봉정사의 극락전, 영천 은해사 거조암의 영산전, 예산 수덕사 대웅전이다. 나머지 1점은 강릉의 객사인 임영관의 출입문, 임영관 삼문이다. 임영관은 없어지고 3칸으로 된 문만 남아 있다.

여러 번에 걸친 전란 가운데서도 꿋꿋하게 살아남은 고려시대 건축물은 사찰 건물만 충청도에 1점, 경상북도에 4점이 있다. 그럼 이들 고려시대 건축물들이 경북 지역에서 다수 살아남게 된 연유는 무엇일까?

1592년 4월 13일, 왜군의 병선 7백여 척이 대한해협을 건너 부산포에 상륙했다. 임진왜란이 터진 것이다. 왜군의 육군 전투 병력은 158,700명, 수군 9천 명이었다. 병참과 배를 관리하는 군인을 포함하면 총 병력 20여만 명. 이렇다 할 대비가 없었던 조선군은 모래성처럼 무너졌고, 왜군은 임금을 사로잡아 항복을 받으면 전쟁이 끝난다고 생각해 앞다투어 한양으로 진격했다.

5월 3일, 왜군은 20일 만에 한양에 무혈 입성했다. 선조는 북행길에 오르고 한양성은 텅 비어 있었다. 예상치 못한 결과였다. 자국 내 전쟁에서는 있을 수 없는 일이 일어난 것이다. 백 년 동안의 내란으로 일본 내에서의 전쟁에는 일정한 룰이 생겼다. 패한 적장은 할복하거나 항복하는 것이었다. 사실 섬나라인 일본은 도망갈 곳도 없었다. 그런데 조선의 임금은 북쪽으로 줄행랑을 놓은 것이다.

5월 7일에는 한양 도성 안팎에 74,000여 명의 왜군이 들끓었다. 선조를 뒤쫓아가서 생포할 가능성도 없으니 8개 군으로 편성된 왜군의 장수들은 협의하여 조선 팔도를 하나씩 맡아 점령하되 완전히 평정한 다음 명나라로 쳐들어간다고 합의를 보았다.

___ 강릉 임영관 삼문(국보)

___ 영주 부석사 무량수전(국보)

그리하여 제2군 가토 기요마사가 함경도를, 제1군 고니시 유키나가가 평안도를 맡았고, 제6군 고바야카와 다카가게는 전라도를, 제4군 모리 요시나리는 강원도를 맡았다.

왜군은 부산에서 한양으로 북상하며 경주, 대구, 김천을 거쳐 추풍령과 문경새재를 이용했지만 죽령을 넘어가지 않았다. 죽령 길이 험하여 넘기 어렵다는 것을 익히 알고 있었고, 시간도 많이 걸린다고 생각했기 때문이다.

강원도를 맡게 된 모리 요시나리는 포천을 거쳐 5월 18일에는 철원을 함락한 후 6월 19일에는 김화를 점령했다. 여기에서 백두대간의 추지령(645미터)을 넘어 간성에 이르고, 간성에서 남하하여 강릉을 휩쓴다. 7월 중순경에는 삼척에 이르게 되는데 휘하의 한 부대가 계속 남하해 울진까지 내려간다(당시에는 울진이 강원도에 속해 있었다). 울진에 모인 왜병 3천 명은 서쪽으로 진출하며 불영사를 불태우고 열두 고개로 이루어진 12령 산길을 넘어 화장산(860미터) 아래에 이르렀다. 이렇다 할 관군이나 의병을 만나지 못했기에 왜군의 경계심도 느슨해져 있을 때였다.

그러나 화장산 일대에는 의병장 류종개(1558~1592)가 의병 6백여 명을 모아 왜군의 침입에 대비하고 있었다. 화장산 좌우에 있는 노루재나 살피재를 넘어가면 바로 춘양 땅이었기 때문이다. 춘양이 왜군에게 넘어가면 봉화, 영주까지는 벌판 지역이어서 쉽게 도달하고 영주가 무너지면 풍기, 예천, 안동은 왜군의 노략질에 그대로 노출될 수밖에 없었다.

이 지역 지리를 잘 알고 있는 의병들은 적의 후미가 도착할 때까지 기다렸다가 활과 창, 도끼 같은 재래식 무기로 일제히 기습하여 천여 명을 살상하는 전과를 올렸다. 하지만 전열을 정비한 왜군은 신무기인 조총을 쏘며 접근, 치열한 백병전이 벌어져, 류종개를 비롯한 6백 명의 의병은 전원이 전사하였고, 왜군도 1,600명의 병력이 손실되었다.

___ 영주 부석사 조사당(국보)

___ 영천 은해사 거조암 영산전(국보)

결국 왜군은 봉화, 영주로의 진군을 포기하고 울진으로 후퇴한 후 삼척으로 물러났다. 이후 삼척의 왜군은 백복령을 넘어 정선을 함락하고 평창, 원주를 거쳐 돌아가게 된다. 명나라가 참전하며 전쟁의 판세가 달라졌기 때문이다.

한편 원래 경상도를 담당한 제7군 모리 데루모토는 5월 중순경 대구, 선산, 개령, 상주 등지를 장악했으나 의병장 곽재우, 정인홍, 김면 등이 활발히 활동하면서 동쪽으로 크게 진출하지를 못했다. 게다가 부산에서 대구, 한양으로 이어지는 후방 보급로도 확보해야 했던 왜군은 한때 안동 서쪽의 풍산까지 들어와 군대를 주둔시키기도 했지만 한번 물러간 뒤 다시는 진출하지 못했다.

또한 류종개의 의병 활동에 자극받아 안동에서도 자발적으로 의병이 일어나 활동하기 시작했다. 이 바람에 죽령 아래의 풍기, 영주, 안동, 예안, 봉화, 청송, 진보는 병화를 당하지 않게 되었다. 세상에서는 이 지역을 '복 받은 땅'이라고 해서 '복지(福地)'라고 일컬었다는 내용이 『선조실록』에 실려 있다. 이런 연유로 이 지역에 있던 4점의 고려 건축물은 그대로 보존될 수 있었고, 한국전쟁 때에도 이 지역은 군대의 주요 이동 통행로에서 벗어나 있었기에 잘 지켜낼 수 있었다.

한편 충남 예산의 수덕사 대웅전의 경우 서쪽 해안가 변두리에 있어 임진왜란 당시 왜군의 침탈을 받지 않았다. 더욱이 전라도부터 점령해 북상한다는 전략으로 전라도 사찰들이 화마에 휩싸였던 1597년 정유재란 때에도 수덕사 대웅전만큼은 무사했다. 전주와 공주를 거쳐 북상한 왜군이 천안 북쪽에서 벌어진 직산전투에서 조명연합군에게 저지당하였고, 결정적으로 이순신이 명량해전에서 일본 수군을 완파함으로써 군수 물자 보급에 큰 차질을 빚게 되었기 때문이다. 결국 왜군은 남쪽으로 후퇴하게 되고, 이러한 전황 속에서 수덕사 대웅전도 온전히 보존될 수 있었던 것이다.

___ 예산 수덕사 대웅전(국보)

___ 고건축 박물관, 봉정사

안동 대망산의 한 석굴에 홀로 10년을 열심히 정진하고 있는 수행자가 있었다. 어느 날 홀연히 아름다운 여인이 굴 앞에 나타났다.

"낭군님의 지고하신 덕을 사모하여 이렇게 찾아왔습니다. 낭군님을 모시고 지내게 해 주십시오."

"나는 안일을 바라지 않는다. 오직 부처님의 가르침을 따라 정법을 수행해나갈 뿐이다. 너는 네 집으로 돌아가라."

여인은 다시 여러 차례 간청했지만 수행자는 조금도 흔들림이 없었다. 결국 여인은 수행자의 설법에 감화되어 자리를 떠났다. 그런데 여인이 돌아서자 갑자기 구름이 몰려들더니 여인을 사뿐히 들어 하늘로 올라갔다. 그때 여인이 말했다.

"수행자여, 당신은 참으로 훌륭하십니다. 저는 옥황상제의 명으로 당신의 법력을 시험코자 왔습니다. 이제 하늘의 등불을 내려드리오니 어두운 굴을 밝히시고 더욱 정진하여 깊은 도를 이루시기 바랍니다."

그 수행자는 능인, 의상 대사의 제자였다. 이 일로 인해 대망산은 '천등산(天燈山)'으로 이름이 바뀌었고, 능인 대사가 수행하던 천등굴은 지금도 그대로 남아 있다.

그런 능인 대사는 긴 수행 끝에 절을 세울 인연이 도래했음을 알고 종이로 봉황을 접어 날려 보냈다. 봉황 연은 지금의 봉정사 자리에 날아가 앉았고, 대사는 그 자리에 절을 세우니, '봉황이 머물렀다'는 뜻에서 '봉정사(鳳停寺)'라는 이름도 얻게 되었다. 682년의 일이다.

봉정사는 세계문화유산으로 등재된 일곱 사찰 중의 한 곳이다. 함께 세

___ 안동 봉정사 일주문

__ 안동 봉정사 도량에 들기 위해선 경사가 급한 돌계단을 올라야 한다.
계단의 끝에서 만세루를 마주한다.

계문화유산으로 이름을 올린 해인사, 대흥사, 법주사 등에 비해 현저히 작은 절이지만 그럼에도 당당하게 세계문화유산으로 등재된 데는 그만한 이유가 있다. 임진왜란이나 한국전쟁 때에도 피해를 입지 않았고, 오랫동안 스님, 신도들의 거주 공간이자 수행 공간으로 이어져 온 역사가 있어서다.

특히 봉정사에는 고려시대의 건축물인 극락전과 조선 초기 건축물인 대웅전이 있다. 두 건물 모두 국보다. 그뿐이랴. 조선 초·중기의 건물인 고금당, 화엄강당, 만세루가 있고, 후기 건물인 영산암도 있다. 곧 시대별 건축물을 다 볼 수 있는 '고건축 박물관'이나 다름없다. 1999년 영국 엘리자베스 여왕이 한국을 방문했을 때 안동 하회마을과 함께 봉정사를 방문한 것도 그만큼 역사적 문화유산이 넉넉했기 때문이다.

봉정사 경내로 진입하려면 주차장에서 옆으로 누운 늙은 노송과 느티나무가 반겨 주는 길로 가다가 왼쪽으로 곧게 뻗은 급한 경사의 돌계단 길을 올라가야 한다. 계단 길은 옛 방식대로 울퉁불퉁한 자연석을 사용해 놓은 탓에 길을 잘 살펴 올라가야 한다. 스스로 몸가짐을 낮추고 조심할 수밖에 없다.

봉정사 편액에 깃든 동농 선생의 삶

누각 아래에 이르면 '천등산봉정사(天燈山鳳停寺)'라 써 있는 편액이 보인다. 부드럽고 온유한 글씨체다. 이 편액을 쓴 이는 동농 김가진(1846~1922)이다. 동농, 그의 이력이 참 특이하다.

학문이 깊고, 시와 서예에도 조예가 있던 그는 서자 출신으로 1884년 갑신정변 이후 적서 차별이 완화되자 1886년 마흔이 넘은 나이로 과거에 급제할 수 있었다. 그리하여 1887년 초대 주일공사관 참찬관으로 일본에 건너가 이후 주일공사가 되어 모든 외교 업무를 직접 처리하였다고 하니, 사실상 최초의 해외 주재 외교관이라 할 수 있다.

__ 봉정사 만세루 현판. 동농 김가진의 글씨이다.

그런 이력 때문인지 1910년 한일 합병이 되자 일본은 동농에게 남작 작위를 주기도 하였다. 하지만 그는 1905년 을사늑약 체결을 반대하다 충청남도 관찰사로 좌천되기도 한 인물이다. 더욱이 1919년 3·1운동이 일어나자 그해 10월 의친왕을 대한민국 임시정부가 있는 상하이에 몰래 망명시키려다 실패하기도 하였다. 이에 아들과 상하이로 망명, 임시정부에 합류한 것이 74세의 일이다.

__ 동농 김가진

조선총독부는 '남작이 독립운동에 투신한 것은 일본의 수치'라며 밀정 정필화를 파견하여 동농을 설득, 귀국시키려 하였으나 김구 선생이 체포하여 교수형으로 처단하기도 하였다. 그렇게 동농은 상하이 임시정부 고문으로 활동하다 1922년, 77세로 먼 이국에서 운명했다.

해방 후 동농은 일본의 남작 작위를 받았으나 반납하지 않았다는 이유로 독립유공자 서훈을 받지 못했다. 하지만 8·15해방 때까지 독립운동에 투신했던 그의 아들 김의한과 여성 독립운동가로서 임시정부의 안살림을 도맡았던 며느리 정정화는 모두 독립유공자로 서훈되었으니, 1989년 정정화 여사의 구술을 통해 완성한 『녹두꽃』은 해외 독립운동의 산 기록이다. 이 기록을 토대로 연극 〈달의 목소리〉가 만들어지기도 했다.

이처럼 현판 하나에도 한 인물의 행적과 역사가 깃들어 있다. 숙종 6년 (1680)에 건립된 이후 여러 차례 보수되며 그 시대의 수법이 잘 나타나 있다고 평가되는 건물인 만세루 밑을 통과해 누각에 올라서 대웅전 쪽을 바라보면 '덕휘루(德輝樓)' 현판이 달려 있다. 이 현판도 동농 선생이 1913년에 쓴 작품이다. '봉황새는 천 길 높이로 날면서 덕이 빛나는 곳에 내려온다'라는 옛글에서 따온 이름이니, 봉정사라는 절 이름에 걸맞는 이름이다.

대웅전, 국보로 승격되다

누각 위에서 다시 대웅전을 바라본다. 중앙의 대웅전 왼쪽에 화엄강당(보물)과 오른쪽에 스님들의 거주 공간인 무량해회가 있다. 화엄강당은 얼핏 보아도 기둥은 짧고, 지붕은 커 보인다. 화엄강당의 추녀는 대웅전 추녀 아래로 들어가 있다. 대웅전 건물보다 용마루를 높게 할 수가 없어 자연스럽게 높이를 낮추다 보니 이렇게 균형이 어긋난 건물이 된 것이다.

대웅전은 봉정사의 주불전이다. 정면 3칸, 측면 3칸의 규모로, 기둥과 기둥 사이에도 공포를 설치한 다포집이자, 측면을 '八' 자 모양으로 내린 팔작집이다.

1999년 대웅전 해체 복원 공사를 하면서 1435년에 쓴 「법당중창기」 등 4종의 묵서(墨書)가 발견되었는데, 대웅전 조성에 관한 확실한 기록이 발견됨에 따라 2009년 국보로 승격되었다. 조선 초기의 건물인 강진 무위사 극락보전보다 5년 늦게 지은 건물로 보존 상태가 매우 양호하다.

공포 역시 조선 초기의 양식이다. 소의 혀처럼 앞쪽으로 돌출된 쇠서는 '우설(牛舌)'이라고도 부르는데 초기 양식일수록 짧고 거의 수직으로 끊긴다.

___ 안동 봉정사 대웅전(국보) 양옆으로 화엄강당(보물)과 무량해회가 서 있다.

___ 안동 봉정사 대웅전. 대웅전의 쇠서는 조선 초기 양식으로 짧고 거의 수직이다.

___ 안동 봉정사 대웅전 내부. 삼존불 뒤로 보물로 지정된 아미타설법도가 보인다.
불상 위로는 움푹 들어간 형태로 조성된 닫집을 볼 수 있다.

봉정사 대웅전의 경우가 그렇다. 이후 조선 후기로 갈수록 쇠서는 길어지고 장식성이 가미된다.

대웅전 안으로 들어가 보면 삼존불 위의 닫집이 먼저 눈에 띈다. 천장 안쪽으로 공간을 확보하고, 그 안에 작은 공포를 사방으로 설치한 후 다시 그 안에 황룡과 백룡을 그려 넣었다. 이런 형식의 천장을 '보개천장'이라고 부른다. 이 천장이 후대로 내려가면서 아래로 돌출되어 내려오고 화려한 닫집이 이루어진다. 닫집의 원조라고 보면 되겠다.

대웅전 내부 단청에는 조선 후기에 들어온 민화나 신선, 사군자 같은 그림이 하나도 없다. 대신 불교와 관련된 내용의 불화나 연꽃 문양, 진언 등으로 채워졌으니, 곧 옛 방식의 법당 벽화를 그대로 보존하고 있다.

이러한 고식(古式)은 불단 뒤 양쪽에 서 있는 두 기둥에도 나타나 있다. 각각의 기둥에는 기둥을 감고 올라가는 청룡과 황룡이 그려져 있는 것이다. 천장의 용처럼 부처님의 위엄을 상징하는 한편, 부처님을 보호하는 호법룡의 역할도 한다. 현재 고찰에서도 보기 어려운 용 그림은 경남 고성 옥천사 대웅전(1639년 건립)이나 해남 미황사 대웅전(보물, 1754년 건립)에서나 찾아볼 수 있다.

삼존불 뒤에 걸려 있는 후불탱화는 아미타설법도로 1713년에 그려진 것이다. 역시 보물로 지정되어 있다. 채색은 적색과 녹청색, 군청색을 주로 사용하였는데, 전체적으로는 적색이 많이 사용되었다. 18세기 전반 경상북도 지역 불화의 특징을 잘 나타내고 있는 탱화로 알려져 있다.

그런데 이 탱화를 1997년 1월 16일 떼어내면서 탱화 뒤에 가려져 있던 후불벽화가 발견되었다. 조사 결과 석가모니 부처님이 영축산에서 『묘법연화경』을 설하시던 광경을 그린 영산회상도로 밝혀졌다. 고려시대에는 걸개그림인 후불탱화보다 후불벽화를 많이 그렸는데 그 영향을 이은 벽화가 발견된 것이다. 대웅전이 1435년에 중창되었으므로 후불벽화도 이 시기에 조성되었

___ 안동 봉정사 영산회상벽화(보물)

을 것이다. 조선 초기 후불벽화는 1476년에 그려진 강진 무위사 극락보전의 경우만 알려져 있었기 때문에 봉정사 대웅전 후불벽화도 보물로 지정되었다. 그러나 이 벽화는 보존의 어려움이 있어 벽체를 떼어내 보존 처리를 끝낸 뒤 봉정사성보박물관에 수장되어 있다.

    대웅전 안에는 고려시대에 만든 작품도 있다. 바로 삼존불이 앉아계신 불단이다. 1999년 대웅전을 해체 복원할 때 불단의 상판 하부에서 지정 21년(1361)에 봉정사의 탁자를 조성했다는 묵서가 발견되면서 확인되었다. 곧 불단은 고려시대에 조성되었지만 1435년 대웅전을 다시 지을 때 옛 불단을 그대로 사용한 것으로 추정된다.

이를 증명해 주는 것이 불단에 조각된 연꽃 조각이다. 채색 없이 칸칸마다 연꽃과 연잎만으로 디자인된 그림을 원형으로 얕게 새기고 주위는 진한 녹색으로 처리하였는데 같은 그림은 한 점도 없다. 고려시대는 불상 앞에 탁자를 놓다가 후기에 이르러 차츰 공양물을 올리기 위해 불단을 갖추게 되는데 대개가 소박한 모습이다. 영주 부석사 무량수전 불단도 그렇고, 예산 수덕사 대웅전 불상 좌대도 그렇다. 1374년 중건된 북녘땅 황해북도 연탄군 심원사 보광전의 불단엔 연꽃은 물론 모란, 금강저 조각도 새겨져 있지만 화려하지 않다. 조선시대에 들어서면 후기로 갈수록 꽃, 인물, 동물, 비천상 등 화려한 채색 조각으로 나타나게 되는 것이다.

___ 안동 봉정사 대웅전 불단 부분

___ 가장 오래된 목조 건물, 극락전

화엄강당 북쪽의 공터에 선다. 오른쪽으로는 조선 초기의 대웅전이, 왼쪽으로는 고려시대의 극락전이 서 있다. 극락전 앞마당 건너편엔 '고금당(古金堂)'도 보인다. 조선 중기의 건물로 예전에는 불상을 봉안한 법당을 '금당'이라 하였으니, 이 건물도 법당으로 지어졌으나 다른 전각이 들어서면서 '고금당'이라 불렸을 것이다.

아무튼 극락전은 좌우에 화엄강당과 고금당을 두었고, 앞마당 남쪽으로는 공간이 터져 있다. 조선시대 사찰 건물 배치 방식으로는 남쪽에 누각이 있어야 하는데, 실제 남쪽에 있던 우화루는 1972년 극락전을 해체 복원할 때 영산암으로 이전되었다고 한다. 곧 봉정사는 두 개의 법당이 각각 누각을 가진 두 영역으로 나누어져 있던 셈이다.

___ 안동 봉정사 고금당(보물). 오른편으로 보이는 전각이 극락전(국보)이다.

정면 3칸, 측면 4칸의 단정한 맞배지붕 건물인 극락전은 우리나라에 현존하는 가장 오래된 목조 건물이다. 그 증거는 해체 복원 시 발견된 상량문에 있다.

'창건 이후 여섯 차례나 중수하였는데 지붕이 새고 초석이 허물어져 지정 23년(1363)에 다시 중수하였다.'

목조 건물을 다시 고쳐 짓는 시기는 대개 처음 세운 뒤 150년에서 200여 년이 지난 뒤의 일이다. 그렇다면 봉정사 극락전은 1200년대 초에 처음 세워진 건물로 추정할 수 있다. 학계의 시각도 같다.

사실 이전까지만 해도 1308년에 지은 수덕사 대웅전이 가장 오래된 건물로 알려져 있었다. 하지만 이 상량문이 발견됨으로써 봉정사 극락전의 창건 연대가 더 빠른 것으로 굳어지게 된 것이다.

___ 안동 봉정사 극락전. 배흘림기둥 양식과 기둥 위에만 공포를 얹은 주심포 양식을 갖추고 있다.

___ **곳곳에 살아 숨 쉬는 고려 건축의 아름다움**

극락전을 속속들이 살펴보면 전각 곳곳에 남아 있는 고려시대의 아름다움과 선조들의 지혜를 발견할 수 있다.

극락전은 정면에서 보았을 때 가운데에만 문을 내고 양쪽에는 통풍과 채광을 위해 살창을 달았다. 이는 조선시대 때 건물이 변형되어 툇마루가 놓이고 창호문으로 개조된 것을 다시 고려 양식으로 바꾸었기 때문이다.

극락전은 여느 고려 건축물처럼 배흘림기둥과 주심포 양식을 갖추고 있다.

기둥은 그 모양새에 따라 민흘림과 배흘림으로 나뉜다. 민흘림은 기둥 위가 좁고 아래로 내려갈수록 넓어지는 기둥이고, 배흘림은 아래에서부터 3분의 1 지점은 두텁되, 위로 갈수록 가늘어지는 기둥이다. 서양권에서는 '엔

타시스(entasis)'라 부르는 양식이다.

　이 양식은 기둥의 길이가 길면 중앙부가 상대적으로 가늘어 보이는 착시 현상을 교정하여 시각적으로 안정감을 준다. 특히 기와 지붕을 얹은 목조 건물에서 이 배흘림기둥을 쓰면 무거워 보이는 지붕의 무게를 가볍게 받치고 있는 듯한 안정감을 줄 수 있어 남아 있는 고려의 건축물은 거의 배흘림기둥으로 되어 있다.

　이 극락전을 이른 시기의 건축물로 보게 된 결정적 증거는 기둥 위에 설치된 공포에도 있다. 앞으로 튀어나온 제공의 끝부분이 수직으로 잘려 있어 쇠서가 뻗어 나와 있지 않다. 이에 반해 수덕사 대웅전이나 부석사 무량수전은 제공의 끝부분이 쇠서 형태로 조금 나와 있는데, 조선 초기가 되면 봉정사 경내의 대웅전이나 강진 무위사 극락보전처럼 모든 법당 건물의 공포에 쇠서가 나타나므로 극락전의 건립 연대를 훨씬 빠르게 보는 것이다.

__ 안동 봉정사 극락전 공포. 앞서 살펴본 봉정사 대웅전의 경우와 달리 수직으로 잘려 쇠서가 뻗어 나와 있지 않다.

　극락전도 맞배지붕이라서 측면의 모습이 아름다울 뿐 아니라 고려 건축 양식의 목조 가구를 다 볼 수 있는 특징을 갖추고 있다. 우선 두 손을 합장하고 있는 듯한 솟을합장이 뚜렷이 보인다.

　위쪽의 나무 부재를 받쳐 주는 화반(花盤)도 특이하다. 연꽃 봉오리를 기본으로 하고 봉오리 가운데에 동자기둥을 세워 위쪽의 소로를 받게 하였다. 이러한 형태를 '솟을화반동자'라고 부른다. 완벽한 고려 양식이다.

　내부의 경우, 천장은 모든 서까래가 드러난 연등천장이다. 한편 고려 건축물이라서 전돌이 깔려 있었다. 중앙에는 후불벽을 치고 극락전의 주불인

__ 안동 봉정사 극락전 측면. 솟을합장과 화반을 확인할 수 있다.

__ 안동 봉정사 극락전 닫집. 천장은 부재가 모두 드러난 연등천장 구조이다.

풍설을 견딘 소나무처럼 제 자리를 지킨 고찰과 서원

아미타 부처님을 모셔 놓았다. 불단 귀퉁이에는 4개의 기둥을 세우고 그 위에 닫집을 시설했다. 이 닫집은 고려 말의 다포 양식을 보여주는 중요한 설치물이다. 또 이러한 닫집은 앞서 봉정사 대웅전의 경우에서 살펴보았듯 조선 초기에 천장으로 올라가 보개천장이 된다.

영산암의 벽화들

봉정사에 오면 꼭 들러 보아야 할 암자가 2곳 있다. 영산암과 지조암이다. 영산암은 1989년 배용균 감독의 영화 〈달마가 동쪽으로 간 까닭은〉이 개봉되며 널리 알려졌고, 〈동승〉, 〈나랏말싸미〉 등도 이곳에서 촬영됐다.

봉정사 동쪽 낮은 언덕 위에 자리 잡고 있는 영산암을 정면에서 바라보면 2층 누각을 대문으로 삼고 있음을 알 수 있다. 이 누각이 바로 극락전 마당 남쪽에 있었던 우화루다. 앞서 말한 대로 1972년 극락전 해체 복원할 때 이

___ 영산암 대문채는 극락전의 누각을 옮겨 온 것이다.

암자로 옮겨와 대문채가 되었다.

　영산암을 찾을 때마다 느끼는 것이지만 우화루 현판 글씨가 달필이다. 마치 꽃비가 내리는 듯 춤을 춘다. 석가모니 부처님이 영취산에서 설법할 때 꽃비가 내렸다고 했으니 영취산에서 '영산암(靈山庵)' 이름을 얻었고, 꽃비에서 '우화루(雨花樓)' 누각 이름이 나왔다.

　누각 아래로 겸손하게 머리를 숙이고 들어가면 소나무와 배롱나무가 자리한 작은 마당에 여러 가지 화초가 다투지 않고 오순도순 어울려 자라고 있다. 정면은 응진전 법당이고, 오른쪽은 관심당, 왼쪽은 송암당이다. 응진전 왼쪽으로는 한 칸짜리 산신각과 조그마한 요사채가 나뭇가지 사이로 보인다. 작은 암자지만 6채의 건물이 옹기종기 모여 있는 것이다.

　송암당과 우화루는 별개 건물이지만 송암당 누마루에서 우화루 누마루로 통행할 수 있도록 작은 나무 복도로 연결했다. 관심당 툇마루도 우화루 누

__ 안동 봉정사 영산암. 우화루 누각까지 여섯 채의 건물이 모여 있다.

마루와 평면으로 연결되어 있다. 우화루 누마루는 차실로도 쓰이는 듯 찻상이 하나 놓여 있다.

마당 북쪽 작은 화단 뒤로는 자연석 막돌을 쌓아 축대로 삼고 그 위에 응진전을 앉혔다. 여기에서 '응진(應眞)'은 '진리에 상응하는 수행자'란 의미로 아라한과 같은 말이다. 그래서 다른 사찰에서는 '나한전'이라고도 부른다.

응진전은 정면 3칸 규모로 작다. 거기에 앞쪽에는 조그마한 툇마루가 귀엽게 달려 있으니, 마치 외갓집에 온 듯 다정한 꾸밈새다. 법당 안에는 작은 규모에 비해 큰 체구의 삼존상이 모셔져 있다. 가운데가 석가모니 부처님이고, 왼쪽이 제화갈라보살, 오른쪽이 미륵보살이다. 나한전은 대개 이런 양식의 삼존상을 모신다.

제화갈라보살이 성불하여 연등불이 된 후 선혜동자에게 '내세에는 반드시 성불하여 석가모니 부처님이 될 것'이라는 수기(授記)를 준다. 석가모니 부

___ 영산암 응진전에 모셔진 삼존상. 양옆으로 십육나한상이 모셔져 있다.

처님 또한 미륵보살에게 '내세에 성불하여 미륵 부처님이 될 것'이라는 수기를 준다. 곧 수기를 주고받은 과거·현재·미래의 삼존상을 모신 것이다. 삼존상 양쪽으로는 작은 16나한상이 8구씩 갈라져 모셔져 있다.

　　삼존상과 16나한상 외에도 응진전 내부에는 귀중하게 보존해야 할 유물이 있다. 바로 벽화다. 응진전은 1800년대 말에 지어진 건물이니 아직 서양의 화학 물감이 들어오기 전이다. 곧 천연 물감으로 조성된 작품이다. 그 물감은 광물성 천연 물감인 당채(唐彩)다. 당나라 때 수입된 것이어서 '당채'라 부르는데, 돌가루이기 때문에 '석채(石彩)'라고도 부르고, 진하고 강하다고 해서 '진채(眞彩)', '농채(濃彩)'라고도 부른다.

　　응진전 내부 벽화는 이런 당채를 써서 그린 그림이지만 그 솜씨가 예사롭지 않다. 능숙한 필치로 거침없이, 그것도 다양한 소재를 그렸다. 동쪽 벽에 그려진 봉황 그림만 보아도 알 수 있다. 그림의 화제는 '봉명조양(鳳鳴朝陽)'이

＿＿ 영산암 응진전 봉명조양 벽화

다. '아침 해가 뜨고 봉황이 운다'는 뜻으로 상서로움을 상징한다.

험준한 바위 위에 봉황 한 쌍이 서 있는데, 그중 하나는 고개를 돌려 서로 마주보고 있다. 한쪽에는 굵직한 오동나무가 서서 그늘을 드리우고 있다. 멀리 구름 사이로는 붉은 태양이 떠오르고 서서히 밝아지는 산록에는 작게 그려진 사람들이 부지런히 오가고 있다. 오동나무 아래에는 난초가 무성하고 바위에는 푸른 이끼가 짙다. 구성도 좋고 색감도 좋다.

서쪽 벽 북면에는 쌍학도가 있다. 매화 가지 사이로 둥근 달이 떴고, 그 그늘 아래 학 2마리가 다정히 섰다. 매화 가지를 그린 솜씨도 빼어나거니와 흐드러지게 핀 흰 매화꽃에 마음이 풍성해진다. 학의 발아래에는 불로초라 하는 영지버섯이 무더기로 피어나고, 굵은 매화나무를 감고 올라간 길상화 덩굴의 가지 끝에는 붉은 꽃이 줄지어 피었다.

이 2점 벽화만 해도 보는 사람의 마음은 이미 흡족해졌는데 보기 힘든 불

___ 영산암 응진전 쌍학도

___ 영산암 응진전 연화화생도

교 벽화 하나가 더 눈길을 끈다. 바로 서쪽 벽 남면에 그려진 연화화생도(蓮花化生圖)다. 돌아가신 영가가 서방정토 극락세계에 태어날 때에는 연꽃에서 화생(化生, 부모에 의탁함이 없이 영식(靈識)으로 태어나는 것)하게 되는데 이를 그림으로 그린 것이 연화화생도다. 고려불화에서는 자주 보이지만 조선시대에 들어서는 파주 보광사 대웅보전처럼 외벽에 그려진 것들은 있어도 법당 내부에 그려진 벽화는 보기 힘들다. 그런 벽화가 응진전 내부에 남아 있는 것이다.

그림 가운데의 둥근 원 안에는 아미타삼존이 연꽃 위에 앉아계시고, 뒤로는 극락세계의 보배나무들이 줄지어 서 있다. 그 아래 피어나는 연꽃 위에는 극락에 태어난 사람들이 공손히 앉아 있다. 스님도 있고, 머리를 기른 여염집 여인들도 있다.

이 벽화를 그린 화사의 재치는 연꽃 위에 태어난 사람들의 머리 위로 커다란 연잎을 마치 우산처럼 씌워 그늘을 만들어 준 데에서 나타난다. 재미있는 발상이다.

이외에도 응진전 내부에는 달마대사나 전설 속의 상산사호(商山四皓) 같은 인물화도 있고, 매란국죽, 포도 등을 민화풍으로 곳곳마다 그려 놓았다. 응

___ 영산암 응진전 상산사호 벽화

___ 영산암 응진전 달마 벽화

진전 외벽은 수리하면서 없어진 부분이 많지만 아직도 재미있는 그림이 많다.

뛰어난 벽화를 그린 솜씨는 송암당 벽화에도 그대로 드러난다. 아마 같은 화사가 그렸을 것이다. 연꽃이나 용, 물고기를 그린 솜씨가 다 빼어나다. 양자강을 건너가는 달마대사나 쪽배를 타고 가는 어부의 그림도 허투루 그린 흔적이 하나도 없다. 다시는 그릴 수 없는 귀한 벽화들이다.

___ 지조암 칠성전에 새겨진 별자리

봉정사에서 서쪽으로 조금 떨어져 있는 지조암에도 귀한 벽화가 남아 있는 건물이 한 채 있다. 바로 칠성전이다.

필자가 처음 지조암 칠성전을 찾아온 때는 1985년 가을이었다. 봉정사와 영산암을 들렀다가 지조암이 있다는 말을 듣고 올라와 본 것인데, 칠성'각'

___ 안동 봉정사 지조암 칠성전

___ 지조암 칠성전 벽화. 도교인물형의 별자리 그림이 내부의 좌우 벽면을 채우고 있다.

이 아니라 칠성'전'이라고 붙은 당호는 처음 보는 데다가 내부의 화려한 별자리 벽화를 보고는 깜짝 놀랐다. 어디에서도 본 적이 없는 도교인물형 별자리들이 내부의 좌우 벽면을 꽉 채우고 있었기 때문이다. 별자리에 해당하는 인물의 호칭을 붉은 글씨로 다 써 놓은 것도 특이했다.

지조암 칠성전을 만난 이후 전국을 다니며 안 사실은 '칠성전'이 하나 더 있다는 점이다. 바로 장성 백양사 칠성전이다. 내부에는 치성광여래 삼존상과 함께 칠성여래 존상을 함께 모시고 있는데, 산내암자인 운문암에 모셔졌던 것이라고 한다. 운문암은 예부터 수행처로 이름이 높은 곳이어서 많은 고승들이 주석해 왔고, 근래에도 조계종 종정을 지내신 서옹 스님(1912~2003)이 머무시다가 입적하신 곳이다.

운문암 칠성전은 하늘의 북두칠성 기운이 곧바로 떨어지는 자리에 있는 명당이라고 전해졌다. 칠성님의 영험이 높아 칠성전 불공만으로 운문암에서

___ 장성 백양사 칠성전(전각 가장 오른쪽 칸)

수행하던 많은 대중들이 다 먹고 살았다고 할 정도이다. 하지만 운문암 칠성전은 한국전쟁 때 토벌대에 의해 소각되면서 칠성전에 모셔졌던 존상들을 전부 백양사 큰절로 모셔가게 된 사연이 있다.

칠성신앙은 산신, 용왕과 함께 한민족 전통의 고유 민간 신앙으로 오랫동안 전승되어 왔고, 이미 불교에도 흡수되어 호법 신중 속에 포함되어 있었다. 그러나 조선 말기 안동김씨 문중이 정권을 장악하며 정치제도가 급격히 문란해졌고, 백성들의 삶도 고단해졌다. 자연히 사찰의 살림도 위축되면서 절집에서는 민간에서 여전히 유행하던 산신, 칠성, 용왕의 전각을 경내에 세우기 시작했다. 실제로 1800년 이전에 세운 산신·칠성·용왕각은 알려진 곳이 하나도 없는 것을 보아도 알 수 있다.

특히 아이를 점지하고 사람의 수명을 관장한다는 칠성신앙은 일제 강점기까지도 크게 유행하여 전국적으로 많은 칠성각이 세워졌다. 서울 봉원사 칠성각(1864), 진주 청곡사 칠성각(1877?), 서울 진관사 칠성각(1907), 울산 백양사 칠성각(1930), 남원 실상사 칠성각(1932), 함안 원효암 칠성각(1935), 남원 선원사 칠성각(1936), 서울 봉은사 북극보전(1942) 등이 그렇다. 지조암 칠성전은 1890년에 판각한 「지조암 칠성전 단확시주 축원문」이 남아 있어 늦어도 1890년에는 칠성전이 있었음을 알 수 있다. 이 판각 현판은 곧 칠성전 단청 불사에 동참한 시주자들의 축원문이기 때문에 내부의 별자리 벽화는 1890년에 조성된 것으로 믿어진다.

칠성각에는 대개 북극성을 상징하는 치성광여래(도교에서는 '자미대제'라 부른다)와 해와 달을 상징하는 일광·월광보살을 모신다. 대부분의 경우 치성광여래는 불상으로, 일광·월광보살은 후불탱화로 모시는데, 간혹 두 보살을 불상으로 모신 곳도 볼 수 있다. 이는 무척 드문 경우로 앞서 언급한 백양사 칠성전의 경우가 그렇다. 참고로 도교에서 칠원성군으로 부르는 북두칠성을 불

___ 칠성도. 북극성을 상징하는 치성광여래와 북두칠성을 상징하는 일곱 부처를 중심으로 한 불화이다. 맨 앞줄은 도교의 칠원성군이다.

교에서는 '칠성여래'라 일컫는다.

그렇다면 우리 민족은 언제부터 칠성신앙을 믿어 왔을까?

원래 중국 북방의 기마민족은 유목 생활을 했기 때문에 항상 좋은 풀을 찾아 이동해야만 했다. 이 유목민족에게는 무리의 이동 시간과 방향, 계절을 알려주는 거대한 시계가 하늘에 있었으니, 바로 북두칠성이다. 지금도 몽골이 북두칠성에 관한 여러 전설과 함께 북두칠성 신앙을 갖고 있는 것도 우리와 같다.

이와 반대로 농경 정착 민족은 한 장소에서 붙박이로 살기 때문에 움직이지 않는 북극성을 중요시하게 된다. 중국 도교에서 북극성에 '자미대제(紫微

大帝)'라는 제왕의 호칭을 붙인 것도 이런 이유다. 모든 별을 총지휘하는 황제라는 뜻이다.

한민족 역시 북방 기마민족의 한 갈래로 보기 때문에 칠성신앙을 오랫동안 간직해 왔다. 북두칠성이 시간을 관장하는 신이기 때문에 인간의 수명도 칠성님의 영역이라고 믿었다. 그래서 죽음을 '돌아간다'고 말하고, 시신을 일곱 매듭으로 묶고 7개 구멍이 뚫려 있는 칠성판 위에 뉘어서 매장했다. 칠성님에게 돌아갔다가 다시 수명을 타서 돌아오라는 뜻이다. 북극성 신앙보다 북두칠성 신앙이 훨씬 강했던 것이다.

이런 이유로 칠성각에서 기도할 때에도 주존불인 치성광여래의 명호를 부르지 않고 '칠원성군' 명호를 부른다. 한민족의 오랜 민속신앙이 그대로 반영된 기도법이다.

그렇게 세워진 칠성각 중에서 1900년 이전에 세워진 것 중 하나가 바로 지조암 칠성전이다. 더구나 인물형 별자리 벽화를 가지고 있으니 더욱 귀중한 문화재다.

만대루에서 병산을 바라보다

안동은 문화재를 많이 보유한 고장이다. 지정 문화재를 모두 합치면 333점에 이르는데, 359점의 문화재가 자리한 경주에 맞먹는다. 그중 국보가 5점, 보물은 47점에 이른다. 이런 안동에는 수많은 서원이 포진해 있으니, 그 가운데 가장 대표적인 서원을 꼽는다면 세계문화유산으로도 등재되어 있는 도산서원과 병산서원이 아닐까 싶다. 특히 병산서원은 하회마을과 함께 얽힌 유적으로 한 번쯤은 꼭 들러볼 만한 곳이다.

병산서원은 임진왜란 중 크게 활약한 서애 류성룡(1542~1607)과 그 아들 류진(1582~1635)을 배향하고 있는 서원이다. 류성룡은 도학·글씨·문장·덕행

__ 안동 병산서원

으로 이름을 날렸을 뿐 아니라 전쟁이 끝난 다음에는 스스로 반성하고 후세들을 위하여 임진왜란의 원인과 7년간의 전황을 써서 『징비록』으로 남겼다.

학식과 몸가짐을 갖춘 그는 퇴계 이황의 양대 제자 중 한 명이다. 다른 한 제자는 학봉 김성일. 그는 류성룡보다 나이도 많고, 학식도 깊어 퇴계의 학풍을 더욱 펼칠 재목이었지만 한 번의 실수로 크게 명예가 실추되었다. 그 사연은 이렇다.

김성일은 임진왜란이 발발하기 전 조선통신사로 여러 사절과 함께 파견되었다. 다시 조선으로 돌아온 그는 선조에게 병화의 징후를 발견하지 못하였으며, 도요토미 히데요시에 대해서 '그의 눈이 쥐와 같으니 족히 두려워할 위인이 못된다'고 아뢰었다. 하지만 함께 일본에 다녀온 정사(正使) 황윤길의 말은 달랐다. 그는 필시 병화가 있을 것이라 하면서 도요토미 히데요시에 대해 '눈빛이 반짝반짝해 담력과 지략이 있는 자인 것 같다'고 하였다.

여기에서 김성일은 동인(東人), 황윤길은 서인(西人)으로, 당시 정권을 동인이 잡고 있던바, 결국 조정은 왜란이 없을 것으로 결론내렸고, 예상은 빗나가 다음 해 임진왜란이 터지고 만다. 그 뒤 김성일은 전쟁이 일어난 다음 해인 1593년 운명했다.

그에 반해 서애 류성룡은 임진왜란이 끝나자 벼슬을 사양하고 낙향한 후 '조용히 살다가 자연으로 돌아가고 싶다'는 소망대로 1607년 5월 6일 북쪽을 향해 정좌한 채 편안히 서거하였다. 서애의 죽음이 한양에 전해지자 숭례문의 상인들은 모두 철시하여 애도를 표하였고, 백성들은 '류 정승이 아니었다면 지금쯤 한 명도 살아남지 못했을 것이다'라며 슬퍼했다고 한다.

하회마을 동쪽 화산의 남쪽 구릉에 자리한 병산서원은 1572년 류성룡이 풍산현에 있던 풍악서당을 옮겨 오면서 시작되었다. 처음에는 '병산서당'이라 했으나 왜군이 풍산에 들어왔을 때 불에 타 버린 것을 광해군 2년(1610) 수제자인 우복 정경세를 중심으로 스승의 업적과 학덕을 추모하여 존덕사 사당을 짓고 향사하면서 차츰 서원으로 바뀌게 된다. '병산서원'이라는 사액을 받은 것은 철종 14년(1863)의 일이며, 1868년 흥선대원군이 대대적으로 서원을 정리할 때도 살아남은 사액서원 47곳 중의 하나였다.

사적으로 지정된 병산서원은 그 면적이 27,251 제곱미터(약 8,250평)에 불과하다. 건물들과 담장 주위의 땅을 통틀어 그러하다. 그러나 병산서원에서만 누릴 수 있는 자연의 풍광은 어느 서원과도 비교가 불가능하다. 강과 산과 하늘이 빚는 모든 풍경을 다 끌어안고 있으니 그 점 하나만으로도 우리가 이 서원을 찾는 이유가 된다.

병산서원은 서원의 배치나 구성에 있어서 군더더기 없는 깔끔한 모습을 보여준다. 남북 일직선상에 외삼문, 누각, 강당, 내삼문, 사당을 배치하고, 강당 앞 양쪽으로는 기숙사인 동재와 서재를 배치했다. 사당은 중심축에서 살짝 비껴 앉혔지만 전체적인 조화를 잃지 않는다. 사당 양쪽에는 경판과 서책을 보관하는 장판각, 향사 시 음식을 준비하는 전사청이 있다. 이 모든 건물들은 모두 낮은 담장으로 둘러쳐져 있으며 사당과 전사청도 각각 담장으로 구획되어 있다. 이렇게 담장으로 서원의 안팎을 구분하는 것은 공부하는 원생들을 올바르게 지도하고 감독하려는 의도도 있다. 서원에 들어온 원생들이 지켜야 할 규약을 보자.

서책을 서원 밖으로 가져갈 수 없으며 여인은 서원 안으로 들어올 수 없다. 술을 빚거나 마실 수 없으며 음탕한 글을 읽어서도 안 된다. 형벌을 써서도 안 되고 이유 없이 서원 밖으로 자주 출입해서도 안 된다. 오로지 독서에 정진하고 다른 방에 가서 쓸데없는 이야기로 시간을 보내서도 안 된다.

한마디로 말해 정해진 책으로 열심히 공부만 하라는 것이다. 병산서원의 정문 격인 외삼문은 복례문(復禮門)이다. 『논어』에 나오는 '극기복례(克己復禮)'에서 따온 말이다. 자기 자신의 사욕을 극복하고 예로 돌아간다는 뜻이다.

복례문을 들어서면 몇 계단 위에 길게 늘어선 만대루 누각과 마주하게 된다. 누각 아래를 향하면서 마당 뒤쪽으로 강당인 입교당이 올려다보인다. 만대루(晚對樓)는 정면 7칸, 측면 2칸의 기다란 건물로 병산서원의 꽃이다. 만대루라는 이름은 두보의 시 「백제성루(白帝城樓)」 중 '푸른 절벽은 저녁 무렵에 마주하기 좋으니[翠屛宜晚對]'에서 따왔다.

통나무 계단을 올라가면 낮은 난간만 빙 두른 채 사방으로 툭 터진 만대루에서는 변하는 사계절의 풍광을 두루 감상할 수 있다. 제멋대로 휘어진 대

__ 안동 병산서원 복례문

들보들도 자연의 풍광과 어울려 우리를 편안하게 감싸 안는다. 1700년 초반에 지어진 만대루는 따로 보물로 지정되어 있다.

만대루 마루에 앉으면 특히 낙동강 건너 90도 직벽의 병산 절경이 눈앞에 다가와 우리를 감동케 한다. 봄이면 그 벼랑 곳곳에 진달래가 피어 춘색을 노래하고, 여름이면 무성한 숲이 강바람에 일렁거린다. 절벽에 피어나는 가을 단풍과 겨울의 스산한 설경도 일품이다. 누구나 병산서원의 만대루에 오르면 그 풍광에 넋을 빼앗기고 만다. 그러나 너무 많은 사람이 찾아오는 탓에 이제는 만대루에 오를 수 없다. 그 점이 몹시 아쉽다.

병산서원 편액이 걸린 입교당은 강학 공간으로 가운데가 마룻바닥이고, 양쪽에 온돌방을 들였다. 동쪽 방은 서원의 원장님 방이고, 서쪽 방은 부원장이나 교수님의 방이다. 입교당 마루에 앉으면 만대루의 기다란 지붕 선이 내려다보이고 기둥 사이로는 낙동강변이 어른거리며 병산의 풍경과 어우러진

__ 안동 병산서원 만대루. 그 너머로 낙동강 풍광이 한눈에 들어온다.

___ 안동 병산서원 입교당

___ 안동 병산서원 달팽이 뒷간

다. 비탈을 이용해 건물을 앉히면서도 적절하게 그 높이를 조절해 이러한 풍광을 얻도록 고려한 것이다. 병산서원을 서원 건축의 백미라고 하는 평가도 이렇게 절묘한 구성에서 나온 것이다.

그렇게 둘러보다 동쪽 담장 쪽에 다다르면 쪽문 하나를 만난다. 거길 나서면 제법 큰 고직사(庫直舍)가 있다. 'ㅁ' 자 건물로 3칸 대청이 있고, 양쪽으로 방을 들였다. 서원의 관리와 원생들의 식사 준비를 위한 건물로, 제향 기간에는 참가자들의 숙소로도 쓰이는 다용도 건물이다.

고직사 앞에는 돌과 진흙으로 돌담을 둥글게 쌓고 이엉을 얹은 특이한 건물이 있다. 서원의 하인들이 쓰던 야외용 뒷간이다. 문도 없고 지붕도 없는 이 건물은 달팽이처럼 생겼다고 해서 '달팽이 뒷간'이라고 부른다. 그래도 엄연히 병산서원 사적에 포함된 설치물이다.

서원 곳곳에는 배롱나무와 매화가 심겨 있다. 특히 사당인 존덕사 앞에 있는 배롱나무 두 그루는 수령이 390여 년이 넘어 지정 보호수가 되었다. 입교당 마당에는 나이 먹은 매화나무가 두 그루 있는데 하나는 홍매화고, 하나는 백매화다. 입교당 바로 앞에는 해묵은 무궁화나무도 있다.

마침 8월, 서원 곳곳에 심긴 배롱나무에 핀 진분홍 꽃으로 안팎이 황홀하다. 비록 날이 덥다 하더라도 가는 걸음걸음 설레는 이유는 그 때문이리라.

충청북도 보은

속리산에

불법이 머무니

삼년산성에

함성 소리 끊겼네

속리산 블루스

한반도가 남과 북으로 갈라진 지금, 남한 국토의 중간 지점은 어느 지역일까 생각해 본 적 있는가? 달리 말하자면 전국 어디에서나 비슷한 시간대에 갈 수 있는 곳일 것이다. 그곳엔 명산이 있고, 명찰이 있고, 너른 평지가 있어 그 넉넉한 품에 많은 이들을 받아줄 수 있을 것만 같다. 바로 충북 보은이다.

보은에는 속리산이 있다. 자가용이 드물던 시절, 1970~1980년대는 속리산 여행의 전성기였다. 최고의 수학여행지였고, 신혼여행의 메카이기도 했다. 당시 신혼여행을 온 부부는 가이드 겸 사진사의 안내로 한복에 고무신을 신고 문장대까지 올라가 사진을 찍었다. 그리고 문장대의 여관에서 첫날밤을 보내기도 했다.

문장대에 여관이 있었다는 사실을 믿지 못할 수도 있다. 하지만 그곳에만 여관이 3개소나 있었으니, 1970년대 문장대 여관을 직접 목격한 나 역시 지금 생각해도 놀랍다.

그 시절 최고의 숲길은 오리숲이었다. 숙박 단지부터 법주사 입구까지 연결된 숲길이 5리(2킬로미터)쯤 된다 해서 '오리숲'으로 불렸다. 아름드리 소나무와 벚나무, 전나무, 상수리나무 등이 뒤섞인 숲길은 넓고, 쾌적하고, 싱그러웠다. 모든 사람들은 평등하게 이 길을 '걸어서' 들어갔다. 자동차 소리가 끊긴 숲길이니 누구나 안심하고 느긋하게 걸을 수 있었다.

지금 오리숲은 많이 변했다. 옛 오리숲 길을 따라가다 보면 캠핑장도 있고, 조각공원도 있다. 1990년대 들어 자가용 시대가 열리자 한때 200만 명이 넘던 속리산 방문객은 50만 명 이하로 뚝 떨어졌다. 호텔을 비롯해 40여 곳의 숙박 업소와 기념품점, 식당들이 된서리를 맞게 되자 자구책으로 여러 관광 시설들이 들어서면서 오리숲도 변모하게 된 것이다. 법주사로 가는 탐방객도 호텔 앞 도로를 이용해 오리숲길 중간 지점에서부터 걷게 되었다.

속리산 말티재

내 인생의 스승, 조자용 박사님

사실 속리산은 나의 인생에서도 빼놓을 수 없는 가장 중요한 산이다. 내 삶에 큰 영향을 끼친 조자용 박사님을 바로 이곳, 속리산에서 처음 만나 뵙게 되었기 때문이다.

1983년 봄, 겨우내 몇 달간을 집안에서 중병을 치르고 난 뒤 겨우 몸을 추슬렀을 때 가깝게 지내던 지인이 꼭 만날 분이 있다며 속리산 정이품 소나무 옆에 있는 에밀레박물관 관장이신 조자용 박사님에게 데리고 갔다. 박사님은 건강이 안 좋아 서울 등촌동에 있던 사립 박물관을 접고 마침 비어 있는 속리중학교의 교실을 빌려 에밀레박물관으로 개조한 후 바로 전 해에 낙향해 살고 계셨던 것이다.

박사님은 평양사범학교를 졸업하고 교단에 계시다 해방 이후 월남해, 우연히 미군 하우스 보이로 취직, 1947년 정부 수립 이전 미국 유학길에 올라 벤더빌트 공대를 거쳐 하버드대학 공과대학원을 나오셨다. 하지만 그런 이력에도 불구하고 한민족 정신문화의 원류를 밝히고자 평생을 보낸 분이셨다. 책상물림으로 얻은 지식이 아닌, 발로 뛰고 몸으로 겪으며 우리 민족의 뿌리 문화를 천착해 나간 선구자였다.

185센티미터의 큰 키에 막힘없는 언변과 유머, 두주불사의 주량, 영어와 일어를 자유자재로 구사하는 능력과 우리 민화를 수집하고, 연구하며, 글을 쓰는 그 열정에 어느 누구도 반하지 않을 수 없었다.

필자는 그런 박사님을 만나자마자 홀딱 빠져들었고, 고개 넘어 대목리에 있는 삼회관 초당까지 건너가 집 안에 있는 모든 도깨비 국물(술)을 끝장내고 말았다. 그럼에도 그날 서울로 올라가야만 한다는 사실이 못내 아쉽고 안타까웠다.

이때부터 필자는 속리산을 드나들며 민화에 대해 배우고, 그때까지 박사님이 쓰신 다양한 저서들을 모조리 독파하여 차츰 문화적 소양을 쌓아나갔다.

1984년 동지굿 행사를 시작으로 박물관 행사가 있으면 항상 속리산을 찾았고, 박물관 정문 옆에 붙어 있는 숙직실에서 혼자 자며 경비원이자 객원 연구원, 행사 실무자 역할을 함께하면서 왕 도깨비를 모신 새끼 도깨비로 살았다. 당시 사모님이 해 주시는 밥을 아침, 저녁으로 많이 먹었으니, 지금까지도 필자는 까다로운 사모님의 밥을 가장 많이 얻어먹은 사람으로 알고 있다.

그런 새끼 도깨비에게 주어진 특권 하나. 숙직실은 박물관 내부로 들어갈 수 있어 한가한 밤이면 에밀레박물관 소장의 명품들을 마음껏 감상할 수 있었다는 점이다.

1986년에는 국립공원 내 박사님 소유의 땅이 박물관 부지로 지목 변경되며 박물관 허가가 났다. 조자용 박사님은 지금까지 전시 위주의 박물관을 운영해 온 결과 민족문화를 체험하기에는 미흡하다고 생각하시고 체험하는 박물관을 구상, 삼신사 수련장이 태어나게 되었다.

그리하여 1995년에는 판소리를 공부하던 이상덕 아우와 함께 삼신사 수련장으로 아예 내려가 박사님을 모시고 수련장을 운영하며 살기도 했다. 이런 인연으로 2000년 1월 박사님이 돌아가실 때까지 18년을 모시게 되었고, 박사님은 나의 인생에서 깊은 영향력을 준 스승이 되었다.

이러한 인연으로 속리산을 수시로 드나들었으니, 물론 법주사도 자주 찾았다. 박사님을 찾아오는 외국인들이 있으면 사찰 안내를 맡기시기도 하였으니 말이다.

속리산 품 천년고찰, 법주사

그럼 이제 법주사에 들어가 보자. 일주문을 지나 법주사 초입의 수정교를

___ 보은 법주사 벽암대사비

지나기 전 왼쪽에는 커다란 석비가 하나 서 있다. 벽암 각성 대사(1575~1660)의 비다.

벽암 대사는 10세에 출가하여 부휴 선수의 제자가 되었다. 그리하여 그의 문하에서 20여 년을 수행하고 법을 전수받았다. 임진왜란이 발발하자 해전에 참여한 그는 1624년 조정에서 남한산성을 쌓을 때 팔도도총섭으로 임명되어 승군을 이끌고 3년 만에 완성시켰다.

벽암 대사는 임진왜란 이후 가장 많은 불사를 주도한 고승이다. 속초 신흥사, 구례 화엄사, 순천 송광사, 완주 송광사, 하동 쌍계사, 합천 해인사, 보은 법주사, 안변 석왕사 등 수많은 사찰을 중건한 것이다. 그가 입적한 뒤 인연 있는 사찰에 승탑이 세워졌고, 비는 구례 화엄사와 이곳 법주사에 남아 있다.

그의 고향인 이곳 보은의 고찰 법주사에 남아 있는 이 비는 현종 5년(1664)에 세웠다. 넓적한 암반 위에 풍우에 씻기며 서 있는데 그 뒤로 비각 안에 점잖게 들어앉은 또 하나의 비가 보인다. '속리산사실기비(俗離山事實記碑)'다. 비문을 지은 이는 우암 송시열(1607~1689)이고, 글씨를 쓴 이는 송준길이다.

송시열과 송준길은 같은 종친이자 학문 경향을 함께한 성리학자들로 김장생 문하에서 동문수학했다. 한 나무에서 뻗은 두 가지처럼 학문도 깊어 사람들은 이 둘을 '양송(兩宋)'이라고 불렀다. 그들이 합작해 만든 비가 사찰의 입구에 버티고 있는 것이다. 서원에나 있을 법한 유생의 비가 왜 이곳에 있을

__ 보은 속리산사실기비

까? 물론 법주사에 큰 공덕을 지어 세운 공덕비는 아니다. 이 비는 비서의 이름대로 속리산의 사실(事實)을 기록한 비다. 그 내용을 간추려 보자.

"법주사 서쪽의 수정봉에 거북바위가 있는데 우리나라의 역사서에 '중국의 재물이 날로 동쪽으로 실려 오는 것이 이 거북바위 때문이다.' 하고 중국의 술사가 그 머리를 잘라 버렸다. 그 등 위에 10층탑도 세웠는데 이는 지기를 누르기 위한 것이라고 하였다. 후에 옥천군수 이두양이 거북 머리를 이어붙이게 하고, 충청병마절도사가 그 탑을 헐어 버렸다.
거북 머리를 잘라 버리고 중국의 재물이 동쪽으로 실려 오지 않았는지, 탑을 헐어 버리고 다시 중국의 재물이 우리나라로 실려 왔는지 나는 알지 못하겠다.

__보은 속리산사실기비 비문

황당한 이야기를 깨부수어 사람들의 의혹을 풀어 주고 (백성들이) 삿된 이야기에 빠져들게 해서는 안 되는데 도리어 거북바위에 사람들이 모여들도록 인도하였으니 통탄할 일이다."

이 비석을 세운 해는 현종 7년(1666)이다. 이 시기는 송시열이 괴산 화양동과 고향 인근에 머물며 강학과 저술에 전념하던 때다. 그러던 중 수정봉 거북바위 이야기를 듣고 '허무맹랑한 이야기에 백성들이 빠져들고 관리들까지 합세해 이를 거든다는 것은 있을 수 없다'고 비판적 내용이 새겨진 비석을 법주사 입구에 세우게 한 것이다.

유교의 실천 이념은 '충효'로서 어디에서나 이에 기반한 풍속을 지켜 나가야 한다. 그 이념은 조선시대 최고의 교육 기관의 이름, '성균관(成均館)'에 잘 나타나 있다. 즉 '성균(成均)'은 '성인재지미취(成人材之未就) 균풍속지부재(均風俗之不齊)' 앞 글자를 따온 말로서, 이는 '인재가 앞으로 나아가지 못하는 것을 이루게 하고 풍속이 가지런하지 아니한 것을 고르게 한다'는 의미이다.

곧 유교의 가르침에 어긋나는 풍속은 바로잡아야 한다는 경고장이 바로 이 속리산사실기비인 것이다. 당시 서인의 영수이고, 당대의 성리학자이자 막후의 실력자인 송시열이 이러한 내용의 비석을 세우는 일에 법주사 측에서도 동조할 수밖에 없었을 듯하다.

길상초가 자리한 터

수정교를 건너가면 바로 금강문이다. 금강문 좌우로는 돌담이 연결되어 있어 사찰 경내임을 넌지시 알려 준다. 여기서부터는 몸가짐을 예의 바르게 지켜 달라는 뜻이다.

법주사는 신라 진흥왕 14년(553) 의신 조사가 창건하였고, 그 뒤 혜공왕 12년(776) 진표 율사의 제자들이 중창하였다.

절 이름을 '법주사(法住寺)'라 한 것은 의신 조사가 서역으로부터 돌아올 때 나귀에 불경을 싣고 들어와 이곳에 머물렀다는 설화에서 '불법이 머무는 절'이라는 뜻으로 지은 것이다.

한편 법주사의 중창을 도모한 진표 율사는 멸망한 백제의 완산주 만경현(지금의 김제시 만경읍)에서 태어났다. 『송고승전』에서 백제 사람으로 기록한 것도 이런 이유다.

법주사의 중창과 점찰법회

어려서부터 무예를 연마하며 사냥하기를 즐긴 진표는 11세 되던 어느 봄날 사냥감을 찾아다니다 개구리 30여 마리를 버들가지에 꿰어 나중에 구워 먹으려고 물에 던져두었다. 그런데 갑자기 나타난 사슴을 쫓다 그 사실을 까맣게 잊고 집으로 돌아온 그는 이듬해 봄, 작년에 꿰어 놓은 개구리들이 아직 살아 울고 있는 모습을 우연히 발견하니, 이에 스스로 자책하며 생각했다.

'어떻게 나의 입과 배를 채우자고 개구리로 하여금 한 해가 지나도록 고통을 받게 할 수 있는가.'

개구리를 풀어 준 진표는 이 일로 출가의 뜻을 품고 입산해 12세에 출가한다. 이후 여러 곳에서 수행하다가 경덕왕 19년(760)에 쌀 20말을 쪄서 말린 양식을 가지고 변산 부사의방(지금도 변산반도 능가산 의상봉 아래에 그 장소가 전해지

___ 보은 법주사

고 있다)에 들어갔다. 이때가 그의 나이 27세. 절벽 중허리에 파인 2평 남짓한 부사의방은 뒤는 절벽이고, 앞은 낭떠러지다. 출입도 어려운 이 수행처에서 그는 3년간 피나는 참회 정진 끝에 미륵보살과 지장보살을 친견하고 계본(戒本)과 간자(簡子)를 얻었다고 전한다. 762년 4월 27일의 일이다.

이후 진표 율사는 금산사를 중창하고 미륵장륙상을 조성해 모신 후 점찰법회를 열어 대중을 교화했다. 그리고 어느 해엔 속리산에 들어와 길상초가 난 곳을 표시해 두고는 강원도 명주를 거쳐 금강산으로 들어간 뒤 '발연사'라는 절을 세웠다고 한다. 그곳에서 7년을 머물며 대중을 교화하던 진표 율사는 다시 부사의방으로 들어갔다.

이때 속리산에서 수행하던 영심, 융종, 불타, 세 스님이 찾아와 용맹 참회를 하며 계법을 구하였으므로 진표 율사는 미륵보살과 지장보살에게서 받은 계본과 간자를 전하며 속리산으로 돌아가 길상초 난 곳에 절을 세우고 '길상사(吉祥寺)'라 하라 전했다. 그리하여 영심 스님은 길상초 난 곳에 절을 세우고 점찰법회를 크게 열었으니, '길상사'는 법주사의 다른 이름이다.

점찰법회란 『점찰선악업보경』에 근거한 참회법회로 선악의 종류를 적은 189개의 목륜(木輪)을 사용하여 과거에 지은 선악의 업과 그 과보를 점쳐 살핀 뒤 참회 정진하는 수행법이다. 진표 율사는 부사의방에서 3년간의 참회 수행을 통해 두 보살을 친견하였으므로 중생 교화에 있어서도 참회 수행을 중시하였다. 또한 그런 수행을 통해 미래를 밝히고자 하였으므로 미래불인 미륵불을 주불로 모시게 되었다.

불교가 민간에 정착되는 과정에서 불교의 참회법에 고대로부터 행해졌던 점복이 결합되어 나타난 의식이 점찰법회다. 자연히 점복에 의지하던 사람들도 점찰법회에 동참하게 되고, 나아가 불교의 올바른 참회 수행으로 바뀌어 갈 수 있었던 것이다.

법주사의 보물들

금강문을 들어서면 정면으로 천왕문이 보이고, 그 왼편으로 근년에 개금 불사를 마친 금동미륵대불이 눈부신 위용을 자랑한다.

국보 3점, 보물 13점, 시도유형문화재 20점을 소장한 법주사는 그 일원이 명승(名勝)으로서 사적으로도 지정되어 있다. 어디 한 곳 허투루 볼 곳이 없는 법주사는 세계문화유산으로 등재되어 있기도 하다.

높이 솟은 전나무 두 그루가 앞에 서 있는 천왕문엔 소조사천왕상이 큰 키를 자랑하며 서 있다. 이 천왕문은 어느 자료에나 신라 진흥왕 14년(553)에 처음 세워진 법주사의 정문이라고 나온다. 그러나 당시에는 금강역사가 있는 금강문이었을 것이다. 천왕문은 고려 말에 등장한 것으로 알려져 있기 때문이다. 철당간도 다른 사찰처럼 금강문 밖 외곽에 있었으나 천왕문이 들어서면서 금강문이 더 앞으로 나오게 되고, 그에 따라 철당간이 경내로 들어오게

___ 보은 법주사 천왕문. 왼편으로 금동미륵대불이 보인다.

되었다. 그러고 보면 사찰의 첫 입구에 금강역사가 지키고 있는 인왕문이 자리하고, 천왕문은 찾아보기 힘든 일본 사찰이 한반도의 옛 사찰 조성 양식을 그대로 지키고 있는 셈이다.

 법주사는 정유재란 때 석조물을 제외한 모든 것이 소실되었고, 종전 후 다시 복원하였다. 천왕문도 인조 2년(1624)에 벽암 대사가 중건하였으니 사천왕상도 이때 조성되었다. 이 사천왕상은 키가 5.7미터에 이르는 큰 입상들이다. 조선시대에 만들어진 사천왕상은 17개 고찰에 남아 있지만 높이가 전부 3~4미터에 지나지 않는다. 두 사찰을 빼곤 사천왕상이 전부 좌상이기 때문이다. 서울 봉은사의 사천왕상이 입상이지만 높이가 210센티미터 내외로 작은 편이다. 그만큼 법주사 사천왕상은 압도적으로 큰 키를 가지고 있다.

 사천왕의 키가 크면 건물도 커지기 마련이어서 다른 건물들과 비례가 안 맞을 수도 있다. 법주사 천왕문도 정면 5칸, 측면 2칸의 높은 건물이다. 그러

___ 법주사 천왕문 소조사천왕상 중 다문천왕

나 천왕문을 들어가며 마주하는 건물이 바로 팔상전이니, 우리나라 유일의 목조 오층탑으로 높이가 22.7미터에 이른다. 그러므로 천왕문과의 비례도 잘 맞는다. 결국 목탑의 높이를 감안해 천왕문의 높이를 맞추었고, 사천왕상도 입상으로 만들었다고 믿어진다.

─ 보은 법주사 팔상전

법주사를 대표하는 문화유산이자 대표적인 국보는 바로 '팔상전(捌相殿)'이다. 삼국시대부터 많은 목탑이 세워졌지만 현재 우리나라에 남아 있는 목탑은 법주사 팔상전이 유일하다. 화순 쌍봉사에도 조선시대 삼층목탑이 있었지만 안타깝게도 1984년 신도의 실화로 불에 타 버렸다.

법주사 목탑은 신라시대부터 있었지만, 외적의 침략과 방화로 여러 번 소멸과 중건을 반복했다. 현재 남아 있는 목탑은 정유재란 때 불에 탄 것을 중건한 것으로, 목탑이지만 상층으로 오를 수는 없다. 다만 내부에 석가모니 부처님의 일생을 여덟 장면으로 나누어 그린 팔상탱화를 모셔 놓았기에 '팔상전'이라 부른다.

승병들의 주요 거점이었던 법주사는 전쟁이 끝나자마자 사명 대사의 주도로 중건 불사에 들어갔고, 1602년 다시 짓기 시작한 팔상전은 1605년 중건을 마쳤다. 그러나 광해군 7년(1615) 천재지변을 만나니, 벼락이 팔상전 상륜부로 떨어져 화재를 입었다. 그리하여 사명 대사의 뒤를 이은 벽암 대사가 중창 불사를 이어 팔상전이 다시금 완공된다. 그해가 1626년이다.

이러한 사실들은 1968년 팔상전을 해체 수리할 때 심초석 사리공 안에서 나온 금동탑지(金銅塔誌)와 5층 동쪽과 서쪽 목재의 묵서명으로 확인되었다. 처음 중창할 때는 공사 참여자가 총 114명으로 승려가 88명, 속인이 26명이었으나, 1626년 중건 때에는 목수 전원이 승려였고, 석수 1명만 속인이었

보은 법주사 팔상전(국보)

___ 법주사 팔상전 내부. 팔상전 내부에는 사방으로 2폭씩 조성된 팔상도가 걸려 있다. 왼쪽 쌍림열반도가 걸린 불단 위에는 열반상도 모셔져 있다.

다고 한다. 곧 사찰 불사의 주도권이 스님들에게로 옮겨 가고 있었음을 보여 준다.

팔상전에는 눈여겨볼 만한 곳이 여럿 있다. 첫째는 팔상전 내부 북쪽에 봉안되어 있는 '쌍림열반상'이다. 석가모니 부처님이 쿠시나가라의 숲속 두 나무 사이에서 열반하는 모습을 그린 탱화인데 팔상전에는 그 앞에 석가모니 부처님의 열반상 조각을 두었다. 우리나라 사찰에서 유일하게 남아 있는 조선시대 열반상이다.

두 번째는 2층 귀퉁이 처마 아래에 있는 야차상 조각이다. 법당 모퉁이에서 건물을 지키는 야차신(夜叉神)으로 '각신(角神)'이라 불린다. 연꽃이나 연잎 좌대 위에 앉아 있는 각신은 두 손을 들어 위쪽의 부재를 받치고 있다. 입에 용을 물고 있는 경우도 있으니, 야차의 강력한 힘을 나타낸 것이다. 이 야차는

괴인형, 동자형, 배불뚝이형 등 그 모습도 다양한데 강화 전등사 대웅전에서도 볼 수 있다.

세 번째는 팔상전의 기단부다. 목탑은 여러 번에 걸쳐 중건되었지만 기단부는 면석만 장대석으로 바뀌었을 뿐 신라 양식이 그대로 남아 있다. 목탑이 불에 탔을 때 기단부도 불을 먹어 많이 손상되었을 것이다. 뜨거운 열에 돌이 터져 나가기 때문이다. 그런데도 일부 석재를 제외하곤 기단부가 새로 만든 듯 멀쩡하다. 기단부를 보수하며 새로운 석재로 대체하면서도 신라 양식 그대로 만들었던 것이다. 계단의 소맷돌이 사선으로 내려가고 아무 장식이 없는 것이나 귀퉁이 갑석이 'ㄱ'자로 꺾이는 것은 바로 신라 양식을 본받은

___ 법주사 팔상전 야차상

__ 법주사 팔상전 기단부. 귀퉁이 갑석이 'ㄱ'자 형태이다.

것이다. 한편 잘 살펴보면 기단부에 쓰인 석재를 기단부 주위 바닥돌로 썼음을 알 수도 있다.

__ **보은 법주사 석련지**

또 하나의 국보는 석련지(石蓮池)다. 다른 사찰에서는 볼 수 없는 특이한 형태의 유물로, 화강암을 둥글고 커다란 그릇 모양으로 파 안에 물을 담을 수 있게 만든 석조물이다. 둘레는 6.65미터, 높이는 1.95미터에 달하는 이 유물은 표면에 연꽃 무늬를 돌아가며 새겼다. 한편 사각의 지대석 위에 팔각받침돌을 놓고 다시 그 위에 석련지를 받칠 수 있도록 짧고 굵은 기둥돌을 놓았다. 윗면 둥근 둘레에는 난간석도 만들어져 있다.

그런데 어떤 용도로 이 석련지를 만들었을까? '미륵불의 하생을 영접하

___ 보은 법주사 석련지(국보)

는 가섭 존자의 발우를 상징한다', '연꽃은 깨달음과 극락세계를 상징하므로 연꽃을 띄워 두는 연못이다', '연꽃을 키우려는 용도다' 등 여러 견해가 나와 있지만 아직까지 확실한 결론은 없는 상태다.

특이한 점은 이러한 석련지가 옛 백제권에만 남아 있다는 점이다. 그 형태가 풍만하면서도 깔끔한 곡선으로 처리된 법주사 석련지는 백제인의 간결하고도 소박한 솜씨가 그대로 드러난다. 이러한 백제의 선은 같은 백제권이었던 공주나 부여의 석조에서도 확인된다. 먼저 국립공주박물관에 자리한 공주 반죽동 대통사지 석조(石槽) 2점은 옛 대통사에서 연꽃을 키웠던 석련지로 보기도 한다. 그 이유는 국립부여박물관에 있는 부여 석조에 왕궁에서 연꽃을 심고 그 꽃을 즐겼다는 전설이 스며 있기 때문이다.

연꽃은 물이 따뜻한 진흙밭에서 잘 자란다. 반면 차가운 물이 흐르는 계곡에서는 잘 자라지 않는다. 결국 산중 사찰에서 연꽃을 피우려면 커다란 그릇에 흙과 물을 넣고 온도를 맞추어야만 한다. 박물관의 석조들은 물론 법주사의 석련지가 연꽃을 키우기 위한 용도였다고 생각해 볼 여지가 있다는 뜻이다.

보은 법주사 쌍사자석등

법주사의 세 번째 국보는 쌍사자석등이다. 신라 석등의 전형적 양식은 지대석부터 지붕돌까지 팔각으로 이루어진 팔각석등이다. 그러나 팔각기둥이 들어갈 부분에 사자 2마리가 마주 서서 장대석을 받들고 있는 석등도 있다. 바로 쌍사자석등이다.

통일신라시대의 쌍사자석등은 합천의 영암사 터에도 있고, 국립광주박물관에 소장된 중흥사 쌍사자석등도 있다. 그중에서 법주사 쌍사자석등은 높이 3.3미터로 규모도 가장 크지만 조각 수법도 가장 우수한 유물이다.

___ 보은 법주사 쌍사자석등(국보)

속리산에 불법이 머무니 삼년산성에 함성 소리 끊겼네

두 사자는 가슴을 마주 대고 머리를 젖힌 채 마주 서서 앞발과 주둥이로 상대석을 받들었다. 몸체가 전체적으로 토실토실하지만 양쪽 발에 실린 근육의 힘과 긴장감은 너무나 뛰어나다. 이 중 하나는 입을 벌리고, 다른 하나는 입을 다물었다. 금강역사 중에 입을 다문 '훔(吽)'금강과 입을 연 '아(阿)'금강이 있듯이 이를 사자에도 적용한 것이다.

금동미륵대불 수난사

팔상전 서쪽에 우뚝 서 있는 금동미륵대불은 법주사의 상징이다. 무게 160여 톤, 높이만 아파트 12층에 맞먹는 33미터다.

1990년에 청동으로 처음 조성됐으나 부식이 진행되면서 금을 입히는 개금 불사를 통해 금동미륵대불로 재탄생했으니, 지금의 미륵대불이 출현하기까지는 그 규모만큼이나 여러 가지 사연이 얽혀 있다.

진표 율사가 금산사에 미륵불상을 세웠듯이 스님의 제자인 영심 스님도 미륵불상을 세웠다. 고려시대와 조선시대 초기까지의 미륵불상 내력은 구체적으로 밝혀져 있지 않지만 임진왜란 전에도 법주사는 여전히 미륵불상을 모시고 있었다.

임진왜란이 끝난 뒤 법주사는 미륵불을 다시 모셨다. 이때 모신 미륵불은 전각 안에 안치되어 있었는데, 1686년 10월 5일 법주사를 방문한 선비 정시한이 남긴 『산중일기』에 미륵불상을 모신 광경이 묘사되어 있다. 정시한은 다음 해인 1687년 1월 12일에도 다시 법주사 경내를 돌아보다가 '용화전의 삼존불 입상이 높고 크고 웅장하고 뒤에 걸린 후불탱 3폭도 역시 길고 큰 것이 일찍이 못 보던 것'이라고 기록했다. 곧 법주사의 스님들은 여러 전각과 함께 미륵삼존불상을 조성하여 2층으로 된 전각 안에 모시고 있었던 것이다.

1530년에 편찬된 『신증동국여지승람』에도 '절 안 산호전(珊瑚殿)에는 금

___ 보은 법주사 금동미륵대불

속리산에 불법이 머무니 삼년산성에 함성 소리 끊겼네

신장륙상(金身丈六像)이 있다'고 하였다. '장륙'이라면 1장(丈) 6척(尺)을 말하는 것으로 480센티미터에 이르는 높이다. 아마 임진왜란 후에도 이만한 크기의 미륵불을 모셨을 것이다.

조선시대 말까지 제자리에 잘 있던 미륵삼존불은 대원군이라는 악재를 만났다. 대원군은 경복궁 중건 재원의 마련을 위해 당백전을 주조하기로 하였지만 금속 재료가 부족하자 법주사의 미륵삼존불과 철당간을 함께 뜯어간 것이다. 고종 9년(1872)의 일이다.

용화전도 헐렸다. 이후 미륵삼존불이 있던 터는 67년간 비어 있었는데, 법주사의 대표 불상이 이처럼 오랫동안 부재한 적은 없었다.

하지만 시절인연은 도래하는 법, 1939년 법주사의 주지인 석상 스님이 미륵불 복원 불사를 발원하자 대 시주자가 나타났다. 바로 태인의 갑부 가산(迦山) 거사 김수곤(1873~1950)이다.

여기서 그에 관해 잠시 이야기하지 않을 수 없다. 가산 거사 김수곤은 유생이었지만 불문에 귀의하여 수행하였고, 장성 백양사 청류암에서 좌선하던 중 1937년 2월 28일 입안에서 치아 사리가 나오는 영험을 경험했다.

조선시대에는 신도들이 수행할 때나 죽은 뒤 다비(화장)하여 사리가 나오면 사찰 부도밭에 사리탑을 세워 주었다. 그러한 신도들의 사리탑이 고성 건봉사나 구례 천은사 등에 스님들의 승탑과 나란히 서 있다. 이에 가산 거사의 사리탑은 1939년 10월 정읍 내장사 부도밭에 세워졌고, 비석도 세웠으니, 비문은 석전 박한영 스님(1870~1948)이 지었고, 글씨는 소전 손재형(1903~1981)이 썼다. 당대의 대 선지식과 명필이 합작한 것이다.

비운의 조각가 김복진

가산 거사는 이미 1934년 3월 화재로 소실되어 1936년부터 제작에 들어간 금산사 미륵전 주존불 조성에 큰 시주를 하였다. 불상 조성은 정관(井觀) 김복진(1901~1940)이 맡고 있었는데 그는 주존불인 미륵불을 석고라는 근대적 재료를 처음 사용하여 원만히 완성하였다. 그런 김복진의 실력을 이미 확인한 가산 거사는 역사적으로도 중요한 법주사 미륵불 조성에 그가 적임자라 판단해 적극 추천하였다.

그런데 김복진은 절집에서 불화를 그리거나 불상을 만드는 불모(佛母)의 훈련을 받은 것도 아닌데 어떻게 이러한 대작 불사를 맡게 되었을까?

1900년대 초반 무렵 우리 예술사에 큰 영향을 미친 두 형제가 있었다. 바로 김복진과 동생인 팔봉(八峰) 김기진(1903~1985)이다. 이들 형제는 일제강점기에 문학, 조각, 연극, 예술 비평 등 다방면에서 활약했다.

충북 청원 태생인 김복진은 동생과 함께 1920년 도쿄로 건너가 자신은 동경미술학교에, 동생 김기진은 릿교[立敎]대 영문학부에 입학했다. 당시 조각을 전공한 김복진은 1924년 제국예술원전람회, 약칭 제전(帝展)에 〈여신입상〉을 출품했는데 한국인 최초로 조각 부문에서 입선하기도 하였다.

그런 그는 사회주의 사상에 입문하였고, 귀국하여 활동할 당시 1928년 3차 공산당 검거 때 투옥되어 6년여를 복역, 1934년 2월 출옥했다. 그런데 옥에 수감되어 있을 때 불교에 마음을 둔 그는 목각 불상을 만들어 형무소 직매장에 팔기도 하였으니, 곧 수감 생활 6년여 시간 동안 불교 조각에 눈뜨게 된 것이다.

감옥에서 나와 금산사 미륵불을 완성하고, 1939년 법주사 미륵불 조성을 이어 맡게 되자 이번엔 석고 대신 시멘트라는 새로운 재료로의 조성을 시도한다. 이의 조성 비용으로 가산 거사 김수곤이 3만 원을 흔쾌히 보시했다(당시 서울의 기와집 한 채 값이 천 원 하던 시절이었다).

그런데 순조롭게 진행되던 불사는 다음 해에 암초를 만나게 된다. 김복진이 도쿄를 다녀온 7월, 3살배기 어린 딸이 장티푸스로 목숨을 잃은 것이다. 김복진은 소설가 박화성의 중매로 1935년 숙명여고 교사로 있던 허하백과 결혼, 슬하에 딸 하나를 두고 있었다. 이 딸을 보배 중의 보배라 하여 '보보(寶寶)'라고 부르며 애지중지하였는데 그만 목숨을 잃은 것이다. 그러나 슬픔에서 헤어날 틈도 없이 김복진 또한 장티푸스에 감염되어 한 달 뒤인 8월 18일 39세의 나이로 요절하고 말았다.

김복진이 죽고 난 뒤 법주사 미륵불 조성 불사는 오랫동안 마무리되지 못했다. 연이어 태평양전쟁, 8·15 광복, 한국전쟁이 일어나며 사회적 혼란기가 닥쳐 손을 댈 수 없었다. 결국 1964년 박정희 대통령의 후원으로 완성된 시멘트 미륵대불은 1980년대 말 도괴의 위험이 있다 하여 철거하였고, 앞서 말한대로 1990년에 청동대불로 모습을 바꾸게 된다.

__ 김제 금산사 미륵전 미륵대불

김복진의 이름은 사후에도 오랫동안 거론되지 못했다. 사회주의 활동을 했고, 그의 부인은 남편 사후에 태어난 딸을 데리고 월북해 전국부녀총동맹 제2부총재를 지냈기 때문에 남한에서 잊혔다. 그의 작품들도 전쟁통에 모두 사라지거나, 이외의 여러 가지 사정으로 현재 남아 있는 것이 없다.

김복진의 명예는 김복희 여사에 의해서 이루어졌다. 동생 김기진의 딸인 김복희 여사는 소프라노 가수로서 1950~1960년대 프리마돈나로 명성을 떨친 인물이다. 큰아버지의 명예를 회복해 드리고 싶어 공판 기록과 참고 자료들을 국가보훈처에 제출하고 독립유공자 신청을 했다. 신청 5년 뒤인 1993년 8월 15일에 김복진은 건국훈장 애국장을 받았다.

옛 기도터에 나툰 미륵 부처님

법주사는 깊은 산중 널찍한 평지에 자리 잡았다. 서쪽으로는 수정봉이 바짝 붙어 솟아 있는데 그 아래에는 평평한 땅과 어울리지 않는 거대한 바위가 무리를 지어 모여 있다. 마치 어디에서 굴러떨어진 듯한 모습이다. 바위 이름도 '떨어져 내려온 바위'라 해서 '추래암(墜來岩)'이라고 부른다.

옛날 수정봉의 신선이 산봉우리를 정리하다 보니 커다란 바위가 제자리에 있지 않고 제멋대로 자리를 옮겼는지라 "너는 이 수정봉에 아무 소용이 없는 바위다." 하고 산봉우리 아래로 굴러 떨어뜨렸다는 전설이 있다. 괘씸죄에 걸린 것이다.

추래암 남쪽의 거대한 수직면에는 1918년에 새긴 '나무석가모니불, 나무미륵존불, 나무아미타불'이 한문 음각으로 남아 있다. 또 내방객의 이름이 어지럽게 새겨져 있기도 한데, 그곳에는 '추래암'이라는 한문 각자도 끼어 있다.

이 추래암의 북쪽 한 바위 수직면에는 고려시대 마애불이 1기 새겨져 있다. 약 7미터 높이의 바위에 새겨져 그 높이가 6.18미터나 되는 이 마애불상의 공식 명칭은 '법주사 마애여래의좌상'(보물)이다. 그렇다면 연꽃 위에 걸터앉아 우리를 바라보고 계신 이 부처님은 어떤 부처님인가?

이런 모습을 한 불상은 우리나라에서 매우 드문 편이다. 그 예를 '경주 삼화령 미륵삼존' 혹은 '애기부처'라고 불리는 경주 남산 장창곡 석조여래삼존

___ 보은 법주사 마애여래의좌상(보물)

상(보물)에서 찾아볼 수 있는데, 주존불인 미륵불이 의자에 앉아 있다. 또한 '서산 마애불'로 널리 알려진 서산 용현리 마애여래삼존상(국보)의 미륵보살도 의자에 앉아 한쪽 다리를 다른 쪽 넓적다리에 올린 반가상으로 새겨져 있다. 이렇게 미륵보살이 의자에 앉아 있는 상은 보통 고대 인도 간다라 지역(현 파키스탄 페샤와르 지방)이나 중국 돈황석굴에서 쉽게 찾아볼 수 있다.

한편 이 마애불의 수인을 보면 '지금 부처님께서 설법하고 있음'을 나타내는 설법인(說法印)을 취하고 있다. 미륵보살은 미래 세상에 출현하여 용화수 아래에서 성불한 후 3회에 걸친 설법으로 많은 중생을 교화한다고 하였다.

결국 이러한 점들을 토대로 법주사 마애불을 미륵불로 본다. 그런데 또 하나의 결정적인 증거물이 있으니, 바로 지장보살상이다. 마애불이 새겨진 바위와 'ㄱ'자로 맞닿은 바위 위쪽에 삭발한 머리, 동그스름한 얼굴에 왼손에는 보주를 든 지장보살이 앉은 모습으로 새겨져 있다. 이 보살상이 증거가 되는 이유는 무엇일까? 바로 진표 율사가 미륵보살과 지장보살을 친견한바 그 제자들은 두 보살을 함께 모시는 것이 중요한 전통이었을 것으로 생각되기 때문이다.

이 미륵불상과 지장보살상 위 또는 옆에는 네모진 홈이 있다. 어느 때에는 'ㄱ'자로 잇대어진 두 바위 위에 목조 가구 같은 건조물이 있었던 흔적이다. 자세히 보면 마애미륵불 왼쪽 바윗면에는 짐 실은 말과 사람, 꿇어앉은 소 등의 조각이 희미하게 남아 있다. 이는 의신 조사와 얽힌 창

___ 보은 법주사 마애지장보살상

건 설화의 내용으로 보고 있다.

두 바위가 만난 모서리 안쪽 벌어진 틈에는 큼직한 석실이 있다. 안쪽에 초를 켰던 자리도 있고, 샘물도 있다. 이곳은 불교 이전부터 오랫동안 기도 장소로 쓰인 곳으로 추정된다. 추래암을 평범한 바위로 보지 않았다는 것은 추래암 꼭대기에 세운 삼층석탑으로도 알 수 있다. 예전엔 노송도 한 그루 있었는데 이제 석탑만 남았다. 헌걸찬 바위가 있고, 석굴과 샘도 있으니 기도의 장소로는 적격이었을 것이다.

수정봉 거북바위에 유람온 명문가의 흔적

법주사에 왔으니 수정봉에도 올라가 본다. 속리산 최고의 전망대이자 기도 장소로서도 최고의 명당이다. 이곳엔 손질한 거북 머리가 있어 '거북바위'라고 부르는데, 백 명도 거뜬히 앉을 수 있는 마당바위다. 앞서 소개한, 송시열

___ 속리산 수정봉 거북바위

이 그렇게도 못마땅해했던 바로 그 바위다.

　이곳에 올라 보면 속리산 연봉이 부챗살처럼 자리 잡았고, 수정봉은 부채의 손잡이 위치에 있는 듯 그 연봉들이 한눈에 조망된다.

　속리산은 예로부터 8봉(峰) 8대(臺)를 갖춘 산이라 했다. 8봉은 동쪽에 있는 속리산 최고봉인 천왕봉부터 비로봉, 길상봉, 문수봉, 보현봉, 관음봉, 묘봉, 수정봉이고, 8대는 문장대, 입석대, 경업대, 배석대, 학소대, 신선대, 봉황대, 산호대다.

　이 중 산호대는 미륵대불 뒤쪽의 바위 절벽을 말하니, 그런 이유로 미륵대불을 모신 용화전을 '산호전'이라고도 하였다. 한편 수정봉은 관음봉과 묘봉 사이 북가치에서 한 지맥이 남으로 뻗어 내려오며 지기를 끌어모아 솟은 암봉이다.

　민간신앙의 오랜 터전으로 쓰이던 거북바위는 조선시대 후반에 이르러 차츰 관리와 선비의 유람 장소로 쓰이게 된다. '수정봉' 한자 암각이 두 군데나 남아 있고, 이곳을 다녀간 수많은 수령 방백들의 이름도 여기저기에 새겨져 있다. 여럿이 놀러 왔다가 단체로 이름을 새기고 말미에는 '동유(同遊)'라 새긴 암각도 있다. '같이 유람 왔다'는 뜻이다.

　한 바위 수직면에는 관찰사(觀察使) 이석규(1758~1839)와 영중추부사(領中樞府事) 이유원(1814~1888)의 이름이 나란히 새겨져 있다.

　명문가의 후손인 이들 중 이석규는 조선 중기 문신이자 오성과 한음의 일화로 잘 알려진 이항복의 6대손이다. 여러 관직을 거쳐 1821년 충청도 관찰사에 임명되었으니, 그 무렵 수정봉에 올라와 이름을 남겼을 것이다. 한편 이유원은 1865년 영중추부사가 되었으니 그도 그 무렵 속리산에 왔었을 것이다. 사실 이유원은 이석규의 손자로서 속리산 유람 중 조부의 이름을 발견하고 자신의 이름을 그 옆에 나란히 새겨 놓지 않았을까 싶다.

___ 수정봉의 한 바위 수직면에 이석규, 이유원의 이름이 나란히 새겨져 있다. 아래에는 수정봉 한자 암각도 눈에 띈다.

불교와도 가까워 스님의 문집에 서문을 쓰고, 천마산 보광사도 중창했다고 전해지는 이유원은 보광사 인근인 양주 가오곡에 별장이 있었다고 한다. 서울에서 80리 거리. 당시 사람들은 이유원이 왕래하는 이 80리 거리의 밭두렁이 모두 그의 땅이어서 다른 이의 땅은 밟지 않는다고 하였다. 그만큼 많은 토지를 가지고 있었던 사대부였다. 1880년, 하나뿐인 아들을 잃고 12촌 동생인 이조판서 이유승의 둘째 아들 이석영을 양자로 들인 그가 이석영에게 물려준 재산이 조선 갑부 4위에 든다 할 정도다.

이석영은 자신의 친형제인 이건영, 이철영, 이회영, 이시영, 이호영과 우애 좋기로 유명했다.

그런 그들은 1910년 한일 합병이 되자 서슴없이 모든 재산을 처분해 그해 12월 압록강을 건너 만주로 이주했다. 독립운동에 전 재산을 투자한 것이다. 신흥무관학교를 설립해 2,100명의 독립군을 배출한 것도 이 형제들이다.

다만 광복 후 살아서 돌아온 이는 이시영(1869~1953)뿐이었다. 이시영 선생은 초대 부통령을 지냈다. 그러한 명문 집안의 흔적이 이 수정봉 암각에 남아 있으니 잠시나마 이 형제들을 위한 추모의 마음을 가져 보는 것도 좋다.

난공불락의 요새, 삼년산성

보은읍에서 속리산으로 가다 보면 오른쪽으로 높지도 않은 산에 둘러쳐진 성벽을 볼 수 있다. 산성이라면 대개 높은 산이나 험준한 지형에 자리 잡아 공략하기 어렵게 쌓는 것이 일반적인데 왜 낮은 산에 이러한 성을 쌓았는지 의아하게 느껴진다. 그러나 이 산성은 신라시대에 쌓은 산성이면서 우리나라 산성을 대표할 만한 유물이다.

이 산성이 자리한 오정산(326미터)은 '삼년산'이라고도 부르는데 지리적으로 매우 중요한 곳이다. 보은은 경상북도 상주와 충청북도 영동을 왕래하는 길목으로 북쪽으로는 청주와 연결된다. 삼국시대에는 신라가 북쪽으로 진출할 수 있는 교두보였으며, 역으로 백제나 고구려의 침략을 막을 수 있는 요충지이기도 했다. 산성의 전망대에 올라가 보면 여러 방향에서 오는 군사들의 동태를 모두 파악할 수 있는 요지임을 누구나 알 수 있다.

신라는 이러한 지리적 이점을 파악하고 자비왕 13년(470)에 3년에 걸쳐 이 성을 쌓았다가 다시 소지왕 8년(486) 일선군(지금의 선산읍 일대)의 장정 3천 명을 동원해 개축했다. 『삼국사기』에는 성을 다 쌓는 데 3년이 걸려 '삼년산성'이라 했다고 기술되어 있다. 후에 보은 지역을 '삼년산군', '삼년군'이라고 불렀다.

진흥왕 15년(554), 백제 성왕이 대가야군과 연합하여 관산성(지금의 옥천)으로 쳐들어오자 처음에 고전하던 신라군은 삼년산성에서 출병한 군사의 지원으로 성왕을 죽이고 백제 군사 3만 명을 몰사시켰다. 이 전투의 승리로 전해에 백제로부터 한강 유역을 빼앗은 신라는 한강 하류 지역의 지배권을 단단히 굳히게 되었다. 이는 삼국 통일의 기초를 다지는 중요한 계기가 된다.

이후에도 삼년산성에 주둔한 군대는 누구에게도 패배하지 않았다. 수나라와 당나라를 물리친 고구려군은 물론이고, 백제도 이 성을 함락시키지 못했다. 난공불락의 철옹성이었다. 사서에 기록된 전투의 승패 기록은 149승 1패. 고려 태조 왕건도 견훤이 먼저 점령한 이 성을 공략하려다 끝내 실패하고 물러났다.

유일한 패배는 신라 헌덕왕 14년(822) 김헌창의 반란군이 점령하고 있다가 관군에 패한 일이다. 반란군의 준비가 부족했었는지, 아니면 내부 반란으로 무너진 것인지 알 수 없지만 치열한 전투가 없어서 별 의미가 없는 패배였다.

삼년산성은 고려가 후삼국을 통일한 후 국가의 국경선이 북쪽으로 이동하는 바람에 전략상 중요성이 떨어졌다. 그렇게 오랜 세월을 지나며 성벽의

___ 보은 삼년산성

속리산에 불법이 머무니 삼년산성에 함성 소리 끊겼네

많은 부분이 무너져내려 제 모습을 잃은 곳도 많다. 그러나 그 무너진 너덜 지대가 어마어마해서 보는 사람을 압도한다.

삼년산성은 바깥쪽에서 봤을 때 그 성벽의 높이가 13미터에서 22미터에 이르고 성벽 위의 너비는 8~10미터가량 된다. 이처럼 크고 높다 보니 성벽 아랫부분이 받는 하중도 상당해서 기초를 4중 계단식으로 쌓은 곳도 있다.

성은 안쪽에 골짜기를 두고 능선을 따라가며 쌓는 포곡식(包谷式) 산성으로, 성안의 물은 낮은 골짜기를 이룬 서쪽으로 빠져나가게 되어 있다. 성의 둘레는 1.8킬로미터가량으로 성벽은 납작납작한 판돌을 엇물려 가며 쌓았다. 한 켜는 가로로 쌓고, 다음 한 켜는 세로로 쌓아 위쪽의 무게를 골고루 받을 수 있도록 했으며, 판돌을 쌓다가 생기는 틈은 작은 쐐기돌로 메워 성벽의 벽면 전체를 빈틈없이 채우는 방법을 썼다. 그리하여 이 성에 쓰인 화강암 판돌만 1천만 개인 것으로 추산됐다.

성문은 동서남북 네 곳에 있는데 너비는 대개 4~5미터가량이다. 동문·북문·남문은 사다리를 타고 드나드는 문이고, 서문만 수레가 통행할 수 있는데, 그렇다고 서문을 공략하기 쉬운 것도 아니다.

정문으로 사용한 서문은 성벽이 안쪽으로 휘어진 곳에 있는 데다 문 앞이 바로 낭떠러지다. 많은 적군이 한꺼번에 서문을 공략할 수 없도록 한 것이다. 게다가 서문의 양쪽 성벽에는 툭 튀어나온 곡성(曲城)을 설치해서 성문을 공격하는 적을 옆에서 공격할 수 있도록 준비했다. 이러한 곡성은 성문 주위로 모두 7개가 설치되어 있다.

결국 서문을 공략하려면 성벽을 따라가야 하는데 만약 공격이 성공해서 서문을 들어섰다고 해도 자연석 암벽과 물이 차 있는 연못이 또 막아선다. 이중의 방어선을 만나게 되는 것이다.

1980년 7월에는 4시간 동안 337밀리미터나 퍼부은 보은 지방의 집중 호

___ 보은 삼년산성 서문지. 서문에 설치된 문을 끼운 석재. 이 문지방돌에 수레가 드나든 흔적이 발견되었다.

우로 서문 자리의 바닥이 씻기면서 문을 끼웠던 식새들이 드러났다. 이때 조사한 결과 서문은 2번에 걸쳐 설치되었음을 알게 되었다. 처음에 설치된 문은 안쪽에서 밀어서 여는 방식이었다. 고로 성안의 군사가 출동할 때 쉽게 진출하도록 고안된 문이다.

한편 서문 문지방돌에는 수레가 드나들면서 바퀴가 닿는 부분이 닳아진 표식이 발견되었다. 그 너비로 보아 바퀴의 축 거리가 1.66미터에 이르는 큰 수레가 드나들었다는 것을 알 수 있다. 이 수레를 통해 전쟁과 생활에 필요한 물자들이 드나들었을 것이다.

한편 옛 기록에는 삼년산성 안에 우물이 다섯 군데, 연못이 한 군데에 있었다고 하니, 동문의 수구(水口)와 함께 생활에 필요한 시설은 대부분은 갖추었을 것이다.

___ 산성 내 연못 맞은편의 암벽에 '아미지(蛾湄地)'라는 각자가 있으니, 이 연못이 마치 반달 모양으로 생겼음을 알 수 있다.

___ 보은 삼년산성 수구. 수구 내부는 약간 휘어 있는데, 적군의 침입을 방지하기 위한 것이다.

성벽 중에서도 동문쪽 바깥 성벽이 가장 볼만하다. 높이가 22미터에 이르니 바라보기만 해도 아찔하다. 아무리 우수한 적병이라도 이 정도 높이의 성벽을 올라갈 수 있었을지 의문이다. 널리 알려진 만리장성이 평균 7.8미터, 콘스탄티노플 성벽이 15미터 높이이니, 삼년산성 동문 성벽은 그 높이에 있어 어느 성벽에도 뒤지지 않는다.

우리나라에 현존하는 산성 중에서 한 번은 꼭 가봐야 할 보은 삼년산성은 1973년 사적으로 지정되었다.

___ 무역상 선영홍

봉건사회인 조선시대에도 노블레스 오블리주를 실천하며 산 명문가들이 있었다. 대표적인 가문은 누구나 알고 있는 경주 최부잣집이다. 1568년에서 1970년까지 12대 4백 년간 유지된 만석지기 부자로 나눔과 상생을 실천한 명문 가문이다. 가훈인 육훈(六訓)은 '① 과거를

___ 경주 최부잣집 고택

보되 진사 이상은 하지 말라, ② 재산은 1만 석 이상 지니지 말라, ③ 과객을 후하게 대접하라, ④ 흉년에는 전답을 사지 말라, ⑤ 며느리는 시집온 후 3년간 무명옷을 입어라, ⑥ 사방 백 리 안에 굶어 죽는 사람이 없게 하라'였다.

또한 어떠한 일이 닥쳐도 품격을 지켜 온 가문이었다. 1대인 최진립(1568~1636)은 임진왜란 때 의병장으로 나섰고, 후손들은 9대에 걸쳐 진사를 배출했다. 일제강점기에는 독립 자금으로 120만 원을 헌납하였는데 임시정부 운영비 50퍼센트 이상을 담당했다. 해방 후에는 모든 재산을 기부하여 대구대학(현 영남대학교)을 설립하였다.

그런 최부잣집의 고택은 국가민속문화유산으로 지정되어 있다.

전라남도 구례에도 명문가의 고택이 있다. 운조루 고택(국가민속문화유산)

___ 구례 운조루 고택

이다. 1776년 류이주가 구례군 토지면 오미리에 99칸으로 지은 대저택이다. 그는 주위에 굶는 사람이 없도록 쌀 뒤주를 개방했다. 쌀 2가마 반이 들어가는 나무 쌀통에 작은 손잡이를 만들고 거기에 '타인능해(他人能解)'라고 적어두었다. 누구나 쌀을 가져가도 된다는 뜻으로, 이 통을 사랑채 옆 아궁이 곁에 놓아두이 아무도 모르게 들어와 쌀을 가져가도록 배려했다.

이러한 베풂과 배려의 정신이 대대로 이어진 이유 때문일까? 동학농민운동, 일제강점기, 한국전쟁을 겪으면서도 고택 사람들이 죽거나, 고택이 불타는 일은 없었다.

보은에도 그러한 가문의 고택이 하나 있다. 장안면 개안리에 자리한 우당고택(국가민속문화유산)이다. '선병국 가옥'이라 불리던 이 집을 지은 이는 선영홍(1861~1924)으로 호는 우당(愚堂)이다. 사실 그는 이 고장 사람이 아니다.

__ 보은 우당고택 사랑채

전라남도 고흥 출신으로 당대에 부를 일군 재력가였다. 그가 이곳으로 이주하게 된 내력은 이렇다.

보성 선씨의 후손인 선영홍은 지금의 고흥군 도양읍 관리에서 태어나 어렸을 때는 서당에 다니면서 한문을 익혔다. 그 뒤 16세에 밀양 박씨에게 장가들어 거금도 금산면 어전리 평지마을 초가집에서 신혼살림을 차렸다.

그런 그가 재력가가 된 배경이 재미있다. 머리가 비상했던 그는 중국이나 일본과 무역을 해야겠다고 마음먹고 돈을 빌려 여수로 향했다. 그는 청나라 상인들과의 필담을 통해 우뭇가사리(한천)를 원한다는 걸 알게 되었고, 우연히 만난 일본 상인을 통해 그들 또한 우뭇가사리를 수입한다는 걸 알았다. 왜일까? 우뭇가사리는 중국에선 최고의 천연 접착제였고, 일본에서는 요깡, 즉 양갱의 원료였다. 더욱이 그들은 우리나라 우뭇가사리의 품질을 최고로 치고 있었다.

선영홍은 박수를 쳤다. 거금도 앞바다 해변에 널려 있는 것이 우뭇가사리 아닌가. 요즘 말로 시장 조사를 마치고 초가을에 돌아온 그는 지난 태풍으로 떠밀려 온 우뭇가사리들이 해변가 바위에 지천으로 널려 있는 것을 보았다.

그는 돼지를 잡고 막걸리를 준비한 후 동네잔치를 벌였다. 우뭇가사리를 가져오는 양만큼 음식을 대접한 그는 보리밥도 무상으로 제공했다. 그렇게 거두어들여 잘 말린 우뭇가사리는 배 4척에 실렸고, 청나라 상인들에게 넘기고 받은 돈은 거금도에서 논 30마지기나 살 정도의 큰돈이었다. 이렇게 3~4년 동안 중국, 일본과 무역을 하며 엄청난 부를 이루었다.

사업 수완이 좋았던 선영홍은 이후에도 산동반도를 찾았다가 그곳의 왕대나무숲을 보고 아이디어가 떠오르니, 왕대나무를 들여와 갯벌에 줄줄이 박아서는 김을 양식해 일본에 수출하기도 하였다.

노블레스 오블리주

1888년 28세가 되었을 때 선영홍은 첫아들 정훈을 얻었다. 그 후로도 무역을 계속 확장해 여수, 통영, 부산, 목포, 군산, 인천 등을 왕래하게 되었다. 하지만 그 사이 나라는 점점 어지러워지고 있었다. 1885년 영국 해군이 거문도를 점령해 무단으로 2년간 주둔했었고, 1894년에 일어난 동학농민운동도 고흥에 큰 영향을 미쳤다. 한편 일제의 압력은 점점 가중되니 나라의 운명은 풍전등화가 되었다.

3만 석 부자라고 평가되던 선영홍은 섬에서 벗어나 자손들이 대대로 평안하게 지내며 덕을 베풀고 살아갈 육지의 명당을 구하고 싶었다. 그러던 중 꿈속에서 '육지의 섬에 터를 잡아야 한다'는 계시를 받았다. 결국 지금의 집터를 발견하고 1904년 과감히 소달구지 30여 개에 가산을 싣고 보은으로 이주한다.

우당고택 터는 육지 속의 섬이다. 속리산과 구병산의 계곡물이 합쳐져 삼가천이 되어 흘러내려 오다가 고택 북쪽에서 두 갈래로 갈라진다. 고택의 부지를 감싸고 휘돌아간 물길은 다시 동쪽에서 만나 하나가 되어 흐르니, 풍수에서 말하는 연화부수(蓮花浮水), 즉 연꽃이 물 위에 떠 있는 지형이다.

우당고택은 1919년에 짓기 시작해 1921년에 완공되었다. 134칸의 대저택으로 담을 둘러친 택지만 4천여 평이고, 전체 부지는 3만여 평에 이른다. 담 밖으로는 소나무, 참나무 등이 울창하게 서 있어 운치를 더한다. 담 안에는 큼직큼직한 사랑채와 안채, 사당이 있으며 각각의 건물들은 다시 낮은 담이나 부속 건물로 둘러싸여 있다.

사랑채와 안채는 'H'자형 건물이다. 정면이 기둥은 둥근 기둥을 썼는데 이는 조선시대가 마감되면서 궁궐이나 관청에서 쓰던 둥근 기둥이 민간에서도 쓰이기 시작했기 때문이다. 민가는 99칸을 넘지 않는다는 풍속도 달라져서 134칸이 되었다. 각지에서 좋은 목재를 모으고 방대문 대목장과 솜씨 좋은 목수들이 총동원되어 지은 개량식 한옥집이다.

솟을대문 앞쪽 소나무 숲에는 선영홍의 부친인 선처흠 내외의 효열각이 있고, 그 앞쪽에 철로 만든 철비(전비서경선공영홍시혜비)가 있다. 선영홍이 1904년 보은으로 이주할 때 소유 농

___ 효열각 앞에 자리한 전비서경선공영홍시혜비

___ '위선최락(爲善最樂)'. '선을 행하는 것이 최고의 즐거움'이란 뜻의 이 집안 가훈이다.

지를 전부 소작인에게 나누어 주었고, 세금까지도 대납해 주었다. 그때 농토를 받은 고흥군 두원면, 점암면, 남양면, 남면의 농민들이 선영홍의 은혜를 생각해 1922년 10월에 세운 공덕비다.

이 철비는 일제강점기 말 군수 물자로 공출되었으나 전쟁이 끝나 부둣가에 버리고 간 것을 다시 찾아와 세워 놓은 것이다. 그러나 도로가 확장되면서 다시 옮겨야 할 처지가 되자 그 농민의 후손들이 2004년에 효열각 옆으로 옮겨 모신 것이다.

선영홍은 이 고택을 지은 후 3년을 살다가 돌아갔다. 아들 선정훈(1888~1963)도 아버지의 뒤를 이어 베푸는 삶을 이어갔다. 소작인들에게는 소작료를 파격적으로 적게 받아 그들이 춘궁기를 겪지 않도록 배려했다. 특히 신학문의 유입으로 한학의 맥이 끊길 것을 염려해 1926년 지금의 집 앞 군부대 자리에 관선정(觀善亭)을 지어 학비와 숙식비를 받지 않고 한학을 가르치도록 했다.

1927년부터는 당대 최고의 유학자 중 한 명인 홍치유 선생이 교사로 부임하여 12년 동안 학생을 지도했다. 민족의식이 강했던 분이라 우리 역사도 가르쳤는데 일제의 미움을 받아 1939년 결국 폐교당하게 된다.

관선정에서 장기간 교육받은 동문은 2백 여 명이며 이들 중에는 한학으로 대성해 다시 많은 제자를 기른 임창순 선생(1914~1999)과 호남의 대표적인 한학자 변시연 선생(1922~2006)이 있다.

선정훈은 나라에서 필요하다면 토지도 무상으로 내놓았다. 학교, 면사무소 부지도 모두 기증했다. 이 가문의 가훈은 고택에 걸린 현판에 있다. '위선최락(爲善最樂)', '선을 행하는 것이 최고의 즐거움'이라는 말이다.

경상남도 밀양

아리랑은

영남루를 휘감고

의열은

강물처럼 흐르네

사명 대사, 사명 대사여!

> 날 좀 보소. 날 좀 보소. 날 좀 보소.
> 동지섣달 꽃 본 듯이 날 좀 보소.
> 아리 아리랑 쓰리 쓰리랑 아라리가 났네.
> 아리랑 고개로 날 넘겨 주소.

경쾌하고 빠른 〈밀양아리랑〉의 첫 대목이다. 밀양 땅에 들어서면 이 노랫말처럼 외치지 않아도 우리가 자연히 알게 되는 인물이 있으니, 바로 사명 대사다. 임진왜란 당시 불경을 덮고, 칼을 쥔 채 일어서 나라와 백성을 구한 승군(僧軍) 대장이다.

사명 대사는 지금의 밀양시 무안면 고라리에서 태어났다. 한학을 공부하던 중 부모가 연이어 사망하자 16세에 직지사로 출가하여 신묵 화상의 제자가 되었다. 법명은 '유정(惟政)'. 뒷날 법호는 '송운(松雲)', 당호는 '사명당(四溟堂)'이라 하였지만 세간에서는 존경의 의미로 '사명 대사'라 부르게 되었다.

승병장 사명 대사

명종조 들어 문정왕후가 보우 대사와 협력해 승려들의 과거시험인 승과제도를 부활시켰다. 여기에서 서산 대사(1520~1604)는 33세의 나이로 1552년 부활된 첫 승과 시험에 합격하였고, 사명 대사는 1561년 선과(禪科)에 응시해 장원 급제하였다.

문정왕후가 죽으면서 승과제도는 곧 폐지되고 말았지만 이때의 승과 시험 합격자들은 임진왜란이 일어나자 승단의 구심점이 되어 승병을 이끄는 지도자로 활약하게 된다. 그 중심에 서산 대사와 사명 대사가 있었던 것이다.

사명 대사는 승과시험 합격 이후 봉은사에 머물면서 사암 박순(1523~1589), 백호 임제(1549~1587), 하곡 허봉(1551~1588) 등과 교제하였으며, 허봉의 동생 허균(1569~1618)에게 불교를 가르치기도 하였다. 이후 노수신(1515~1590)의 문하에서 『노자』, 『장자』, 『열자』와 시를 배웠다.

30세 무렵 출가 사찰인 직지사 주지로 있다가 32세에 봉은사 주지로 추대되었으나 사양하고, 묘향산 서산 대사에게로 나아가 3년 동안 가르침을 받았다. 이후 금강산, 청량산, 태백산 등지에서 수행하다 43세 때인 옥천 상동암에서 크게 깨달았다.

밀양 표충사 사명대사진영

그런데 49세의 사명 대사가 금강산에 있을 때 임진왜란이 일어났다.

의주까지 피신해 온 선조는 불현듯 73세의 서산 대사를 불렀다. 3년 전 정여립 모반 사건에 연루되어 서산 대사가 의금부에 압송돼 문초를 받을 당시 선조는 오히려 서산 대사의 도력과 인품에 감동하여 무죄 방면하고 궁중에 초대하여 대나무 그림을 손수 그려 내려 준 터였다.

선조는 묘향산에서 노구를 이끌고 달려온 서산 대사에게 나라와 백성을 구할 방도를 물었다. 서산 대사는 도탄에 빠진 백성을 위해 '나라 안의 모든 승려들을 신이 통솔하여 싸움터에 나아가 충성을 다하겠다'고 아뢰었다. 서산 대사는 제자들에게 격문을 띄웠고, 각처에서 제자들이 승병을 일으켰다. 이때 사명 대사도 승군을 이끌고 평양성 전투에 참전해 모란봉을 점령하므로써 명나라·조선 연합군이 큰 승리를 거두게 된다.

서산 대사가 나이가 많아 뒷일을 사명 대사, 처영 대사에게 맡기고 묘향산으로 돌아간 후 사명 대사는 실질적인 승군 대장으로서의 임무를 잘 수행했다. 선조가 사명 대사의 공적을 치하하기 위해 당상관(정삼품 이상)의 벼슬을 내리자 사관은 이런 평가를 했다.

"전란을 당해 날래고 건강한 장수들조차 두려움에 떨었는데 엄청난 전공이 도리어 죽을 날이 멀지 않은 늙은 승려에게서 나왔다. 이것이 어찌 무사들만의 수치이겠는가?"

한편 평양성전투, 벽제관전투, 행주대첩에 이어 전쟁이 소강 상태에 빠지자 왜군은 서생포(울진), 거제도, 웅천(창원) 사이 여러 곳에 왜성을 쌓고 지구전에 대비했다. 조선의 반대에도 불구하고 명나라 심유경(?~1597)과 왜장 고니시 유키나가[小西行長, 1558~1600] 사이에 은밀히 강화회담이 진행되고 있었기 때문이다.

___ 사명 대사와 가토 기요마사

이 무렵 51세가 된 사명 대사는 도원수 권율과 명군도독 유정의 지시에 따라 왜군의 군세와 회담의 내용을 탐지하기 위해 서생포에 주둔한 가토 기요마사[加藤淸正, 1562~1611]의 진영에 들어가 네 차례나 회담한다.

그렇다면 가토 기요마사는 누구인가?

그는 조선에 출병한 왜군 장수 중에서도 가장 거칠고 용맹한 장수다. 맹장 중의 맹장으로 그의 별명이 '악귀'일 정도이다. 함경도로 진출해 선조의 두 왕자 임해군과 순화군, 그리고 두 왕자를 수행하는 일행들을 모두 포로로 잡은 장수다.

그러나 사명 대사는 담대함과 배짱에서 가토에게 밀릴 인물이 아니었다. 언변과 재기, 설득력도 있었다. 다만 가토에게서 강화의 조건을 들은 사명 대사는 깜짝 놀랐다. 조건의 내용에는 명나라의 황녀를 일본 관백(도요토미 히데요시)의 후비로 삼을 것, 조선과는 예전처럼 교린(交隣)할 것, 조선 땅을 일본에 떼어 줄 것, 조선의 왕자와 대신을 인질로 보낼 것 등이었다.

사명 대사는 이런 조건들이 불가한 이유를 조목조목 들이대며 비판했다. 가토의 진영에서 '이 조약이 깨지면 일본군은 다시 바다를 건너 명나라로 직행할 것이니 조선 백성들은 전부 굶어 죽을 것'이라 협박했지만, 사명 대사는 '우리 조선은 예와 의에 죽고 사는 나라다. 백 번 죽는 한이 있어도 이 화약의 조건을 따르지 않을 것'이라고 당당히 말했다. 가토 기요마사는 그 의기와 충절에 감탄을 금치 못했다.

어느 때는 가토 기요마사가 종이와 부채를 여럿 가지고 와서 사명 대사에게 글을 부탁하기도 했다. 이에 사명 대사는 거침없이 글을 써 주었다.

___ 합천 해인사 홍제암 사명대사탑(보물)

'옳은 일이 아니면 이로움을 찾지 말라. 밝은 곳에는 해와 달이 있고, 어두운 곳에는 귀신이 있나니 진실로 내 것이 아니라면 비록 털 한 올이라도 탐내지 말라[正其誼而 不謨其利 明有日月 暗有鬼神 苟非吾之所有 雖一毫而莫取].'

한마디로 남의 나라 땅을 탐내지 말라는 것이다.

마지막 4차 회담 때의 일화는 더욱

유명하다. 가토 기요마사가 '조선에서 제일 귀한 보배가 무엇인가?'라고 묻자 사명 대사는 '우리나라에는 보배가 없다. 우리나라의 보배는 바로 당신의 머리다.'라고 답했다. 가토가 말귀를 못 알아듣고 '그게 무슨 말이냐?'고 묻자 '난리가 나서 정신을 못 차리는데 우리 형편에 보배가 어디 있는가. 오직 그대의 목이 하나 있으면 조선은 전쟁 없이 편안할 것이다. 그래서 당신의 머리를 가장 값비싼 보배로 여긴다.'라고 대답했다. 그러면서도 '병(兵)으로 일어난 나라는 멸망하는데 일본은 스스로 그 멸망을 취하고 있다. 조선과 명나라가 합세했으니 너희 군사들쯤이야 담소하면서도 막아낼 수 있다'고 큰소리를 쳤다.

결국 회담이 결렬되어 정유재란이 일어났지만 이순신이 명량대첩에서 대승하며 일본 수군의 서해 진출을 막았고, 이어 도요토미 히데요시가 사망하면서 7년 전쟁도 끝나게 된다.

전쟁이 끝난 뒤에도 사명 대사의 역할은 끝나지 않았다. 선조 37년(1604) 서산 대사의 부음을 듣고 묘향산으로 가던 차에 선조의 특명을 받아 일본으로 건너간다. 일본의 속사정을 살펴보고 조선인 포로들을 데려오라는 것이었다. 이에 사관은 『선조실록』 2월 24일 기사에 다음과 같이 기록해 놓았다.

"조정에 얼마나 인물이 없으면 외적의 사신이 오자 어쩔 줄 몰라 하며 하찮은 중(사명 대사)의 손에 맡기는가. 나랏일을 도모할 자가 유정 한 사람뿐이니, 아, 마음 아프다."

― 합천 해인사 홍제암 사명대사 석장비(보물)

외적의 사신이 와서 '만약 조선 사신이 오지 않으면 군사를 일으키겠다'는 엄포에 쩔쩔매니 안 보낼 수도 없는 상황, 조정 대신들은 일본으로 잘못 건너갔다가는 죽을 수도 있으니 전부 꽁무니를 뺐다. 그러다 가토 기요마사와 여러 번 당당하게 회담을 한 사명 대사가 적임자라며 천거하였고, 결국 사명 대사는 6월 22일 일본으로 떠났다.

일본인들은 쓰시마를 거쳐 일본 땅에 상륙한 사명 대사를 보자 '저 스님이 설보(說寶) 화상'이라며 크게 환영하고 존경했다. '설보 화상'이란 사명 대사가 가토 기요마사의 군영에서 '네 머리가 보배다'라고 말한 것에서 비롯된 별명으로, 일본에서는 이미 사명 대사의 명성이 널리 알려져 있었던 것이다. 가는 곳마다 스님들과 세력가들이 찾아와 면담을 하고 글을 구했다.

결국 사명 대사는 다음 해인 1605년 3월 일본과의 화해를 성립시켜 조선의 근심을 없애고 3천 명의 포로와 부처님 진신사리를 찾아서 돌아왔다. 그의 나이도 이제 62세에 이르렀다.

귀국한 뒤 묘향산으로 달려가 스승을 추모하며 1년간 머물렀다. 이후 태어난 고향으로 돌아와 '백하암(白霞庵)'이라는 암자를 선영 가까운 곳에 지은 후 이곳에 머물다가 다시 치악산 구룡사, 합천 해인사 등을 운유, 광해군 2년(1610) 8월 26일 해인사 홍제암에서 입적하였다.

___ 땀 흘리는 표충비

완주 송광사에 땀 흘리는 부처님이 있다면 밀양에는 땀 흘리는 비석이 있다. 바로 사명 대사의 표충비(表忠碑)다. 그것도 나라에 큰일이 있을 때마다 땀을 흘린다고 해서 더욱 유명해졌다. 현지의 안내판에는 1894년 동학농민운동 때부터 땀을 흘렸을 당시의 사건들을 연도별로 정리해 놓았다. 사명 대사의 우국충정이 어린 이적이라고 하는데 한편에선 결로 현상이라고 한다.

___ 밀양 표충비각

물론 과학적으로 결론이 난 것도 아니니 더욱 신비하다.

사명 대사가 입적한 지 8년 후인 1618년 사명 대사 문도들의 요청에 따라 조정에서는 백하암 옆에 표충사(表忠祠) 사당을 짓고 사명 대사 영정을 봉안한 후 봄, 가을로 제사를 모시게 하였다. 제수는 관가에서 지급했다.

이후 정묘호란(1627)과 병자호란(1636)이 연이어 일어나며 정국이 다시 어수선해지자 표충사를 지키던 승려들도 차츰 흩어져서 사당이 허물어질 지경이 되었다. 이에 숙종 40년(1714) 밀양부사로 온 김창석은 사명 대사의 충훈이 스러진 것을 민망하게 여겨 지방 유지와 승려를 불러 사당을 다시 세울 것을 의논한다. 김창석이 이렇게 충의지사를 받들려는 것은 그의 조부 김경여가 병자호란 당시 남한산성에서 최후 항전을 주장하다가 그의 뜻이 관철되지 않고 국왕이 청 태종에게 항복하자 고향으로 내려가 한동안 관직에 나아가지 않았던 충의지사였기 때문이다.

결국 김창석이 '표충암'이라는 이름으로 사당을 재건하고 사명 대사의 영정을 봉안하자 대사의 법손들이 다시 모여 이를 수호하기 시작했다. 문도들은 당시 경상감사인 조태억에게도 글을 올려 절 땅의 면세와 관청의 제수 공급을 허락받는다.

이후 서산 대사의 5대 법손인 설송 연초 대사(1676~1750)가 표충암에 들어와 일대 중창 불사를 일으킨다. 연초 대사는 경상감사로 있다가 이조판서로 올라간 조현명을 움직여 사명 대사의 영당을 보수하고 전답을 하사받을 수 있도록 추진해 결국 영조 14년(1738) 2월 29일 국왕의 윤허를 얻어낸다.

영당을 보수하면서 사명 대사와 함께 좌우로 서산 대사와 영규 대사를 함께 모시도록 하고, 법당과 요사채도 새로 지어 승려들이 들어와 살 수 있도록 모든 시설을 완비한다. 법당에는 사명 대사가 모시고 있던 원불을 대구 용연사에서 찾아와 봉안했다.

이렇게 국가에서 인정한 사당이 되자 연초 대사는 이 사실을 널리 알리고자 사적비와 행적비를 표충사에서 10리 아래에 있는 삼강동(지금의 밀양시 무안면 면소재지)에 세우게 된다. 효자각, 열녀각을 동네 입구 큰 길가에 세우듯이 당시에는 표충사가 너무 외진 산골에 있어 사람이 많이 오가는 삼강동을 택한 것이다.

이 불사도 연초 대사의 제자인 남붕 대사(?~1777)가 도맡아 이루어지게 되는데 이 비가 바로 땀 흘리는 표충비다. 이 비는 3개의 비문을 하나의 몸돌에 새겼기에 '삼비(三碑)'라고도 부른다. 곧 비의 정면은 '송운대사(사명대사)비명', 뒷면에는 '서산대사비명', 측면에는 '표충사사적비'를 함께 새겨 넣은 특이한 비다. 이 해가 영조 18년(1742)이다.

연초 대사와 남붕 대사는 표충사를 서원 형태로 유지하는 것이 가장 최

___ 밀양 표충비. 3개의 비문을 앞, 뒤, 측면에 새긴 이 비는 나라에 큰일이 있을 때마다 땀을 흘린다는 신비로운 이야기가 전해진다.

선의 수호 방법이라고 생각해 표충사의 제사를 일체 유교식으로 지냈으며 유생들이 제사에 참여하는 것은 물론 이곳에 들어와 수학하는 것도 장려하면서 점차 서원 형태로 갖춰 나가게 된다.

이후 백여 년간 사명 대사의 고향에 있던 표충사는 월파 천유 대사(1821~1866?)가 헌종 5년(1839) 1월 17일 밀양군 단장면 구천리 영정사로 옮기게 된다. 표충사 사당이 옮겨 오면서 영정사는 '표충사(表忠寺)'로 절 이름이 바뀌게 된다.

천유 대사는 설송 연초의 5대 법손이다. 원래 사명 대사 고향에 있던 영취산 백하암은 너무나 외진 산골이어서 사는 스님도 힘들고 제사를 모시러 오는 손님들도 매우 힘들었다. 남붕 대사도 표충사를 중창하면서도 영정사로 옮겨야겠다는 마음은 있었으나 실행에 옮기지는 못했다. 이런 염원을 천유 대사가 실천해 옮긴 것이다.

'영정사'라는 이름이 붙게 된 데엔 사연이 있다. 신라 흥덕왕 4년(829) 금발의 서역승이 와서 머물렀는데 병든 사람이 찾아오자 샘물을 가르쳐 주어 낫게 하였다. 이 일로 소문이 나서 사람이 모이고 절을 이루게 되었으니 그 신령스런 샘물에서 '영정(靈井)'이라는 절 이름이 생기고, 산 이름도 약이 실려 있는 산이라 하여 '재약산(載藥山)'이라 부르게 되었다.

이후 절은 잘 유지되었으나 임진왜란에 불탄 것을 호남의 혜징 스님이 복원하면서 큰 가람을 이루었다. 숙종 5년(1679)에는 큰 화재를 만났으나 다시 중창해 8채의 법당과 21채의 부속 건물, 15개소의 암자를 일구었다. 그러나 사찰의 부역이 늘어나면서 영정사는 쇠퇴의 길로 접어들었다. 표충사와 표충서원이 옮겨 올 즈음에는 거의 폐사의 문턱에 있었다. 법당 4채와 3채의 부속 건물, 3개소의 암자만 남아 있었기 때문이다.

천유 대사는 그런 영정사에 법당 서쪽으로 표충사와 표충서원을 그대로

___ 밀양 표충사

재현하여 앉혔고, 영정사를 표충사로 바꾸며 사찰을 새롭게 가꿔 나가게 된다.

이리하여 옛 표충사가 있던 백하암은 없어지고, 표충비만 삼강동에 남아 있게 되었다. 이후 비각의 보호를 위해 홍제사가 들어서게 되었으며, 백하암 터에는 근래에 대법사가 세워졌다.

표충비각 앞에는 비를 세울 당시 남붕 대사가 심었다는 향나무가 둥글게 가꿔져 내방객의 그늘 쉼터가 되어 있다. 또 대법사에는 사명 대사가 꽂은 지팡이가 살아나 큰 나무가 되었다는 전설이 어린 모과나무가 아직도 싱싱하게 버티고 있다.

___ 옛 자취는 간 곳 없고

주 법당인 대광전과 나란히 표충사 사당이 있던 표충사(表忠寺) 큰 절은 일제강점기인 1926년에 대화재를 만나 응진전을 제외한 모든 건물이 불길 속으로 사라졌다. 그리하여 다음 해부터 소진된 전각들을 복원하기 시작해 1929년에는 대광전을 세움으로써 중건 불사를 마쳤다.

다만 그 이후 사찰 진입로가 남쪽에서 서쪽으로 바뀌면서 사천왕문이 세워지자 참배객은 우화루 누각을 거치지 않고 절 마당에 들어서는 형국이 되었다.

또 대광전과 나란히 있던 표충사, 표충서원도 1929년에 다시 지었는데 여러 스님들이 법당 옆에 유교 서원이 나란히 있는 것은 법도에 맞지 않는다는 의견을 제시하면서 결국 1971년 사천왕문 바깥으로 옮기게 되었다. 대신 표충사 사당 자리엔 팔상전이 옮겨졌다. 조선시대에는 표충서원이 있어 사찰이 조정의 보살핌을 받았으나 시대가 바뀌니 서원이 밖으로 밀려난 셈이다.

하여튼 이런저런 사유로 건물들이 자리를 바꾸어 앉으면서 전통 사찰의 가람 배치 양식이나 유교의 서원 양식도 전부 흐트러져 뒤죽박죽이 되어 버렸다. 그래도 역사가 깊은 사찰이라 여러 문화재를 갖추고 있고 울창한 숲과 계곡, 빼어난 산세를 두르고 있다. 밀양의 대표적 고찰이자 명찰이니만큼 찾는 이들도 적지 않다.

일주문을 지나면 오른쪽 길가에 영사각(永思閣)이 있다. '잊지 않고 길이 생각하겠다'는 뜻이니 당연히 표충사에 공헌한 고승들과 인물들의 비석을 모셔 놓은 곳이다. 그런데 비석이 독특하다. 석비(石碑)도, 철비(鐵碑)도 아닌 목비(木碑)다. 6개의 비가 전부 그렇다. 야외에 세워진 비각에 목비가 6점이나 남아 있는 곳은 없다. 목비는 불이나 물에 취약해 보존이 어렵기 때문이다. 목비의 주인공은 남붕 대사, 천유 대사, 밀양부사 심의복과 그의 아들 경상감사 심경택, 양산군

___ 밀양 표충사 영사각과 목비

___ 밀양 표충사 가람각

수 이휘정, 참판 김종원이다. 모두 표충사의 보존, 이전, 유지에 힘을 보탰던 인물들이다.

영사각을 지나 표충서원의 정문인 수충루로 들어서기 직전 오른쪽에는 커다란 나무 그늘에 작고 앙증맞은 한 칸짜리 전각이 하나 서 있다. 가람각이다. 죽은 이의 영혼이 경내에 들어가기 전에 모셔지는 공간으로 이곳에서 속세의 때를 벗는 목욕을 하게 된다. 순천 송광사 입구에 있는 척주각, 세월각과 같은 용도의 건물이다. 이 두 사찰 외에는 다른 곳에서 거의 보지 못한 듯하다.

수충루 아래를 통과하면 왼쪽으로 멀리 표충사 사당이 남향으로 앉아 있다. 내부에는 영조 14년(1738) 남붕 대사가 중창할 때 그려진 사명 대사, 서산 대사, 영규 대사의 진영을 봉안하고 있다. 표충사 사당의 편액 글씨가 순수하고 바르게 쓰여 살펴보니 '무오년 최팔십금팔세서(崔八十金八歲書)'라고 되

___ 밀양 표충사 표충사당

어 있다. 무오년에 '최여든쇠'라는 아이가 8살에 썼다는 것이다. 1738년이 바로 무오년이니 세 대사의 진영과 편액도 옛 표충사에서 옮겨 왔다는 뜻이 되겠다.

표충사 마당 양쪽으로는 표충서원과 유물관이 마주 보고 서 있다. 유물관에는 표충사 청동

___ 사당 내부에는 서산 대사와 사명 대사, 영규 대사의 진영을 모시고 있다.

은입사 향완(국보), 표충사 삼층석탑 출토 유물 일괄(보물), 사명 대사 관련 유물 등이 전시되어 있다. 유물관 입구에는 나무 구시가 있는데 특이하게 휘어진 나무를 그대로 썼다. 자체 소방 시설을 갖추었던 시기의 소방 기구도 있어

___ 밀양 표충사 청동은입사향완(국보)

___ 밀양 표충사 삼층석탑 출토 유물(보물)

___ 밀양 표충사 사천왕문. 이 문을 지나면 표충사 사찰 구역이다.

볼거리가 된다. 화재로 모든 전각을 잃었던 경험 때문에 이러한 소방 기구를 구비하고 있었던 것이다.

　표충사 마당에서 동쪽으로 높은 계단 위에 사천왕문이 우뚝 서 있다. 곧 사천왕문 안으로는 사찰 구역이 되고, 아래쪽은 사당 영역으로 나누어지게 된 셈이다. 사천왕문에는 근년에 입적한 불모이자 인간문화재였던 석정 스님(1928~2012)이 그린 사천왕 탱화가 모셔져 있었는데 그 앞에 사천왕상 입상을 다시 세워 놓으면서 탱화를 감상할 수 없게 되었다. 둘 중의 하나만 모시는 것이 합당할 듯하다.

　사천왕문을 들어서면서 마주 보이는 탑이 표충사 삼층석탑(보물)이다. 신라시대 말기의 작품으로 기단부가 단층이고 탑 가까이에는 동시대의 작품이라고 생각되는 석등이 바투 서 있다. 석탑 왼쪽으로는 담장이 둘러쳐진 특이

___ 밀양 표충사 삼층석탑(보물)

한 건물이 있다. 공식 명칭은 '만일루'이지만 보통 '서래각(西來閣)'이라 부른다. 'H' 자형 건물로 철종 11년(1860)에 지었지만 불에 탄 후 다시 지었다. 근세의 고승 효봉 스님(1888~1966)이 이곳에 계시다가 입적하셨다. 1926년 대화재에도 살아남은 응진전 옆에는 이 절의 유래가 되었던 영정 샘물이 있어 오가는 이들의 갈증을 풀어 준다.

대광전과 나란히 있는 팔상전 자리는 앞서 말한대로 원래 표충사 사당이 있던 자리다. 사당이 옮겨 가면서 팔상전이 이곳으로 이전됐다. 역시 1929년에 중창된 건물이다.

팔상전 내부의 벽화를 보면 그 당시의 시대상을 반영하는 그림들이 있어 재미있다. 어느 면에는 맥주와 맥주잔이 그려진 곳도 있고, 어느 면에는 그릇에 담긴 과일과 화병에 꽂힌 꽃이 그려진 곳도 있다. 당시에 유행하던 세간의 그림과 풍속들이 나타나 있는 것이다.

— 밀양 표충사 대광전과 팔상전. 팔상전 자리는 본래 표충사당이 있던 자리이다.

___ 표충사 대광전 찰간대와 잡상

표충사의 중심 법당인 대광전(大光殿)은 그 이름으로 보아 비로자나불을 모셔야 하지만 목조 석가·약사·아미타의 삼세불을 모시고 있다. 1929년 중건할 때 사천 도솔암에서 옮겨 모셨다고 한다. 특이하게 용마루 중앙에는 쇠로 만든 찰간대가 있고 추녀 마루에는 잡상이 있다. 찰간대는 양산 통도사 대웅전에도 보이는데 법당을 탑처럼 부처님을 모신 공간임을 상징하는 것으로 보기도 한다.

잡상은 궁궐이나 관청 건물에나 쓸 수 있었던 것이지만 왕실의 지원을 받을 경우 지붕에 잡상을 얹기도 했다. 남양주 흥국사 대웅보전이나 만월보전에서 볼 수 있다. 표충사 대광전의 경우 표충사 사당이 옮겨 왔을 때 조정의 지원을 받아 원래부터 잡상이 있었던 것인지, 아니면 조선시대가 끝나고 임의로 얹은 것인지 확실하지가 않다. 다만 표충사에 있던 돼지 모습의 저팔계 잡상이 통도사 박물관에 소장되어 있으니 원래 잡상이 있었을 수도 있다.

대광전 편액은 일제강점기의 명필 해강 김규진이 썼다. 한편 대광전 동쪽 외부 벽화에도 그림 가운데 자동차가 보이는데, 역시 시대가 변화하고 있음을 반영하고 있는 그림이다.

문화의 향기가 어린 영남루

누각은 대개 그 지역에서 경치가 가장 좋은 곳에 짓는다. 특히 관청에서 지은 누각은 규모도 크고 많은 시인 묵객들이 다녀가며 시나 글을 지은 것이 현판으로 많이 남아 있어서 문화의 향기가 축적돼 있다.

조선시대의 3대 누각이라면 보통 진주 촉석루, 밀양 영남루, 평양 부벽루를 꼽았다. 모두 다 규모도 크고 오랜 역사를 갖고 있는 누각들이다. 그러나 진주 촉석루와 평양 부벽루는 한국전쟁의 포연 속으로 사라졌다. 진주 촉석

___ 밀양 영남루(국보)

루는 북한군이 진주에 들어오자 이를 다시 수복하는 과정에서 미군 비행기의 소이탄을 맞고 사라졌고, 평양 부벽루는 평양을 서로 뺏고 빼앗는 와중에 없어져 버렸다. 전쟁이 끝난 뒤 두 누각은 모두 복원되어 촉석루는 남한의 지정 문화재가 되고, 부벽루는 북한의 국보가 되었다. 결국 조선시대의 건물로 남아 있는 것은 밀양 영남루(국보) 한 곳뿐이다.

영남루가 있던 곳은 신라시대의 '영남사'라는 사찰이 있던 곳이다. 고려시대 들어 영남사는 종각만 남아 있었는데 공민왕 14년(1365) 당시 밀성군수였던 김주가 이 절터에 누각 영남루를 새로 지었다. 영남루는 조선시대 들어와 세조 6년(1460)에 그 규모를 더욱 크게 넓혔다. 이후 임진왜란에 불타 버린 것을 인조 15년(1637)에 중건했지만 다시 소실되어 헌종 10년(1844)에 또다시 지은 누각이 지금의 영남루다. 조선시대 영남루는 밀양도호부 객사의 부속 건물로 손님을 접대하거나 휴식을 취하던 건물이다.

영남루는 밀양강 북쪽 절벽 위에 남향으로 지어진 건물로 누각 위에서 내려다보는 강변 풍경이나 강 남쪽에서 바라보이는 풍경이 시원하고 호쾌하다. 누각 아래로는 강변까지 대숲이 우거져 있어 더욱 청량하고 운치 있는 멋을 풍긴다.

영남루는 정면 5칸, 측면 4칸의 2층 누각 팔작지붕이다. 기둥이 높고 기둥 사이의 간격이 넓어서 더욱 커 보이는데 양쪽으로 날개처럼 두 건물을 거느리고 있어 더 웅장해 보인다. 누각에 올라 밀양강을 바라보고 섰을 때 오른쪽 건물이 침류각이고, 왼쪽 건물이 능파각이다. 침류각은 영남루보다 지대가 낮아 두 건물은 층계로 연결되어 있다. 그것도 3단의 층층계단으로 구성해서 변화를 주었는데 지붕도 3단의 팔작지붕으로 되어 있어 한층 멋스럽게 꾸몄다.

영남루에는 영남루의 멋과 가치를 높이는 문화재들이 많다. 바로 수많은

___ 가운데의 '영남루' 편액은 송하 조윤형, 좌우의 '교남명루'와 '강좌웅부' 편액은 귤산 이유원의 글씨이다.

편액과 시판(詩板)이다. 오고 가는 문인들이 지은 시구(詩句)나 글귀를 새긴 시판이 한때는 3백여 개가 있었다고 했으니 말 그대로 문인과 시인의 경연장이었다. 그런데도 그 판각들이 어지럽기는커녕 영남루와 한 몸처럼 어울려 또 하나의 멋을 이루니 이 또한 우리가 감사하며 살펴볼 만한 운치다.

영남루에는 '영남루' 편액만도 3점이 걸려 있다. 북쪽에서 영남루를 바라보았을 때 가운데에 걸린 '영남루' 편액을 두고 양쪽에 '강좌웅부(江左雄府)', '교남명루(嶠南名樓)'라 새겨진 편액이 걸려 있다. '영남루' 편액은 송하 조윤형(1725~1799)이 1788년에 쓴 것이다.

우리나라 고유의 소박하고 자연스러운 서체인 동국진체는 백하 윤순, 원교 이광사, 송하 조윤형으로 이어졌다고 본다. 어려서부터 원교 이광사에게 글씨를 배운 송하는 한동안 관직에 나아가지 못하다가, 그의 글씨와 그림이

워낙 출중하고, 조상이 관직에 있었으므로 그 음덕으로 관직에 진출하게 되었다. 특히 그의 글씨를 정조가 극히 좋아하여 궁궐 금석문과 편액도 많이 썼는데, 김천 직지사 일주문의 '황악산 직지사'도 그의 글씨다. 송하의 글씨는 자하 신위(1769~1847)에게로 이어졌는데 그는 송하의 사위이기도 했다.

한편 '강좌웅부', '교남명루' 편액은 귤산 이유원(1814~1888)의 글씨다. 흥선대원군과 반목해 좌천되었다가 대원군이 실각하자 영의정까지 오른 문신으로, 학문에도 능하고 예서도 잘 썼다. 그의 양자가 바로 이석영으로 한일 합병이 되자 친형제 6명과 함께 모든 재산을 처분하여 독립운동을 하러 만주로 떠난 사람이다.

'강좌웅부'는 낙동강 왼쪽의 아름답고 큰 고을이란 뜻이고, '교남명루'는 문경새재 남쪽에서 이름 높은 누각이란 뜻이다.

'영남루' 편액은 검은 바탕에 흰 글씨로 꾸미고 양쪽의 두 편액은 흰 바탕에 검은 글씨로 하였다. 당시에도 세 편액이 어울리도록 고심했음을 알 수 있다.

누각 안의 편액 중에서는 같은 글씨체의 '영남루'와 '영남제일루' 편액이 눈에 띈다. 보기 드물게 큰 글씨인데 그 글씨의 주인공을 알게 되면 더욱 놀라게 된다. '영남루' 편액은 이현석이 7세에 쓴 것이고, '영남제일루'는 이중석이 11세에 쓴 것이다. 이 둘은 형제지간으로 영남루를 마지막으로 중건한 밀양부사 이인재의 아들들이다. 지금 생각하면 자신의 키보다도 더 컸을 편액의 글씨를 어떻게 붓을 잡고 썼는지 이해하기가 쉽지 않다. 정말 불가사의한 필력이다.

강변 쪽으로 걸려 있는 또 하나의 '영남루' 편액은 성파 하동주(1869~1943)가 1931년에 쓴 글씨다. 성파는 추사의 제자였던 아버지 하제봉으로부터 추사체를 전수받아 일가를 이룬 진주의 대표적인 서예가였다. 영남루 아

___ 영남루 내부에 걸려 있는 '영남제일루' 편액과 '영남루' 편액.
'영남제일루'는 이중석이 11세 때, '영남루' 편액은 이현석이 7세 때 썼다.

___ 성파 하동주가 쓴 '영남루' 편액.

__ 영남루 망와

래 아랑의 위패를 모신 아랑사(阿娘祠)의 편액도 그가 썼다.

영남루에서 또 한 가지 재미있게 살펴볼 수 있는 유물은 망와(望瓦)이다. 우리가 흔히 '도깨비 기와'라고 부르는 것이 바로 이 망와다. 지붕 위에서 재액이나 화마가 들어오지 못하게 망을 보고 있다고 하여 '망와'라 하는데, 순우리말로는 '바래기 기와'라고 부른다. '두루 사방을 바라보는 기와'라는 뜻이다.

일본에서는 지붕에 올라가는 이 기와를 '오니가와라[鬼瓦]'라고 불렀기에 일본 학자들이 한국의 망와를 '귀면와(鬼面瓦)'라고 부르면서 학술적 용어로 정착됐었다. 다만 근래에는 용의 얼굴이라는 주장이 힘을 얻고 있다.

이 망와는 삼국시대에 출현해서 통일신라시대에 꽃을 피웠다. 고려시대로 가면 도깨비의 힘찬 기운은 사라지고 점차 눈이나 코만 표현하는 방식도 나타난다. 한편 조선시대에는 사람 얼굴 모양의 망와가 많이 등장하기 때문에 '인면와(人面瓦)'라고도 부른다. 이 사람 얼굴 망와가 영남루 지붕 곳곳에 붙어 있다. 추녀 끝의 큰 망와부터 작은 망와에 이르기까지 수량도 많지만 그 모습이 제각각이다. 암막새 기와에도 나타나고 눈만 두 개 만들어 놓은 기와도 있다. 신라시대부터 이어진 도깨비 기와의 내력을 다시 살펴볼 수 있는 누각이 바로 영남루다.

"나 밀양사람 김원봉이오"

영남루 북쪽에는 천진궁(天眞宮)이 있다. 우리 한민족이 세운 나라의 역대 시조들을 모신 곳이다. 내부엔 단군의 영정과 위패가 중앙에 있고, 좌우로 부여, 신라, 고구려, 백제, 가야, 발해, 고려, 조선의 시조 위패가 도열해 있다. 시내 한복판 언덕 위에 이렇게 당당하게 단군의 위패를 모시고 있는 곳은 밀양 한 곳뿐일 것이다. 이는 민족적 주체성이 강한 고을이란 뜻이기도 하다.

___ 밀양 천진궁

역사적으로도 그렇다. 밀양 출신으로 '조선 왕도 천제를 올려야 한다'고 주장한 사람이 바로 변계량(1369~1430)이다. 태종 16년(1416) 가뭄이 심해지자 하늘에 제사를 지내자는 상소를 올렸다. 물론 조선의 왕은 당시 천제를 지낼 수 없었다. '천자는 하늘과 땅에 제사를 지내고, 제후는 산천에 제사를 지낸다'는 예를 따라야 했기 때문이다. 그러나 변계량은 떳떳하게 주장했다.

'우리 동방은 단군이 시조로서 하늘에서 내려왔고 천자가 제후국으로 봉한 나라가 아닙니다. …… 1천여 년이 넘도록 하늘에 제사하는 것을 고친 적이 없습니다.'

실제로 밀양시 중심부에 솟아 있는 종남산(662미터) 정상에는 하늘에 제사를 지내던 천제단 터가 남아 있다. 이렇게 민족주체적 사상을 가진 변계량이 태어난 고장이니 일제강점기에 들어서자 사명 대사의 후예답게 의열의 독립운동가들이 줄지어 나타났다. 광복 후에는 91명의 독립운동가들이 국가의 서훈을 받았다. 한편 조선의열단 초기 멤버 10명 중 4명이 밀양 출신이었다. 그만큼 일제에 항거하는 밀양의 의기는 높았다. 지방에서 자체적으로 독립운동기념관을 가지고 있는 곳도 밀양과 안동뿐이다.

밀양의 대표적 독립운동가는 약산 김원봉(1898~1958)이다. 일찍이 만주로 건너가 신흥무관학교를 거친 뒤 조선의열단을 조직해서 일제의 간담을 서늘하게 했던 바로 그 사람이다. 김원봉은 무장 투쟁을 주장하며 일제 요인 암살과 식민 통치 기관 파괴 활동을 이끌었다. 나석주의 조선식산은행과 동양척식회사 폭탄 투척, 김상옥의 종로경찰서 폭탄 투척과 경관 살상 등이 대표적이다. 일경의 끄나풀 구실을 하던 밀정과 친일파들도 처단했다.

김원봉은 광복 후 귀국해서 여운형, 허헌 등과 좌파 진영에서 활동했다.

하지만 일제강점기 독립운동가를 색출하고 고문하며 승승장구하던 노덕술에게 체포되어 무차별 구타를 당한 뒤 결국 김구를 따라 평양을 방문했다가 그곳에 눌러앉았다. 북한에서 잠시 노동상 등을 맡으며 지냈으나 1958년 돌연 숙청당했다. 남한과 북한에서 다 버림받은 비운의 독립운동가였지만 지금 밀양에는 그를 기리는 의열기념관이 생가 터에 세워졌다.

— 일제감시대상 인물카드의 의열단 단장과 단원. 가장 오른쪽의 인물이 약산 김원봉이다.

윤세복(1881~1960)도 독립운동사에서 빼놓을 수 없는 밀양 사람이다. 전통 학문을 배우다가 대구로 가 신학문을 수학하며 근대 민족주의에 입각한 국권 회복 운동에 참여했다. 1910년 한일 합병이 일어나던 해 대종교(大倧敎) 교조인 나철(1863~1916)을 방문하고 대종교인이 되었다. 대종교는 한민족 전통의 하느님을 믿는 종교로 단군을 내세웠지만 외세인 일본에 대한 저항에 초점을 맞춘 단체였다. '대종(大倧)'은 천제(天帝), 곧 하느님을 의미한다.

윤세복은 1911년 친형인 윤세용과 협의하여 수천 석지기 모든 재산을 처분하고 만주로 이주해 독립운동을 전개했다. 대종교 포교의 일환으로 동창학교를 설립해 학생들에게 단군사상을 교육하고 민족의식을 고취했다. 이 시절 이극로, 신채호, 박은식 등이 학교의 교사로 일하기도 하였다.

제2대 교주 김교헌에 이어 1923년 3대 교주가 된 윤세복은 포교와 교육 활동을 추진하면서 대종교 계열의 독립운동단체인 흥업단, 북로군정서, 홍범도 부대 등을 지원한다.

한편 일제는 일본 국민의 안전을 보장한다는 구실로 일본군을 만주 지역에 출병시켰는데 주목적은 독립운동단체를 섬멸하려는 것이었다. 하지만 일본군은 봉오동전투, 청산리전투에서 독립군 부대에게 참패하게 된다. 당시에는 대부분의 독립군은 물론, 독립군을 이끌던 김좌진 장군이나 홍범도 장군, 이범석 지대장 등이 모두 대종교 신자였다.

끊임없이 독립운동에 매진하던 대종교 지도부는 1942년에 체포되어 10명은 옥사하고, 10명은 옥살이를 하게 되는데 윤세복도 무기징역을 언도받고 복역하던 중 8·15광복으로 풀려나게 된다.

1946년 2월에 귀국한 윤세복은 고향 땅 밀양에서 단군봉안회를 조직했다. 회원은 밀양의 원로들과 유림, 유지를 망라해 4백여 명에 달했다. 이 봉안

___ 1946년 대종교 총본사에서 촬영된 윤세복 귀국 환영 단체 사진

회의 조직 목적은 '오랫동안 이어온 나라의 수치를 벗어나 조국을 찾게 된 기쁨과 국조 숭배에 의해서 민족주체의식을 높이기 위함'이었다.

1953년에 조선시대에 임금의 전패를 모시고 예를 올리던 객사 건물에 처음으로 단군의 위패와 각 나라 시조들 위패를 봉안하고 '대덕전'이라 했다가 1957년에 지금의 '천진궁'으로 이름을 바꾸었다.

천진궁은 현재 경상남도 유형문화재로 지정되어 있다. 매년 음력 3월 15일(어천대제), 음력 10월 3일(개천대제)를 기하여 제향을 올리고 있으니, 천진궁은 단순한 지정 문화재가 아니라 지금도 살아 숨 쉬는 민족주체의식의 증거라 할 만하다.

탁발이냐, 구걸이냐

영남루에 오면 반드시 떠오르는 추억 하나가 있다. 바로 출가자로 살던 시절의 이야기이다.

영남루 서쪽 아래 큰길을 건너 북쪽으로 올라가면 '아리랑시장'이 나온다. 성종 10년(1479)에 처음 개장하였다는 오랜 역사를 갖고 있는데, 출가 시절 이곳에서 마지막 탁발을 했던 것이다.

1970년대 중반, 부산 범어사 강원(지금은 '승가대학'이라 부른다)에 살고 있을 때였다. 겨울방학이 되자 평소 죽이 잘 맞던 보산 스님과 만행(萬行)을 떠나기로 했다. 보산 스님 또한 나와 같이 사회에 있을 때 산과 여행을 좋아했었다.

그때는 스님들이 천으로 만든 바랑을 매고 다녔다. 바랑 안에는 수도 생활에 꼭 필요한 가사와 목탁, 발우 등을 비롯해, 생필품이 담겨 있었다. 참선하는 스님들도 이 바랑 하나에 모든 것을 넣고 선방을 오가던 시절이었다.

이때까지만 해도 웬만한 절에는 객실이 있어 만행하는 스님들을 먹여 주고 재워 주었다. 살림이 넉넉한 절에서는 차비를 주기도 했다. 만행하는 스님들도 대개 절에서 잤고, 일반 숙소에는 잘 드나들지 않았다.

우리 둘은 여수 향일암과 천운 큰스님(1932~2010)이 주석하셨던 광주 향림사를 거쳐 제주도로 건너갔다. 제주시의 원명선원, 관음사 등을 참배한 후 서귀포로 넘어가 여러 암자와 명승지를 둘러보고 제주시로 돌아왔으나 문제가 발생했다. 그만 여비가 떨어지고 만 것이다.

둘은 서로 상의한 끝에 탁발을 하기로 했다. 석가모니 부처님도 칠가식(七家食)이라 해서 부잣집과 가난한 집을 가리지 않고 차례대로 일곱 집을 돌며 탁발해 공양을 드시지 않았는가?

하지만 마음을 내려놓는다는 하심(下心)이 쉬운 게 아니었다. 지금까지 배우고 익혀서 가지고 있던 모든 자존심과 지식을 다 버려야 하는데 그게 말처럼 쉽지 않았다. 탁발승이 어떤 대접을 받게 될지도 알 수 없었다.

결국 이 탁발도 마음 공부의 하나라고 다짐하며 마음을 다져 먹었다. 이왕 탁발을 하려면 여법하게 해 보자고 둘은 가사를 걸치고 용감하게 나섰다. 필자가 목탁을, 보산 스님이 발우를 들었다. 염불은 함께하기로 했다.

제주시의 동문시장은 사람이 많고 번잡하니 조금 한가한 서문시장에서 드디어 탁발을 시작했다. 둘 다 처음 하는 탁발이라 정신이 없었지만 다행히 순조롭게 끝났다. 제주도는 '당 오백, 절 오백'이라는 말이 있듯이 신당과 사찰이 많은 곳이어서 매몰차게 대하는 상인은 별로 없었다. 공손하게 합장하며 보산 스님이 들고 있는 발우에 공양금을 넣어 주는 사람들도 많았다.

1차 탁발을 무사히 마친 우리는 배를 타고 부산으로 나온 후 다시 진해로 들어갔다. 진해에서 여비가 떨어지자 진해 중앙시장에서 탁발을 한 후 진주로 갔다.

잠은 진주 연화사에서 잤으나 촉석루와 다솔사 등을 다니다 보니 또 여비가 떨어졌다. 우리는 자동적으로 또 시장 탁발에 나섰다.

진주는 천년 고을이라 중앙시장도 매우 컸다. 대도시 시장이어서 상인 중에는 '우리는 예수님 믿어요'라며 거절하는 상인도 많았고, 거지 동냥 주듯 발우에 동전을 던져 주며 빨리 가라고 손짓하는 상인도 있었다. 하지만 우리는 이미 이력이 붙은 2인 1조 탁발승이 되어 있었다. 웬만한 푸대접도 심상하게 받아넘기는 경지에 이른 것이다.

진주에서 밀양으로 온 후 영남루와 무봉사 등을 다니다 보니 여비가 부족하여 이제는 스스럼 없이 아리랑시장으로 탁발을 하러 갔다. 탁발을 마치고 난 후 우리는 이제 탁발은 그만해야 한다고 결론을 내렸다.

처음에는 공부하는 마음으로 탁발을 시작했기에 어느 정도 마음을 낮추기도 했었다. 그러나 탁발 횟수가 늘어갈수록 수행하는 마음은 온데간데없고, 습관적으로 탁발하려 드는 마음이 싹 트고 있었다. 여비가 떨어지면 쉽게 목탁을 들고 탁발을 하려 하니 마음 공부와는 천리만리 멀어진 것이다. 우리는 겨울 만행을 밀양에서의 탁발을 마지막으로 마감하고 범어사로 돌아갔다.

원래 조계종단에서는 1962년에 탁발 자체를 폐지하고 신도들의 자발적인 시주만 받도록 규정했다. 이 때문에 조계종 승려들은 탁발 행위를 하지 않는다. 우리는 이 규정을 잘 알고 있었지만 공부 차원에서 탁발 길에 나섰던 것이다. 하지만 애초의 좋은 뜻과는 달리 탁발 행위가 지속되면 습관적 구걸승이 된다는 것을 철저히 배웠다. 그 마지막 여정이 바로 밀양 땅이었던 것이다.

___ 만어사에서 돌종 소리를 듣다

밀양은 내세울 것이 많은 고장이다. 대표적인 인물은 물론 사명 대사지만 사림파의 영수 김종직(1431~1492)도 밀양 출신이다. 밀양의 노래로는 〈밀양아리랑〉이 있고, 전설의 여인 아랑의 비극적인 운명이 영남루 아래 대숲에 잠들어 있다. 백성의 민속놀이로는 국가무형유산으로 지정되어 있는 밀양 백

줄놀이가 있다.

밀양에는 3가지 신비도 있다. 앞에서 말한 땀 흘리는 표충비를 비롯해 여름에도 얼음이 어는 얼음골이 그중 하나이다. 얼음골은 『소설 동의보감』에서 명의 허준(1539~1615)이 그의 스승 유의태의 부름을 받고 스승의 시신을 해부한 곳으로 그려졌다. 뜨거운 여름에도 결빙지 근처의 기온이 6~7도에 머무르는 특이한 곳이다.

마지막 하나는 만어산의 만어석(萬魚石)이다. 만어산(669미터)의 8부 능선 위에 펼쳐진 거대한 바위 너덜 지대로 폭 백 미터, 길이 5백 미터에 이른다. 어느 천신이 하늘에서 쏟아 부어 놓은 것일까? 볼수록 기이하고 신비한 풍경이다.

더구나 작은 돌을 손에 잡고 두드리면 종소리가 난다. 물론 모든 돌에서 소리가 나는 건 아니지만, 오가는 사람들은 저마다 돌을 쥐고 여기저기 두드

__ 만어산 만어석과 운해

려 본다. 소리가 다 다르다. 그러니 더욱 신기하다. 한편 이곳에서는 때에 따라 아래쪽 산야에 구름의 바다가 펼쳐진다. 장관이다. 밀양8경에 '만어사 운해(雲海)'가 들어가는 이유다. 이 신기한 너덜 지대는 2011년 '밀양 만어산 암괴류'라는 이름으로 천연기념물이 되었다.

일연 스님은 『삼국유사』「탑상」편 '어산불영(魚山佛影)'조에서 만어산의 유래에 대해 자세히 기술하고 있다. 「탑상」편은 탑이나 불사에 대하여 다룬 내용인데 '어산불영'조에서는 특이하게 가야와 인연 있는 자연 환경을 다루고 있다. 아마 당시의 일연 스님에게도 만어사의 풍경은 매우 신비롭고 기이한 모습으로 비추었던 것 같다.

'가야국 수로왕의 영토 안 옥지(玉池) 연못에는 독룡이 살고 있었다. 만어산에는 사람을 잡아먹는 나찰녀가 다섯이나 있었다. 독룡과 나찰녀들이 서로 오가며 사귀니 수시로 번개가 치고 비가 내려 4년 동안 오곡이 여물지 않았다. 수로왕이 주술을 이용해 물리치려 했지만 아무 소용이 없어 결국 부처님을 모셔 오게 되었다. 부처님이 와서 설법을 하니 나찰녀들도 오계를 받았고 그 후로 재해가 없어졌다. 동해의 용이 물고기들을 거느리고 와서 마침내 돌로 변하여 골짜기에 가득 차게 되었다.'

'어산불영'조에 실린 내용이다.
일연 스님은 이어서 『관불삼매경』 제7권의 기록을 인용했다.

'북천축 야건가라국에서 독룡과 다섯 나찰녀가 서로 사귀며 우박을 내리고 난폭한 행동으로 기근과 질병이 4년이나 계속되자 결국 석가모니 부처님을 청하였다. 결국 용왕과 나찰녀들은 부처님께 예배하며 계를 받기를 원하였다. 계를 받은 후 용왕은 부처님이 이곳에 머물러 주기를 청하였다. 석가모니 부처님은 나찰의 석굴로 들어가서 '너의 청을 받아들여 1,500년을 이곳에 머물겠다'고 말하며 신통력으로 바위 속으로 들어갔다. 바위 속에 있으면서 밝은 빛을 나타내자 모든 용이 합장하며 기뻐했다. 부처님이 바위 속에 그림자를 남기고 떠나니 모든 용은 언제나 부처님을 볼 수 있게 되었다. 부처님이 바위의 위를 밟으니 바위에서 종소리와 옥(玉)의 소리가 났다. 하지만 중생들은 멀리서 바라보면 부처님의 모습이 나타나고 가까이서 보면 나타나지 않기도 하였다.'

일연 스님은 이러한 경전의 내용을 실은 후 경전의 내용대로 만어산의 돌들이 금(金)과 옥의 소리를 내고, 멀리서 보면 (부처님의) 형상이 보이기도 하고, 가까이서 보면 보이지 않는다고도 하였다. 곧 경전의 내용이 이곳을 말한 것 아니냐는 뜻도 담고 있고, 수로왕의 전설도 이 경전에서 비롯된 것이라는 뜻도 비춘 것이다.

부처님의 그림자가 남아 있다는 바위가 바로 미륵바위다. 지금은 미륵전 건물 안에 들어가 있지만 전에는 너덜 지대 맨 위 노천에 마치 물고기의 우두머리인 용왕처럼 홀로 우뚝 솟아 있었다. 높이가 5미터가량 되는 선바위가 수많은 물고기 바위를 거느린 풍경은 어디서도 볼 수 없는 신묘한 모습이었다.

이 미륵바위에 대해 조선시대의 『동국여지승람』에는 또 다른 버전의 전설이 있다.

동해 용왕의 아들이 목숨이 다해 죽을 때가 되었음을 알고 신통력 있는 스님에게 새로 살 곳을 가르쳐 달라고 했다. 스님은 '가다가 멈추는 곳이 바로 그곳'이라고 말했다. 왕자가 길을 떠나자 수많은 물고기 떼가 뒤를 따랐는데 왕자가 머물러 쉰 곳이 바로 이곳이었다. 그 뒤 왕자는 미륵바위가 되고, 물고

___ 만어사 미륵바위

___ 만어사 미륵전

기 떼는 수많은 바위로 변했다.

미륵바위는 아들을 낳게 해 달라고 빌면 반드시 성취된다고 해서 많은 사람들이 찾아오는 영험 기도처이다. 이 미륵바위 또한 표충비처럼 땀을 흘린 기록을 갖고 있어 더욱 신통력이 있다고 믿어졌다. 조선시대에도 법당 안에 모셔져 있다가 건물이 퇴락해 없어졌는데 근년에 다시 미륵전을 짓고 법당 안에 모셨다. 불상도 없이 거대한 바위가 홀로 법당 안에 들어앉아 있으니 특이한 법당임에는 틀림없다. 사람에 따라서는 이 미륵바위에서 부처님의 모습을 제각각 보기도 하고, 보지 못하기도 하니 일연 스님이 기록한 대로 부처님의 그림자가 깃든 바위인 것이다. '어산불영'은 곧 '만어산에 깃든 부처님의 그림자'라는 뜻이 아닌가?

『관불삼매경』 제7권에는 범천이 중생들을 위해 바위 속에 부처님의 그림자를 남기신 뜻을 찬탄하는 글귀가 있다.

여래께서 석굴 안에 계시더니
몸을 날려 바위 속으로 들어가셨네.
해와 같아 걸림이 없으시고
금빛 광명 두루 갖추시니
저는 지금 머리를 조아려
세상을 구제하시는 석가모니 부처님께
지극한 마음으로 예경합니다.

전라북도 부안

명산엔

명찰이 깃들고

고을 곳곳엔

당산이 섰네

부안읍성과 당산

'부안'이라는 지명은 태종 16년(1416) 부령현과 보안현을 병합하면서 두 현의 이름을 한 글자씩 따 만들어졌다. 그런 부안은 서남쪽으로 변산반도를 끼고 있고, 내륙 쪽으로는 김제, 정읍, 고창과 경계를 이룬다.

변산반도를 거의 차지하고 있는 변산(邊山)은 김제평야의 지평선을 지나면서 서해 바닷가 쪽으로 별안간 솟아난 산이다. 그런데 이 산이 예사롭지 않다. 가장 높은 봉우리인 기상봉('의상봉'이라고도 한다)이 509미터에 지나지 않지만 그 품이 넓고 곳곳에 기암절벽과 아름다운 계곡을 비장하고 있기 때문이다.

명산에 명찰이 없을 수 없으니 내소사와 개암사가 불법의 향기를 전한다. 옛 시대에는 내소사와 함께 선계사, 실상사, 청림사를 변산의 4대 명찰로 꼽았으나 선계사, 청림사는 조선시대에 폐사되고, 실상사는 한국전쟁 때 소실됐다.

부안은 또 변산반도 앞의 칠산바다도 관장한다. 칠산바다는 영광, 고창, 부안에 이르는 서해를 이르는 말로 조기가 많이 잡히기로 유명했다. 지금 그 조기는 사라졌지만 이곳 바다와 갯벌에는 무수한 수생 동물들이 깃들어 산다. 곧 부안은 너른 평야와 골 깊은 산, 해산물이 풍부한 바다를 안고 있어 물산이 풍부한 고장이다. 물산이 풍부하면 많은 사람이 모이게 되고 자연히 문화도 함께 발달한다.

조선시대 부안현은 평지에 자리 잡고 있어 읍성을 갖추고 있었다. 더구나 그 산하에 인근 7개 현을 관할하는 군사용 진(鎭)을 두고 있어 규모도 꽤 컸다. 이 부안읍성은 매우 넓고 튼튼한 석성으로 길이는 약 5킬로미터, 높이는 4.6미터 정도였던 것으로 『신증동국여지승람』에 기록되어 있다. 동·서·남쪽에 성문을 두었으며 북쪽은 상소산(114.9미터)으로 막혀 있었다. 이 석성을 완공한 때는 성종 18년(1487) 10월이었는데 규모로 따지자면 전주읍성의 3배 규모였다.

___ 부안 서문안 당산

부안에 이렇게 큰 석성을 쌓은 것은 고려 말, 조선 초에 창궐했던 왜구 때문이었다. 왜구는 전라도의 쌀을 노략질하러 들어오기 시작했다. 일본 내의 내전으로 쌀이 나지 않는 대마도에 쌀 공급이 끊어지자 쌀을 구하려고 한반도로 건너오기 시작하면서 점점 규모가 커진 해적이 된 것이다. 고려 말에는 왜구들이 병선 50척을 이끌고 부안 남쪽 줄포만으로 침공해 지금의 곰소를 점령하고 동진강 일대를 약탈한 기록도 있다. 따라서 부안현을 비롯해 7개 현을 관장하는 군사 기지를 부안읍성 안에 두었던 것이다.

1598년 임진왜란이 끝난 후 정치·경제적 안정기가 찾아오자 인구도 다시 불어나기 시작했다. 1600년대 후반에 이르자 조선의 인구는 전쟁 전보다 5배 가까이 늘어났다.

하지만 17세기 말에서 18세기 초, 흉년과 기근이 발생하고 전염병이 크게 퍼졌다. 부안은 그 피해가 더욱 심했는데, 기근과 전염병으로 많은 백성이 죽고 내변산에는 도적이 들끓었다.

서문아 당산. 이것은 그러한 혼란 속에서 고을과 마을을 지키려는 사람들이 위기 극복의 수단으로 설치한 당산, 돌탑, 수문장 등의 종교적 장치물 가운데 하나이다. 병을 옮기는 여귀가 읍성이나 동네에 들어오지 못하게 한 것이다. 이 당산은 읍성에 남아 있는 가장 오래된 유물로 숙종 15년(1689) 부안읍성 서문에 세웠던 것이다.

서문안 당산은 높은 돌기둥 2기와 돌장승 1쌍으로 이루어져 있다. 돌기둥은 밖에서 들어오는 부정한 것을 막고 고을의 평안함을 위해서 세우는 솟대의 일종이다. 신성 지역이니 잡된 것은 들어오지 못한다는 뜻이다. 맨 위에 새를 안치하기 때문에 그 뿌리를 솟대에 두고 있는 것으로 보지만 현지에서는 보통 '짐대', '짐대 할머니'라고 부른다. 짐대는 누를 '진(鎭)' 자와 긴 장대를 뜻하는 진대가 음운 변화한 것으로 본다.

서문안 당산에 있는 두 돌장승의 원래 이름은 '법수(法首, 法守)' 혹은 '벅수'다. 몸체에 '상원주장군(上元周將軍)', '하원당장군(下元唐將軍)'이라고 새겨져 있는 것은 도교의 영향에 의한 것이다. 도교에서 말하는 망자의 공간, 명부(冥府)에는 문간을 지키는 세 장군이 있다. 앞의 두 장군에 더해 중원갈장군(中元葛將軍)이 그들이다. 산 자는 들어갈 수 없고, 여귀도 제 마음대로 들어갈 수 없다. 우리의 선조들은 전염병이 중국에서 들어왔고, 여귀가 옮긴다고 생각했기 때문에 명부를 지키는 중국의 장수를 2명 뽑아서 배치한 것이다.

그럼 이 벅수가 장승과 다른 점은 무엇인가? 사실 조선시대의 장승은 길라잡이 장승이고, 액막이 인물형 석상은 벅수이다. 이렇듯 장승과 벅수는 엄연히 다른 것이지만 일제강점기 시절 조선총독부 학무국의 정책으로 장승과 벅수가 통합되어 '장승'으로만 부르게 된 것이다. 그래도 경남 통영에는 옛 이름을 지키고 있는 문화동 벅수(국가민속문화유산)가 남아 있다.

__ 부안 서문안 당산 벅수

__ 통영 문화동 벅수

___ 부안 동문안 당산 벅수

한편 서문안 당산의 짐대에는 1689년 조성 기록이 새겨져 있어 부안읍성의 동문안 당산이나 남문안 당산도 같은 해에 만들어졌을 것으로 추정된다. 벅수에는 조성 기록이 없지만 거의 같은 시기일 것으로 본다.

동문안 당산은 짐대 1기와 벅수 1쌍으로 이루어져 있는데 2003년 3월 짐대 꼭대기의 오리가 감쪽같이 사라지는 일이 있었다. 주민들은 2005년부터 당산제도 올리지 않고 오리가 돌아오기를 기다렸다. 그러다가 문화재청 사범단속반에 의해 충북 진천 야산에서 2019년 3월 회수됐다. 2021년 9월 돌오리를 다시 짐대 위로 올렸으나 음력 정월 묵은 새끼줄을 걷어내고 새로운 옷을 입혀드리는 당산제는 아직 복원되지 않고 있다. 농촌 인구가 줄어드니 공동체 의례를 되살리는 것도 쉽지 않은 현실이다.

그렇지만 그런 당산제를 부활시킨 일도 있었다. 그것도 부안 땅에서의 일이다.

___ 부안 동문안 당산 짐대

헌마을운동

1992년 음력 정월 초, 스승인 조 박사님으로부터 전화를 한 통 받았다. 꼭 같이 보아야 할 당산제가 있으니 전라북도 부안으로 내려오라는 것이었다. 속리산 박물관에 계시던 박사님이 부안으로 부르실 때는 반드시 중요한 행사가 있을 것이라 짐작하고 대보름 전날 부안으로 내려갔다.

박사님은 평소 '헌마을운동'을 해야 한다고 주장하셨다. 새마을운동을 하면서 버리지 말아야 할 것도 다 버렸다고 말씀하시던 박사님은 그중 하나로 마을마다 정월달에 올리는 '동제(洞祭)'를 꼽으셨다.

마을 사람들의 건강과 풍년, 액운의 소멸을 기원하기 위해 올리는 동제는 마을마다 있었던 당산이나 서낭당에서 지냈는데 박사님은 이 마을 축제를 되살려야 한다고 하셨다. 마을의 동제를 되살리면 민족의 전통문화도 저절로 살아날 것이기 때문이다.

'당산굿', '동제', '당제'라고도 불리우는 당산제는 전라도 부안 지방에도 마을마다 남아 있었다. 그중 부안 내요리 돌모산 당산제가 비용 부족으로 1990년부터 2년 동안 모셔지지 못했다는 소식을 전해 듣고 조 박사님은 이를 다시 부활시키기로 작정하셨다.

박사님은 이미 전년도에 내요리 주민들과 협의하여 제사 비용을 지원키로 하고, 당시에는 우선 동네 주민들만으로 당산제를 모시자고 협의해 필자를 호출하셨던 것이다.

내요리 돌모산 당산도 대충 다듬은 길다란 사각의 돌기둥 위에 돌로 깎은 신조(神鳥)를 앉혀 놓았는데, 마을 사람들은 '짐대할머니'라고 불렀다. 자애로운 할머니가 손자들을 보호하듯 마을 사람들을 지켜 주리라는 믿음에서 생겨난 호칭이다.

이는 한반도의 고유 산신들이 거의 여성인 것과도 관련이 있다. 여성은 생산을 담당하고, 또한 그 자손들을 끝까지 보호하려는 본능이 강하다. 산신도 그런 역할을 담당하므로 지리산의 지리성모(智異聖母), 월악산의 월악신모(月岳神母)처럼 고유 산신은 여성성을 띠고 있다. 아이를 점지해 주는 삼신도 보통 '삼신할머니'라 부르듯 마을을 보호하고 잡귀를 막아 주는 짐대에도 할머니라는 따뜻한 호칭을 붙인 것이다.

다음 날 내요리로 조 박사님을 모시고 동네 주민들이 치르는 당산제를 차분히 지켜보았다. 그리고 이듬해인 1993년 정월 대보름에는 서울에서 내려온 민학회 회원과 도산문화사 이세용 사장이 이끄는 문화답사팀 백여 명이 내요리 주민들과 합세하여 흥겹고 신명나는 당산제를 성대하게 치렀다.

그 사이 내요리 주민들은 외부의 도움으로 1992년 당산제가 다시 부활되는 것을 보고 주민들이 발 벗고 나서서 부안군으로부터 지원금을 받아 어수선한 짐대할머니 주변에 돌 축대를 쌓고 난간을 둘러 깨끗하게 정리해 두

___ 부안 내요리 당산제 모습

었기에 더욱 뜻깊은 행사가 되었다.

필자는 부안 내요리 당산제를 두 해에 걸쳐 자세히 볼 수 있었기에 그 당산제의 내용이 무엇을 의미하는지도 알게 되었다. 정말로 우리 민족의 뿌리 깊은 정신문화가 당산제 속에 녹아 있었다. 그럼 그 제의의 순서를 따라가 보자.

대보름 전날에는 당산제에 쓸 동아줄을 꼬아야 한다. 마을의 남자들이 총동원되어야 만들 수 있는 굵은 동아줄이다. 우선 마을 뒤편 잔디밭 공터 옆의 소나무 높은 가지에 굵은 새끼줄 세 가닥을 걸쳐 놓는다. 세 가닥 끝은 하나로 엮여 있다. 세 사람이 나서서 제각각 손을 머리 위로 올려 새끼줄 한 가닥씩을 잡은 후 빙글빙글 돌아가는 중에 서로 엇나가면서 세 가닥 새끼줄을 한 가닥으로 땋아 내린다.

힘이 달리면 둘러섰던 마을 사람들과 재빨리 교대하고 잔디밭에 펼쳐 놓은 술상에 와서 막걸리 한 사발을 시원하게 들이킨다. 동네 남자들이 단합하지 않으면 이 동아줄 꼬기는 성공할 수 없다. 그만큼 힘도 들지만 새해 농사를 위해 미리미리 협동해 보는 시간이다. 음악이 빠질 수 없으니 동네 농악패가 풍물을 치며 힘을 돋운다. 동아줄 꼬기가 바로 마을 축제의 시작이다.

평소에 쓰는 새끼줄은 두 가닥으로 꼬지만 당산제에 쓰는 동아줄은 세 가닥으로 꼰다. 어린아이가 태어났을 때 문에 거는 금줄을 세 가닥으로 꼬는 것과 마찬가지다. 천(天)·지(地)·인(人)을 하나로 묶는 삼신승(三神繩), 바로 삼신(三神)이 일체임을 의미하는 동아줄이다.

이렇게 직경이 10센티미터나 되는 새끼줄을 75미터 길이로 만들고 다시 이 세 줄을 땅에 뉘어 놓고 다시 한 줄로 꼬면 직경 30센티미터의 굵은 동아줄이 완성된다. 거의 하루가 걸리는 큰 행사이지만 동네 남자들은 웃고 떠들고 춤추고 놀면서 이 동아줄을 꼰다.

이 동아줄도 농촌 인구가 줄어들면서 작아진 것으로, 예전에는 이런 새끼줄 꼬기를 여러 번 반복해 직경 75센티미터의 굵은 동아줄이 되었다고 한다. 이제 그런 큰 동아줄을 만들어도 어깨에 멜 장정들이 부족하니 달라지는 세월을 탓할 수도 없게 되었다.

다음날인 정월 대보름날 오후, 동네 남자들과 학교에서 돌아온 중·고등학교 남자 학생들까지 합세해 동아줄을 어깨에 메고 동네 외곽을 한 바퀴 빙 돈다. 물론 농악패가 앞장서서 길을 인도한다.

__ 부안의 한 당산제에서 동아줄을 꼬는 모습.
(여기에서는 국립민속박물관 민속아카이브에 공개된 내요리 당산제 자료는 물론 그 외 부안 지역 당산제의 옛 사진 자료를 통해 당시의 모습을 재구성해 보았다.)

이때부터 동아줄은 단순한 새끼줄이 아니다. 황룡이 되어 오복을 부르고, 무병장수를 나누어 준다. 이제 본격적으로 농사일도 시작되니 비도 알맞게 내려주어 풍년이 들게 하는 것도 황룡의 몫이다.

동네 사람들이 모두 합세해 무거운 황룡 동아줄을 매고 돌아온 뒤 마을 회관 앞에 그것을 내려놓는다.

잠시간의 휴식 시간을 보낸 후 다음 순서는 줄다리기다. 동네의 남자와 여자가 나뉘어 동아줄로 줄다리기를 한다. 삼판양승제이다. 행여 남자 편이 이길까 하여 마을의 노인들은 가느다란 회초리를 갖고 다니며 깨나 힘쓸 만한 젊은 남자들을 때린다. 힘을 쓰지 못하게 하는 것이다. 이것도 여자가 생산을 담당하는지라 여자가 줄다리기에서 지면 그해 농사가 흉년이 든다 하여

___ 부안 동문안 당산제에서 줄다리기를 하는 모습. 남자와 여자가 줄다리기를 겨루며, 여자가 이겨야 그해 농사가 잘 된다고 하였다.

여자가 이기게끔 유도하는 것이다.

즐겁고 흥겹게 떠들고 노는 사이 어느덧 동산 위로 둥근 보름달이 두둥 실 떠오른다. 이제는 경건하게 짐대할머니에게 새 옷을 입혀 드릴 시간이다. 모두 힘을 모아 동아줄을 매고 마을 남쪽 입구에 서 계신 짐대할머니에게로 나아가니 이제 동아줄도 아니요, 황룡도 아니요, 짐대할머니의 새 옷이다.

작년에 동아줄로 칭칭 감아 입혀드린 새 옷은 1년이 지나는 사이 헌 옷이 되어 아래쪽으로 많이 처져 내려왔다. 묵은 옷을 깨끗하게 벗겨낸 후 새 옷을 돌기둥 아래에서부터 둥글게 감아 올라간다. 맨 위에 얹힌 돌로 만든 새가 보일 듯 말 듯하게 새 옷 입히기 행사가 끝나면 미리 준비한 제물이 재빨리 차려진다.

제사상에는 돼지머리도 통째로 올라오는데, 은행과 실고추, 계란 부침을

___ 부안 내요리 돌모산 당산제에서 동아줄을 맨 행렬이 당산을 향해 가고 있다.

___ 이제 짐대할머니에게 새 옷(동아줄)을 입혀 드릴 시간이다.

___ 부안 내요리 당산제의 마지막 순서로 짐대할머니를 위한 제사를 지낸다.

이리저리 오리고 잘라서 그 머리를 예쁘게 꾸며 놓는다. 모든 제물이 차려지면 세 사람이 나서서 차례로 술잔을 올리며 축문을 읽는다. 비로소 당산제가 끝난 것이다.

이제 새해맞이 당산제는 모두 마쳤으니 놀이마당으로 되돌아오면서 풍물패는 이 집, 저 집을 다니며 풍물을 친다. 그렇게 집안의 무사 안녕을 비니 부엌, 우물, 장독대가 모두 빌 곳이다.

마을의 한 집도 빼놓지 않고 두루두루 돌아서 마을회관 앞마당으로 되돌아온 후에도 즐거운 흥 풀이는 끝나지 않았다. 밤이 이슥하도록 나누어 마시고 흥겹게 즐기니 고래의 영고와 무천과 동맹의 풍경이 이러했을 터이다.

헌마을운동은 부안 내요리 당산제 복원을 시작으로 서울 인사동 거리축제(1993), 김포 대명포구 풍어제 복원(1994), 구병산 산신단 복원(1995)로 이어졌다.

한편 1995년 6월, 지방자치제도가 전면적으로 시작되자 각 지역자치단체에서는 그 지역을 대표할 만한 축제를 찾기 시작했고, 당산제나 풍어제도 되살아났다. 1992년 속리산 에밀레박물관에서 재현했던 거북놀이는 2010년 '이천 거북놀이'라는 명칭으로 경기도 문화유산에 지정되었다.

부안 내요리 당산제는 꾸준히 전승되었다. 2023년 부안 내요리 짐대할머니에게 가 보니 여전히 새 옷을 갈아입고 계셔서 몹시 기뻤다. 스승님의 노력이 헛되지는 않았던 것이다.

___ 부안 내요리 돌모산 당산 짐대할머니

내소사와 할머니 당산

부안군 여러 마을에서 전승되고 있는 당산제는 내소사에서도 이어지고 있다. 내소사 스님들과 인근 마을 사람들이 사찰과 마을의 안녕을 위해 음력 정월에 모시는 당산제는 두 느티나무 당산에서 지낸다. 할머니 당산은 내소사 천왕문 안쪽, 경내 깊숙한 곳에 있는 느티나무로 수령 천 년이다. 할아버지 당산은 일주문 앞에 있는 느티나무로 수령 7백 년이다.

이 당산제는 불교신앙과 민간신앙이 어우러진 독특한 행사로 할머니 당산 앞에서 먼저 불교 의식으로 진행하고, 할아버지 당산 앞에서는 유교식 제례 의식으로 모신다. 할아버지 당산 곁에는 나무로 만든 벅수가 있었으나 전주시립박물관을 거쳐 지금은 불교중앙박물관으로 이관되었다.

내소사 당산제에 대해서는 일제강점기인 1925년 최남선이 남도 지방을 순례하며 쓴 『심춘순례』에도 기록되어 있다. 당시에는 당산나무, 선돌, 벅수, 제단과 금줄이 있는 것으로 묘사되어 있지만 선돌은 지금 보이지 않는다.

할머니 당산은 절집 경내에 있는 유일한 당산이다. 이처럼 백성들과 힘께 삶을 나누며 살아온 내소사는 그 역사도 깊다.

내소사는 백제 무왕 34년(633) 혜구 두타 스님이 '소래사'라는 이름으로 창건했다. 창건 당시에는 대소래사, 소소래사가 있었는데 지금의 내소사는 예전의 소소래사라고 전한다. 고려 때의 사적은 전해지지 않지만 정지상(?~1135)이 지은 「제변산소래사(題邊山蘇來寺)」라는 시가 전해지고 있다. 이때까지만 해도 산 이름은 '변산', 절 이름은 '소래사'로 불렸음을 알 수 있다.

훗날 변산은 '능가산'이라고도 부르게 되는데 이는 원감 국사(1226~1292)와 연관이 있다. 원감 국사는 충렬왕 2년(1276) 변산의 울금바위 원효방(元曉房)에 머물며 개암사를 중창하고 30여 동의 건물을 세웠다. 국사는 이곳에서 『능가경』을 강의하며 많은 사람을 교화하였고, 이로 인해 산 이름을 '능가산'

___ 부안 내소사 석포리 당산제. 할머니 당산은 내소사 경내에 있다. 그래서인지 불교식으로 당산제를 진행한다.

___ 내소사 일주문 밖에 있는 할아버지 당산에는 유교식 제례 의식으로 모셔진다.

으로도 부르게 되었다. 따라서 내소사나 개암사나 다 능가산이라는 이름을 쓰고 있다. 또 내소사는 조선 성종 17년(1486)에 간행된 『동국여지승람』에도 '소래사'라고 기록되어 있으므로 그 이후 어느 때부터 '내소사'로 바뀌게 되었을 것이다.

내소사는 오대산 월정사처럼 아름드리 전나무 숲길을 갖고 있다. 비록 6백 미터의 짧은 거리지만 사람들의 시름을 달래주는 보배로운 길이다. 이 길을 지나 만나게 되는 내소사의 풍광은 능가산을 배경으로 하는 명품이요, 명작이다. 인위적으로 건물을 짓고 법당을 앉혔음에도 마치 원래부터 거기에 있었던 듯 자연과 조화롭고 아늑하다. 사람들의 마음은 저절로 고요해지고 평안해진다.

전나무 숲길을 지나면 작은 피안교가 나타난다. 앞쪽에는 길지 않은 단풍나무 터널이 일직선으로 뻗어 있다. 해묵은 단풍나무는 나뭇가지가 땅에

__ 부안 내소사 천왕문

닿을 듯이 내려왔다. 인위적으로 자르지 않아 자유롭게 자란 단풍나무들은 자연스럽고 싱그럽다. 단풍 숲길이 끝나는 지점에는 천왕문이 기다리고 있다. 이제 안쪽으로 여러 건물이 얼굴을 내민다.

천왕문 정면 기둥에 걸려 있는 주련을 읽어 보면 경전이나 게송집에서 보던 내용이 아니다. 자료를 찾아보니 바로 해안(海眼) 스님(1901~1974)의 오도송이다.

한학을 공부하던 해안 스님은 14세가 되던 해 내소사에서 만허 스님을 은사로 출가했다. 1918년 성도절을 앞두고 모든 대중이 7일간 용맹 정진할 때였다. 해안 스님도 조실 학명 스님에게서 은산철벽(銀山鐵壁, 은으로 된 산과 쇠로 된 벽)을 뚫으라는 화두를 받고 일심으로 정진했다. 정진 7일째 되던 날, 죽비 소리를 듣고 답답하던 가슴이 툭 터지는 깨달음을 얻었다.

鐸鳴鍾落又竹篦	목탁 소리, 종소리, 죽비 소리에
鳳飛銀山鐵壁外	봉황이 은산철벽 밖으로 날아갔네.
若人問我喜消息	누군가 나에게 기쁜 소식 묻는다면
會僧堂裡滿鉢供	스님들 모인 승당에서 만발공양을 올리리라.

18세에 한 소식을 얻은 스님은 이후에도 꾸준히 학업에 정진, 불교중앙학림(현 동국대의 전신)을 졸업한 후 중국으로 건너가 여러 선지식을 친견하고 북경대학에서 불교학을 공부했다.

27세에 내소사 주지로 취임한 후 문맹퇴치운동을 벌였고, 35세부터는 포교 일선에 나섰다. 해안 스님은 불법이 스님들의 전유물이 아님을 주장하며 누구나 7일이면 깨달을 수 있다고 강조했다. 스님과 일반 불자가 같이 정진할 수 있는 참선 도량도 만들었으니, 전주 한벽선림과 서울 성북동 전등선림이 그곳이다.

__ 내소사 부도밭에 모셔진 해안 스님의 비

통도사의 경봉 스님과 더불어 '동경봉, 서 해안'이라 일컬어지던 해안 스님은 1974년 3월 9일 아침 6시 30분 입적했다. 세수 74세였다. '비석도 세우지 말고, 승탑도 세우지 말라.' 하셨지만 제자들이 간청하자 굳이 세우려거든 앞면에 '해안범부지비(海眼凡夫之碑)'라 쓰고 뒷면에 '생사어시 시무생사(生死於是 是無生死)라고만 쓰라.' 하셨다. '죽고 사는 것이 이것에서 나왔으나 이것에는 생사가 없다'는 뜻이다. 스스로 범부를 자처하셨지만 선사의 본분을 확연히 드러내신 것이다.

제자들은 스님의 당부대로 그렇게 써서 비석을 세웠고, 그 비는 내소사 부도밭에 스승인 만허 스님과 나란히 서 있다. 글씨는 탄허 스님이 쓰셨다.

이런 내력으로 해안 스님의 제자들은 내소사를 꾸준히 가꾸어 오면서 스승의 오도송을 천왕문의 주련으로 만들어 걸어 놓은 것이다.

천왕문을 나서면 할머니 당산이 2개의 얕은 축대와 계단 길 위로 건너다 보인다. 할머니 당산을 지나 봉래루로 가다 보면 왼쪽에 보종각(寶鐘閣)이 있다. 범종각이 맞은편에 있으니 보종각에 봉안된 종은 물론 지금 사용하고 있지 않다. 보종각 종은 고려 고종 9년(1222)에 만든 종으로 원래 내변산의 청림사에 있던 종이다. 종을 만든 사람은 한중서(韓仲敍)로 고려시대를 대표하는 장인이다.

　지금은 '부안 내소사 동종'(국보)이라는 이름을 갖고 있지만 1850년 초까지는 청림사 터에 묻혀 있던 종이다. 청림사는 조선 후기에도 건재했으나 영조 4년(1728)에 일어난 이인좌의 난 당시 부안 지방에서 이 난에 가담하였던 고응량, 정팔룡이 청림사에 근거지를 두고 활약했었다. 그러나 관군에게 패하면서 청림사도 불타 버렸고, 이후 빈 절터에 마을이 들어서면서 청림마을이 되었다. 이후 백여 년 뒤인 1852년 주민 김성규가 범종을 발견해 파내었다가 결국 다음 해인 1853년 내소사로 옮기게 되었다.

　이 종이 내소사로 가게 된 데에는 재미난 이야기가 있다. 당시 능가산의 내소사, 개암사, 실상사 등에서 이 종을 서로 옮겨 가겠다고 하자 마을 사람들이 궁리 끝에 종을 치면서 변산 안의 절 이름을 불러 보기로 했다.

　'개암동의 개암사'를 부르고 종을 쳐도 범종은 묵묵부답, 울지를 않았다.

＿ 부안 내소사 동종(국보)과 동종에 새겨진 삼존불

'실상사'를 불러도 울지를 않더니 '돌개[石浦]의 내소사'를 부르고 종을 치자 우렁찬 소리를 내며 울더라는 것이다. 이런 내력으로 청림사 종은 내소사로 오게 되었다 전한다.

내소사 동종은 남아 있는 고려 범종 중에서도 조각이 매우 섬세하면서도 역동적이다. 몸통의 사면에는 연화좌대 위에 앉아 있는 삼존불이 각각 새겨져 있는데 그 솜씨가 남다르다. 이제 막 타방 세계에서 당도한 듯 옷자락이 하늘로 굽이치며 뻗어 있다. 그 위 허공에 떠 있는 천개(天蓋) 역시 바람에 휘날리는 듯 역동적으로 표현되어 있다. 종을 만든 장인의 솜씨를 읽어 볼 수 있는 역작이다.

대웅보전을 톺아보다

봉래루 누각 밑을 통과해 다다른 법당 앞마당에서 남향으로 앉은 대웅보전(보물)을 바라본다. 날아갈 듯한 팔작지붕의 추녀선이 뒷산 봉우리들과 어울려 한 폭의 그림이 된다. 너무 크게 지으면 뒷산 봉우리가 가리고, 너무 작게 지으면 암봉의 기세에 법당이 눌릴 터이지만 음식에 간을 맞추듯 산세에 딱 알맞게 지었다. 법당의 높이와 크기를 세심하게 고려했으니 그 법당의 꾸밈에 빈틈이 있을 리 없다. 가까이 가서 법당 안팎을 살펴보면 더욱 그렇다.

사실 정유재란으로 인해 본래 있던 대웅보전은 불타 버렸지만 인조 11년(1633) 청민 대사가 중건해 지금에 이르렀다. 정면 3칸, 측면 3칸의 다포계 팔작지붕 건물인 대웅보전은 외부 단청이 다 날아가 마치 채색하지 않은 듯 보이지만 오히려 그 점이 곱게 늙은 연륜을 빛나게 해 준다. 자연석 주춧돌 위에 세운 둥근 기둥은 오랜 세월 바람과 비에 약한 목질 부분이 다 떨어져 나가 울퉁불퉁하지만 만져 보면 그 세월의 무게가 그대로 느껴진다. 부드럽고 따뜻하다.

__ 부안 내소사 대웅보전(보물)

__ 부안 내소사 대웅보전 현판

편액은 누가 보아도 원교 이광사(1705~1777)의 글씨다. 자유로우면서도 굳센 힘이 느껴지는 원교만의 글씨체로 마치 춤을 추는 듯이 보인다. 그렇다면 중건한 후 백여 년 뒤에 원교의 글씨를 받아 법당의 편액을 걸었다는 이야기가 된다.

사실 대웅보전은 1770년까지도 단청을 하지 않고 있었다. 표암 강세황(1713~1791)의 시문집 『표암유고』에 기록된바, 그의 아들 강흔(1739~1775)이 부안현감으로 있을 때 내소사에 들러 보니 당시 대웅보전이 단청을 하지 않았다고 하였다. 강흔은 1769~1772년 사이에 재직했으니 대웅보전 단청은 이 이후에 했을 것이다. 곧 지금 법당 내부에 남아 있는 단청은 적어도 2백여 년 이상된 단청인 셈이다.

원교 이광사는 소론 집안으로 당파 싸움 끝에 집안이 몰락하여 1755년부터 유배를 떠나 1762년에는 진도를 거쳐 신지도로 옮겨진 후 그곳에서 죽었다. 곧 내소사 스님들은 대웅보전 글씨를 얻기 위해 진도나 신지도를 왕래했을 것이다. 명필의 글씨를 구하기 위한 스님들의 정성을 읽을 수 있다.

대웅보전의 아름다움 중에서 우리에게 가장 잘 알려진 것은 꽃문살이다. 비록 채색이 희미해졌지만 화려하고 섬세하다. 연꽃을 비롯해 모란, 국화 등이 문짝마다 꽃을 피웠다. 부처님께 꽃을 공양한다는 의미로 조성된 이 꽃문살은 문짝마다 다 다르다.

부처님께 올리는 공양물은 '육법공양(六法供養)', 즉 향, 등, 차, 꽃, 쌀, 과일을 올린다. 하나하나 다 상징이 있는데 꽃은 '만행화(萬行花)'로서 부처님의 공덕을 찬탄한다는 의미와 함께 인고의 세월 뒤 꽃이 피듯 꿋꿋하게 수행해서 깨달음을 이루겠다는 의미를 갖고 있다. 고로 단순한 장식이 아니다.

또 한 가지는 서까래 끝 중앙에 부착한 목 조각 연밥 장식이다. 서까래 끝 절단면에는 대개 연화문을 그려 넣는데 절단면이어서 연꽃의 입체감은 없다.

___ 부안 내소사 대웅보전의 꽃문살

__ 내소사 대웅보전 서까래의 목조각과 공포 제공 끝의 연꽃 봉오리

그 점을 보완하려고 절단면 중앙에 반원형 둥근 목 조각을 일일이 깎아 쇠못으로 고정하고 연꽃 문양을 그려 넣은 것이다. 서까래 수가 많으니 하나씩 수작업을 하려면 꽤 많은 공력이 들어갔을 것이다. 채색이 살아 있었더라면 연꽃이 훨씬 입체적으로 보였을 것으로 짐작된다. 이런 방식으로 법당 서까래를 장식한 곳은 그렇게 많지 않다.

대웅보전 내부는 더욱 화려하다 안쪽으로 뻗은 공포의 제공 끝은 모두 연꽃 봉오리로 마감해서 법당 내부는 연꽃이 만발한 부처님 세계다. 또한 임진왜란 후에 나타나는 상징물들도 법당 곳곳에 가득하다. 화재 방지용 조각도 있고, 부처님께 올리는 공양물도 있다.

우선 마주보고 있는 충량의 두 마리 용 중에서 서쪽의 용은 물고기를 물고 있다. 물에 살고 있는 수룡(水龍)이라는 의미가 있으니 화재 방지의 임무를 준 것이다. 임진왜란 이후 지은 법당의 추녀 끝에 용을 설치하는 경우가 많은데 이와 같은 의미다.

삼존불 위에는 닫집이 없다. 닫집이 없는 대신 우물천장을 만들고 화려한 문양으로 장식했다. 외곽에는 사방에 다양한 쌍학 문양을 넣었고 그 안쪽에 연꽃과 모란 그림을 그렸다. 중앙부 12칸에는 연꽃 문양을 넣었는데 같은 문양은 없고, 전체의 문양으로 보면 화려하기 그지없다. 이 우물천장 좌우로는 비파,

충량의 용 조각 중 하나. 물고기를 입에 물고 있다.

내소사 대웅보전 우물천장

해금, 북, 장고, 바라, 대금, 나팔 등 10개의 악기가 그려져 있다.

이는 이 세상에 오신 부처님의 설법에 연꽃이 피어나고 꽃비가 내리며 뭇 학이 춤을 추는 모습과 천인(天人)들이 환희심에 젖어 부처님께 음악 공양을 올리는 장면을 묘사하고 있는 것이다. 아니, 그러한 장면을 저절로 상상하게 된다. 벽화에는 꽃을 올리는 비천상도 있고, 황룡을 타고 경전을 모시고 오는 장면도 있고, 중생들이 악기를 연주하는 그림도 있으니 더욱 그렇다.

우물천장 바깥쪽으로는 다시 연꽃 두 줄기가 'X' 자로 교차한 모양의 조각이 빙 둘러 부착돼 있다. 연꽃 봉오리와 연잎도 함께 나타나 있는데 연꽃 줄기 사이로는 수많은 물고기들이 노닐고 있다. 삼존불상 앞쪽 천장에는 커다란 게가 뚜렷하게 조각돼 있다. 수중 생물들은 부처님 법문을 듣고 깨달음의 길로 나아가되 화재로부터 법당을 지키라는 뜻이다.

삼존불상 뒤편 후불벽 뒷면에는 백의관음보살좌상이 한 분 그려져 있다. 두 발이 서로 마주 보듯 편안히 앉아 있는 관음보살 좌우로는 선재동자와 용녀가 바위 위에 서 있는 모습으로 그려져 있다. 자세히 보면 대나무와 함께 정병에 꽂혀 있는 버들가지, 파랑새도 보인다. 하지만 관세음보살 뒤로 솟아오른 바위 암봉이나 옆쪽의 바위 그림이 민화풍이다. 민화는 19세기 이후에 절집에 본격적으로 들어왔으므로 이 후불벽화는 조선 말기에 그려졌을 것이다. 그래도 법당 후불벽의 관세음보살 그림 중에서는 가장 큰 규모다.

이렇게 빈틈없이 섬세하고 화려한 법당 내부에 희한하게도 채색이 안 된 곳도 있고 일부 나무 부재가 빠진 곳도 있다. 그런 관계로 당연히 전설이 등장한다.

하나는 대웅보전을 짓는 목수가 다듬어 놓은 나무 부재를 사미승이 감추는 바람에 그 자리가 비게 되었다는 내용이다. 그럼 다른 하나는? 이야기인즉, 단청을 맡은 화공이 작업하는 백 일 동안 아무도 안을 들여다보지 말라고 했

___ 내소사 대웅보전 삼존불상

___ 내소사 대웅보전 후불벽의 백의관음보살좌상

다. 그런데 궁금증을 이기지 못한 사미승이 몰래 법당 안을 들여다보았더니 금빛 새 한 마리가 붓을 물고 날아다니며 단청을 하고 있던 것이다. 사미승이 엿보는 것을 안 그 새는 그대로 날아가 버려 한쪽 단청이 안 되었다는 이야기다.

대웅보전 건물 하나에도 이처럼 여러 가지 봐야 할 것들과 전설들이 서려 있으니 내소사는 어느 계절에 탐방하든 새로운 것이 눈에 띄고 읽힌다. 어느 때 가도 평안하고, 정다우며, 볼거리가 많은 절이다.

울금바위와 개암사

줄포에서 23번 국도를 따라 부안으로 가다 보면 서쪽으로 산 정상에 매우 큰 바위가 우뚝 솟아 있는 모습이 눈에 확 들어온다. '울금바위' 또는 '우금바위'라고 부른다. 이렇게 기세 좋은 암봉이 하늘로 치솟아 있으니 그 자락에 절이 없을 수 없다. 능가산의 명찰 개암사다.

개암사는 백제 무왕 35년(634) 묘련 왕사가 변한의 궁전을 절로 고쳐서 창건했다고 한다. 대웅보전 용마루 뒤로 보이는 울금바위는 마치 토막을 내서 갈라 놓은 것처럼 보인다. '개암(開岩)'이라는 이름은 여기에서 비롯되었다.

개암사가 자리한 지역 일대는 울금산성(또는 우금산성)이 자리하고 있다. 660년 백제 사비성이 나당연합군에 함락되어 의자왕이 당나라로 끌려간 후 백제부흥운동이 일어나며 백제부흥군이 집결한 곳으로, 임존성(충청남도 예산)과 주류성(울금산성)이 백제부흥군의 양대 근거지였다.

도침 스님과 합세하여 세력을 규합한 의자왕의 종형제 복신은 일본에 원군을 요청하고 일본에 가 있던 의자왕의 넷째 아들 풍을 불러들여 풍장왕으로 세웠다. 그리고 임존성의 흑치상지 장군과 연합하여 3만여 명의 병력으로 2백여 성을 되찾기도 했다.

그러나 주도권 다툼이 일어나 복신이 도침 스님을 죽이고, 풍장왕이 복신을 죽이면서 부흥군의 사기는 뚝 떨어졌다. 그러다 나당연합군이 다시 결집하여 663년 7월 주류성을 함락시켰다. 결국 풍장왕은 고구려로 도망가고, 흑치상지는 당나라에 투항했다.

그 후 문무왕 16년(676), 원효 대사와 의상 대사가 전쟁통에 없어진 개암사를 중창했다고 한다. 삼국 통일 후 두 대사는 백제의 백성들을 위무하기 위해 이 지역을 다녔다. 옛 백제 지역인 충청도와 전라도 지역에 두 대사와 인연이 있는 절이 많은 것은 이 때문이라고 본다. 관련하여 울금바위에는 원효 대사가 수행했다고 전해지는 굴이 있는데 이를 '원효방(元曉房)'이라 부른다. 울금바위 남쪽 아래에 자리한 이 굴은 집채만 한 규모이다. 굴 안에는 지금도 가느다란 샘물이 흐른다.

원효방 앞 집 한 채를 지을만한 터엔 깨진 기왓장이 무수히 깔려 있다. 표암 강세황이 이곳에 들렀을 때 '옥천암'이라 불리는 작은 암자가 있었다고 하

___ 원효 대사가 수행했다고 전해지는 원효방.

니, 아무래도 조선 말기 나라가 어지러울 때 개암사에 딸려 있던 모든 암자가 사라진 듯하다.

___ **개암사의 보물들**

이 절이 일반인들에게 많이 알려지게 된 것은 사실 죽염 때문이다. 개암사의 스님들이 아픈 사람들을 위해 천일염과 개암사 대나무로 만들기 시작한 개암사 죽염은 이제 '개암죽염'이라는 상표로 더 잘 알려질 만큼 성장했다.

하지만 개암사의 진짜 보물은 따로 있다. 오랜 역사의 풍파를 견디어 오며 그 자리를 지켜 온 개암사의 보물들, 첫 번째는 바로 대웅보전이다.

사실 개암사도 정유재란 때 불타 버렸지만 다행히 인조 14년(1636)에 계호 대사가 중창 불사를 시작하여 4년 뒤에 완공하였다. 다만 대웅보전에 봉안된 삼존불상은 22년 뒤인 효종 9년(1658)에 모셔지면서 지금의 개암사가 이

___ 부안 개암사 대웅보전(보물). 뒤로 울금바위가 보인다.

록되었다.

 개암사 대웅보전(보물)도 내소사 대웅보전처럼 팔작지붕 건물이다. 그러나 두 건물이 풍기는 멋은 완전히 다르다. 내소사 대웅보전이 맵시 있게 단장한 여인이라면, 개암사 대웅보전은 듬직한 장부의 기상이 있다.

 개암사 대웅보전은 기둥도 굵고, 모든 목재가 시원시원하다. 문살도 단순하다. 용마루 뒤로 보이는 울금바위의 위용이 대단해서 대웅보전도 그 기운을 이어받은 듯 매우 강건해 보인다. 그러나 가까이 가 보면 매우 세심하다. 지을 때부터 많이 고심했음이 틀림없다. 우선 정면 동쪽 추녀 끝에는 청룡 조각을 설치했다. 하지만 서쪽 추녀 끝에는 다른 곳에서 볼 수 없는 동물 조각이 있으니 바로 백호(白虎)다. 화재와 재앙을 막기 위한 방책으로 '좌청룡 우백호'를 그대로 따른 것이다. 사신도(四神圖)에서 동쪽은 청룡이고, 서쪽은 백호인 점도 감안했을 것이다. 또 건물에 비해 있는 듯 없는 듯 작게 만들어 걸어 놓

___ 개암사 대웅보전 현판 상단의 청룡과 황룡, 그리고 추녀 끝의 백호·청룡 조각

___ 개암사 대웅보전 공포 하단의 주두와 첨차 끝의 연꽃과 연잎

은 대웅보전 편액 위에는 청룡과 황룡의 정면상을 조각해서 걸어 놓았다. 다 화재 방지를 위한 장치다.

공포의 구성도 다른 사찰에서는 볼 수 없는 멋을 지녔다. 기둥 위 공포 맨 밑에 놓는 주두(柱頭)는 튼실한 연잎으로 조각했다. 연잎의 가장자리가 아래로 말린 것까지 감안해서 세밀하게 조각했다. 공포의 세로 부재인 첨차의 끝을 자세히 보면 연잎이나 연꽃으로 조각을 해서 위의 소로를 받치도록 했다. 얼핏 보면 수면 위로 연잎과 연꽃이 만개한 것처럼 보인다.

이제야 대웅보전 편액을 왜 작게 만들었는지 알 듯하다. 연꽃밭이 허공 중에 펼쳐졌으니 법당을 장엄하면서도 화재를 막겠다는 의도 역시 확실하게 담은 것이다. 이렇게 연꽃을 주제로 공포를 꾸민 법당은 이곳 개암사 대웅보전과 익산 숭림사 보광전 외에는 별로 본 적이 없다.

법당 외부가 이처럼 치밀한 꾸밈새를 갖춘 것처럼 법당 내부 역시 세심한 배려가 깃들어 있다. 일단 용들이 많다. 충량에 마주 보고 있는 용 2마리, 귀퉁이마다 법당을 내려다보고 있는 용이 4마리다. 법당 중앙 어간문 위에 또 용이 3마리 나란히 있으니 모두 9마리다.

불교에서는 석가모니 부처님이 태어났을 때 9마리 용이 물을 뿜어 그 물에 싯다르타 태자를 목욕시켰다고 한다. 이를 '구룡토수(九龍吐水)'라 하여 상서로움을 의미하는데, 한편으론 부처님을 지키고 있다가 불이 나면 물을 뿜어 끄라는 상징이기도 하다. 삼존불상 닫집 안에도 각각 호법 용이 3마리 배치됐고, 곁들여 작은 용도 2마리가 있으니, 법당 내부에만 14마리의 용이 지키고 있는 셈이다.

　법당 서쪽의 출입문 위쪽 천장에는 슬며시 조각해 놓은 용의 꼬리도 찾을 수 있다. 용의 머리 조각도 있으니 실제로 용이 산다는 의미로 꼬리 또한 조각해 놓은 것이리라. 내부에 연꽃 줄기나 물고기 등의 조각이 없지만 봉황의 입에 연꽃 줄기를 물려 놓은 것도 보인다.

　개암사 대웅보전은 건실하고 듬직한 건물이다. 뒤에서 법당을 호위하듯 솟아 있는 울금바위의 위엄도 이 건물의 미감을 한 층 더 배가시킨다. 전국의 여러 법당을 다녀 본 필자이지만 그중에서도 잊히지 않는 법당을 꼽으라면 이 개암사 대웅보전을 꼽겠다.

___ 개암사 대웅보전 내부의 용 조각과 꼬리 조각

___ 부안 개암사 영산회 괘불탱(보물)

개암사에는 보물이 1점 더 있다. 개암사 영산회 괘불탱(보물)이 그것이다. 괘불(掛佛)이란 절에서 큰 법회나 의식을 행할 때 참석한 모든 대중이 동참할 수 있도록 법당 앞뜰에 걸어 예배를 드릴 수 있도록 한 대형의 불화이다. 개암사 영산회 괘불탱은 화면(畫面)이 세로 1,209센티미터, 가로 870센티미터로 현존하는 조선시대 괘불 119점 가운데 가장 크다. 더욱이 그 초본(草本, 밑그림)이 남아 있는데, 이러한 경우는 현존하는 괘불 중에서 개암사 괘불탱이 유일하다.

또 한 가지 주목할 점은 이 괘불을 그린 화사(畫師)가 바로 의겸 스님이란 점이다. 1710년경부터 1760년경까지 지리산 지역을 중심으로 전라도와 경상도 일대에서 활약하며 많은 작품을 남긴 스님이다. 1720년 후반에 들어서면서는 붓의 놀림이 신선과 같다 하여 '호선(毫仙)'이라 불릴 정도로 완숙한 경지에 들었고, 후에는 학문과 덕행이 뛰어나 남의 본보기가 될 만한 스님이라 하여 '존숙(尊宿)'이라는 칭호를 받기도 하였다. 경상남도 고성 운흥사에 머물며 많은 제자도 배출해 '의겸파'라는 화맥이 이어지기도 했다.

의겸 스님은 5점의 괘불을 남겼는데 개암사 영산회 괘불탱은 1749년에 그린 마지막 작품이다. 그래서 이 작품을 조선 후기 괘불의 기준작이라고도 한다.

삼베 27장을 이은 바탕에 화면을 꽉 채운 구도로 그려졌는데, 석가모니 부처님을 중심으로 좌우에 문수·보현보살이 서 있고, 뒤쪽에는 다보여래·아미타여래·관세음보살·대세지보살이 있다. 키 모양의 광배에는 두 분의 화불(化佛)이 연꽃 위에 앉아 있다. 채색은 붉은색과 녹색, 금색을 주로 사용했지만, 일부엔 군청색을 써서 색채 대비도 보여 준다. 가사나 옷깃에 섬세하고 다양한 무늬를 넣어 강렬하면서도 화려한 느낌을 주는 명작이다.

이 괘불을 조성할 때 스님 70여 명과 재가 신도 180여 명이 동참했다. 화사는 의겸 스님을 필두로 총 13명이 공동 작업했다. 조성 당시 개암사에서 얼마나 많은 정성을 들였는지를 알 수 있다.

이화우(梨花雨) 흩날릴제

개암사의 또 하나의 보물은 개암사에서 간행한 『매창집』이다. 부안의 명기 매창(梅窓)의 시를 모아 엮은 책이다. 도대체 어떤 연유로 기생의 시집을 절집에서 판각해 간행하게 되었을까?

조선시대 3대 여류시인을 꼽자면 황진이, 이매창, 허난설헌이다. 알다시피 앞의 두 사람은 기생이었고, 허난설헌은 허균의 누나로 양반가의 규수였다.

이 세 사람의 시 세계는 판이하게 다르다. 황진이의 시엔 열정과 낭만이, 이매창의 시엔 그리움과 애잔함, 허난설헌의 시엔 고독과 쓸쓸함이 있다.

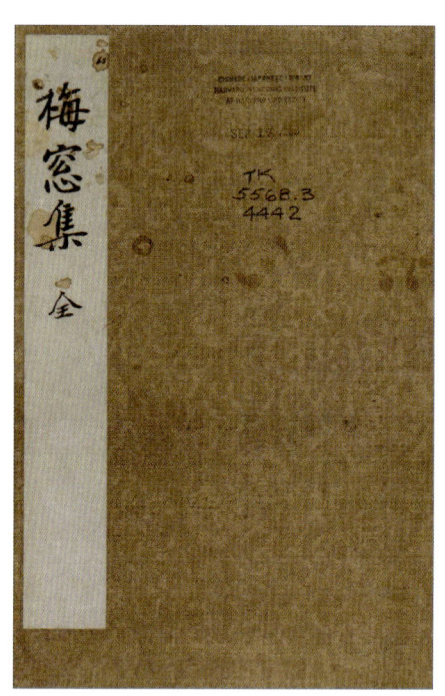

― 『매창집』(2권 1책, 목판본). 현종 9년(1668) 매창의 한시 58수를 모아 개암사에서 개간한 시집이다. 『매창집』 원본은 간송문고와 하버드대학교 도서관에 소장되어 있다.

> 동짓달 기나긴 밤을 한 허리 둘러내어
> 춘풍 이불 밑에 서리서리 넣었다가
> 정든 임 오신 날 굽이굽이 펴리라.

황진이는 화끈하다. 한편 남편과의 애틋한 사랑도 없고, 자식도 다 잃은 허난설헌은 절대의 고독을 읊조린다.

서쪽 연못에 봄비가 자욱이 내리니
가벼운 한기 비단 휘장으로 스민다.
시름에 겨워 병풍에 몸을 기대니
담 모퉁이에서 살구꽃이 지는구나.

이매창은 기다림 속에 애가 끓는다.

이화우 흩날릴 제 울며 잡고 이별한 임
추풍 낙엽에 저도 나를 생각는가
천 리에 외로운 꿈만 오락가락하여라.

이매창(1573~1610)은 부안현의 아전 이탕종의 서녀로 본래 이름은 '향금(香今)'이다. 계유년에 태어나 '계생(癸生)', '계랑(癸娘)'이라고도 불렸으며, 자(字)는 '천향(天香)', 호(號)는 '매창(梅窓)'이니 기생으로서 자와 호를 가진 여인도 드물다.

어려서부터 아버지에게 글을 배워 시조와 한시에 뛰어났으며 가무에도 능했는데 특히 거문고를 잘 탔다. 아버지를 여읜 후 기생으로 나선 매창은 그 이름이 전국으로 퍼져 나갔고, 시인과 문장가들이 매창을 보러 부안을 찾았다.

그렇다면 그녀의 시에 등장하는 '이별한 님'은 누구인가. 바로 한양의 천민 출신 유희경(1545~1636)이다.

그는 시를 잘 지어 지방에까지 그 이름이 알려져 있었다. 그런 그와 이매창은 직접 만나 보진 못했어도 서로의 이름을 알고 있었고, 같은 천민 신분이었기에 동병상련의 심정도 있었을 것이다.

그러다 1591년 봄, 유희경은 남도를 여행하다가 부안에 들렀고, 소문만 듣고 있던 매창은 비로소 유희경을 만나게 된다. 유희경이 매창의 거문고 타는 소리를 듣고 시를 지어 찬탄하니 매창 또한 시로서 화답했다. 당시 매창의 나이는 20세, 유희경은 48세였지만 마음을 주고받는 정인으로서는 아무 문제가 되지 않았다.

유희경은 13세 되던 해 아버지를 여의고 혼자 시묘하며 3년상을 치렀다. 그런데 당대의 학자 남언경이 이 이야기를 전해 듣고 기특하게 여겨 그에게 정통 예법을 가르쳤으니, 유희경은 천민의 신분이었지만 차츰 장례 전문가로 성장하여 나라의 장례나 사대부의 장례를 주관하게 되었다. 상갓집에 드나들던 유희경은 틈틈이 시를 즐겨 지었는데, 영의정을 지낸 사암 박순(1523~1589)이 그의 시를 보고 자질이 있다 하여 당시(唐詩)를 가르쳐 주기도 하였다. 그러다 같은 천민 시인이었던 백대붕과 함께 시인으로서 이름을 얻게 되고, 전국적으로 이름이 알려지게 될 때 유희경이 부안을 찾으면서 매창을 만나게 된 것이다.

그러나 다음 해 임진왜란이 터지자 유희경은 의병 활동을 위해 매창 곁을 떠났고, 이 이별은 15년이라는 긴 세월의 그리움을 매창에게 남겨 주었다. 배꽃이 바람에 흩날릴 때 이별한 님은 수없는 가을이 지나가도 오지를 않으니 매창은 그 그리움을 앞의 시조에 담아 노래했던 것이다.

임진왜란 때의 의병 활동으로 양민이 된 유희경은 1607년 부안에 내려와 매창과 해후한다. 매창은 35세, 유희경은 63세가 되어 있었다. 부안의 명소를 함께 다니며 시를 읊고 사랑을 노래했지만 짧은 재회는 금세 지나갔다. 그러고서 3년 뒤, 아직 다 풀지 못한 유희경에 대한 그리움을 시로 남긴 채 병약했던 매창은 숨을 거두고 말았다.

塵世是非多苦海　풍진 세상 고해에는 말썽도 많아
深閨永夜苦如年　홀로 새는 이 밤이 몇 해인 듯 길구나.
藍橋欲暮重回首　덧없이 지는 해에 머리를 돌려보니
靑疊雲山隔眼前　구름 속의 첩첩 청산 눈앞을 가리우네.

몇 년 뒤 매창의 무덤을 찾아온 유희경도 사랑했던 여인을 끝까지 지켜주지 못한 자신을 탓하면서 가슴 시린 시를 지었다.

明眸皓齒翠眉娘　맑은 눈 하얀 이 푸른 눈썹 계랑아.
忽逐浮雲入杳茫　홀연히 뜬구름 따라 간 곳이 아득하구나.
縱是芳魂歸浿邑　꽃다운 넋은 죽어서 저승으로 갔는가.
誰將玉骨葬家鄕　그 누가 너의 옥골을 고향에 묻어 주랴.

매창의 죽음을 가슴 아파한 사나이는 또 있었다. 바로 허균이다. 매창의 정인이 유희경인 줄을 안 허균은 매창을 시의 벗이자 진정한 친구로 사귀었다. 허균은 그리움에 메말라 버린 그녀의 영혼을 치유하기 위해 불교의 참선을 가르쳐 주기도 했고, 편지로 '계속 참선을 하느냐'고 묻기도 했다. 허균의 형 허봉이 사명 대사와 매우 가까웠고, 이런 인연으로 허균도 사명당에게서 불교 교리와 참선을 배웠던 것이다. 매창이 죽었다는 소식을 들은 허균은 그녀를 애도하는 시를 짓고, 글도 남겼다.

매창의 시신은 봉두뫼 양지바른 언덕에 그녀의 거문고와 함께 묻혔다.

__ 부안 이매창묘

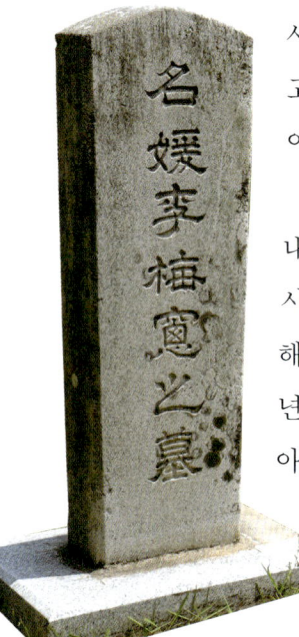

사람들은 매창의 무덤이 있다 하여 그곳을 '매창뜸'이라고 불렀다. 하지만 시간이 흘러 묘비 없는 그녀의 무덤이 공동 묘역 속에 묻히게 되자 1655년 비석을 세웠다.

한편 그녀가 지은 수백 편의 시는 사람들 입에 오르내렸으나 점점 잊혀지고 흩어져 버렸다. 그런데 매창의 시가 사라지는 것을 안타깝게 여긴 고을의 아전들이 전해지던 시 58수를 모아 개암사에 판각을 의뢰하고, 1668년에 간행하게 된다. 매창이 죽은 뒤 58년 후의 일이다. 아마도 불교 경전을 판각하고 간행하는 일이 스님들에게

__ 이매창 묘비. '명원이매창지묘'라 새겨져 있다.

는 익숙한 일이라서 아전들의 부탁으로『매창집』이 절에서 나오게 되었을 것이다.

지금 부안에는 매창공원이 조성되어 있다. 매창의 묘가 자리한 이 공원은 그녀를 추모하여 조성한 공원이다.

비석은 오랜 세월에 글자가 마모되어 1917년 부풍시사(扶風詩社)에서 다시 세웠다. 부풍시사는 부안의 풍류 모임 단체로 그 예맥을 부풍율회가 잇고 있다. 그렇게 다시 세운 매창의 묘비에는 '명원이매창지묘(名媛李梅窓之墓)'라고 새겨져 있다. '명원'이란 '이름이 알려진 재주 있는 미인'이란 뜻이다. 매창을 아끼고 사랑해 그녀의 시를 모아 간행할 정도로 예우한 부안 사람들이 그녀를 '기생'이라 부르는 것을 꺼렸기에 '명원'이라 적은 것이다.

이외에도 부안에는 부설(浮雪)거사와 월명암, 칠산 바다를 지키는 개양할미와 수성당, 창씨개명도 거부하고 지조를 지킨 신석정 시인, 마의태자와 부안 김씨 등 많은 이야깃거리가 숨어 있다. 먹거리, 볼거리, 즐길 거리가 풍부한 고을이 바로 지금의 부안군이다.

설
악
산

올곧은

수행자의 귀의처,

뜻 잃은

선비들의 터전

국민 명산 1번지

　인제·양양·고성군과 속초시에 걸쳐 있는 설악산은 몸집이 크다. 또한 화강암 암봉으로 이루어져 있는 데다 동해와 가까이 붙어 있어 더욱 수려하고 기이하다. 최고봉인 대청봉의 높이는 1,708미터로 우리나라에서는 한라산(1,950미터), 지리산(1,915미터) 다음으로 높다.

　설악산은 백두산에서 내려온 백두대간의 혈맥이 금강산을 거쳐 미시령으로 내려오고, 공룡능선, 중청, 한계령으로 달려 내려간 다음 다시 점봉산, 오대산으로 이어진다. 곧 북쪽의 미시령과 남쪽 한계령 사이의 권역이 설악산 영역인 셈이다.

　설악산은 '설산', '설봉산', '설화산'으로도 불리었다. 『동국여지승람』에는 '한가위에 덮이기 시작한 눈이 다음 해 하지에 이르러 녹는다고 하여 설산이라 한다'고 하였다. 필자 역시 5월에 설악산 능선 북쪽 사면에서 다 녹지 않은 얼음을 본 적이 있다. 지구 온난화 이전에는 더 늦게까지도 눈으로 덮여 있었을 것이다.

　설악산은 영역이 넓다 보니 크게 세 구역으로 나눈다. 주봉인 대청봉과 북쪽의 공룡능선, 마등령, 미시령 서쪽의 한계령에 이르는 능선인 '설악산맥'을 기준으로 그 동쪽 지역을 '외설악', 서쪽 지역을 '내설악'이라 한다. 또 대청봉의 동북쪽에 있는 화채봉과 서쪽의 귀떼기청봉, 대승령, 안산을 경계로 그 남쪽을 '남설악'이라고 부른다.

　외설악은 천 명의 부처님이 서 있는 것 같아 이름 붙여진 천불동(千佛洞) 계곡이 있는 등 기암절벽이 화려하고 웅장하다. 최고 높이 950미터, 둘레가 4킬로미터에 이르는 울산바위는 30여 개의 암봉으로 이루어져 있어 장쾌하고 시원하다. 집선봉, 달마봉, 미륵봉(장군봉) 등 빼어난 암봉과 함께 와선대, 비선대, 비룡폭포, 토왕성폭포 등이 계곡미의 절정을 이룬다.

___ 설악산 범봉과 공룡능선

___ 외설악 울산바위

　내설악은 골이 깊고 물이 많아 풍경이 뛰어난 계곡이 많다. 초입의 용대리에서 백담사까지 이어지는 백담계곡은 상류에서 수렴동계곡과 가야동계곡으로 갈라지고, 수렴동계곡을 따라가면 다시 백운동계곡이 오른쪽으로 갈라져 나간다. 한편 가야동계곡은 곳곳마다 절경이지만 가을 단풍이 더욱 뛰어나서 뭇사람의 탄성을 자아내게 한다.
　수렴동 대피소에서 곧장 하늘로 치솟아 봉정암으로 이어지는 험준한 암봉 능선은 '용아장성(龍牙長城)'이라고 부른다. 용의 이빨처럼 암봉의 기세가 날카롭게 연이어 서 있어 붙은 이름이지만 그만큼 절경이다.
　남설악에는 높이 88미터의 대승폭포와 한계령, 오색온천이 있고, 계곡으로는 주전골과 용소폭포가 있어 많은 행락객을 불러들인다. 특히 용소폭포에서 오색약수에 이르는 3.2킬로미터 거리의 가을 단풍은 기암절벽과 어울려

___ 내설악 용아장성

명승이 데다가 길도 잘 닦여 있어 단풍철에는 인산인해를 이룬다.

설악산은 1970년에 국립공원으로 지정되었지만 1980년 중반까지만 해도 아무 계곡에나 들어가 텐트도 치고 밥도 해 먹을 수 있었다. 아직 공원 관리가 철저하게 시행되던 시절이 아니었는데, 1987년 국립공원관리공단이 출범하고, 이때부터 국립공원 입장료를 받기 시작하였으니, 그 이전에는 국립공원 출입도 자유로웠다.

___ **그 시절 설악산**

지금과는 사뭇 달랐던 당시를 떠올려 보니, 1985년 여름 휴가를 왔던 때가 생각난다. 아직 미혼인 여동생 3명, 그리고 지인들과 함께 백담계곡 입구 용대리 민박집에 머물렀는데, 민박집 주인인 전씨 부부는 자식들이 모두 외지에 나가 살고 있어, 여름에는 방 2개를 민박 손님에게 빌려준다 하였다. 초가집이었던 시골집을 함석 지붕으로 바꾼 민박의 너른 마당 앞쪽 가장자리에는 자두나무가 줄지어 서 있었다. 마치 시골 친척집에 온 듯 친근하고 포근한 분위기였다.

용대리에서 백담사로 들어가는 첫 다리 아래에는 깊고 길다란 소(沼)가 있어 동네 아이들의 천연 풀장이었다. 이 다리를 건너서 조금 올라가니 왼쪽 계곡 건너편으로 작은 계곡이 보였다. 우리 일행은 조용히 쉴 수 있는 곳을 찾던 중이라 발을 벗고 백담계곡을 건너 작은 계곡을 따라 올라가니 곧 비경이 나타났다. 안쪽에 지름 10미터가량 되는 깊고 둥근 소가 숨어 있었던 것이다. 찾는 사람 하나 없는 아늑하고 편안한 쉼터였다. 우리 일행은 먹을 것을 싸 들고 매일 우리만의 풀장으로 놀러 다녔다.

그러던 어느 날 계곡 밖으로 나오던 여동생 하나가 바위에 미끄러져 머리를 크게 부딪혔다. 물이끼를 잠깐 방심한 탓이다. 급히 서울로 올라가 뇌진탕 검사를 받은 동생은 이상이 없다는 진단을 받고 다시 용대리로 내려왔다. 참 극성스럽게 놀러다니던 시절이다.

우리는 이 민박집을 베이스캠프로 삼고, 설악산 이곳저곳을 찾아다녔다.

민박집 아래 백담계곡을 건너 자리한 버덩말 음지골은 산골 주민들만 겨우 다니던 곳인데 또한 비경이었다. 한번은 짐을 꾸려 봉정암으로 올라갔다. 당시에는 봉정암 근처에 민간인들이 숙박할 수 있는 봉정산장이 있었는데, 봉정암에 들러 기도를 마친 후 산장에서 하루를 쉬기도 하였다. 다음날에는 소청봉과 대청봉을 오른 후 천불동계곡을 거쳐 신흥사 쪽으로 내려왔다.

더우면 계곡에서 수영하고, 배고프면 밥을 해 먹었다. 남 부럽지 않은 여름 산행이었다.

같은 해 겨울엔 여동생들과 함께 설악산 겨울 등정에 나섰다. 이 일정에

___ 수많은 돌탑이 놓인 백담계곡은 용대리와 백담사를 잇는 길에 있다.

서 우린 백담사 위 백담산장에서 하루를 묵었다. 이 시절에는 산장에서 자는 산꾼들이 저녁 때면 함께 모여 노는 것도 하나의 문화였다. 당연히 술과 노래가 따랐으니, 우리 집 막내가 부른 제주도 민요 〈이어도 사나〉가 큰 인기를 끌었다.

그런 시절이 지나고 자가용 보급과 함께 내방객이 급증하면서 설악산국립공원에선 점차 계곡 출입을 금지했다. 지금도 용대리에서 백담사까지 8킬로미터의 백담계곡은 출입이 금지되어 있다. 하기사 계곡 출입이 허용되었다면 사람들이 실어 나르는 쓰레기로 계곡도 몸살을 앓게 되었을 것이다.

2007년 국립공원 입장료는 없어졌지만 계곡 출입 금지는 그대로다. 설악산에 들어오는 등산객이나 순례객도 이제는 국민의식이 높아져 짐을 무리하게 가지고 다니지 않는다. 기어코 계곡으로 들어가려는 사람도 없다.

그래도 30여 년 전 여동생, 지인들과 함께 민박집에 묵으며 계곡에 들어가 참다운 힐링을 했던 그 시절은 잊기 어렵다. 설악산을 생각하면 언제나 떠오르는 아련한 추억이다.

── 전쟁의 상흔을 딛고

원래 설악산은 대한민국의 영토가 아니었다. 8·15해방 후 남과 북이 분단되면서 설악산은 북한의 관할 지역이었다. 그러나 한국전쟁 때 남과 북이 서로 밀고 밀리다 삼팔선 인근에서 치열한 접전을 벌였다. 그러다 1953년 휴전 무렵 남한이 서부전선에서 개성을 내어 주는 대신, 동부전선의 고성군까지 밀고 올라갔고 설악산도 남한의 수중에 들어오게 된 것이다.

특히 설악산전투는 국군 수도사단과 제11사단이 설악산 북쪽 저항령(1,400미터) 능선에서 북한군 6사단과 맞선 고지전투였는데 악전고투 끝에 우리 군이 승리함으로써 북쪽으로 진군하는 계기가 되었다. 1951년 5월 7일부터 6월 9일까지 근 한 달간의 고지전에서 북한군 10,948명, 아군 363명이 전사했고, 북한군 417명을 생포했다고 전사(戰史)는 기록하고 있다. 탄약을 운반하기도 어렵고, 전우의 시신조차 묻어 주기 어려웠던 바위투성이 저항령 고지에서 장렬하게 산화한 장병들 덕분에 지금 우리 국민들은 설악의 비경을 품에 안을 수 있었던 것이다.

전쟁이 끝난 후 설악산 저항령이나 소청봉 능선에서 등산객들에게 우연히 발견된 국군의 유해는 수습되는 대로 현장에 묻어 주었시만 묻히지 못한 유해는 곳곳에 남아 있었다. 그러다 2000년, 국방부 유해발굴감식단이 발족하면서 저항령 능선에서만 100구에 가까운 유해를 발굴했으니, 신원이 확인돼 고향으로 돌아간 유해도 있었다. 발굴단이 찾은 유해 중에는 수류탄을 손에 쥔 유해도 있었고, 대검이 꽂힌 유해도 있었다. 이처럼 설악산은 호국영령들이 피로써 지킨, 시리고 아픈 역사의 현장이기도 하다.

설악산에는 많은 고찰이 있었지만 한국전쟁 때 큰 피해를 입었다. 특히 내설악의 백담사, 오세암, 봉정암, 영시암은 전쟁의 소용돌이 속에 흔적도 없이 사라졌다. 그러나 다행스럽게도 외설악의 신흥사, 영혈사는 전쟁의 포화 속에서도 살아남았다. 한국전쟁 전부터 절터로 남아 있던 곳도 다시 우리 품으로 돌아왔다. 인제 한계사지와 양양 진전사지가 바로 그런 곳이다.

설악산은 삼국시대부터 고승 대덕들이 찾아와 수행처를 일군 산이다. 또한 뜻을 잃은 사람들이 스며들어 살던 은둔의 터전이다. 빼어난 산인만큼 마음을 닦을 수 있는 명소였고, 실의한 중생들이 위로를 받던 곳이었다. 이제 그러한 터전들을 하나씩 찾아가 보자.

___ 모든 시름을 놓아라

차가운 시내가 사시사철 흐른다는 한계령(寒溪嶺)은 백두대간에 놓인 다

___ 눈 덮인 설악산 한계령

른 고개들처럼 도로가 뚫리기 전까지 등짐장수들이 넘나들었다. 실의하여 통곡의 세월을 보냈던 김시습도 이 한계의 물을 보며 자신의 심정을 그대로 읊었다.

　　嗚咽寒溪水　　오열하는 한계의 물은
　　空山日夜流　　빈 산을 밤낮으로 흘러가는구나.

긴 계곡을 가지고 있는 한계령인지라 넘나드는 고갯길도 길었다. 인제의 등짐장수가 한계령을 넘어 양양 장을 보고 돌아오는 데는 1박 2일이 걸렸다. 해가 떨어져 오색마을에서 하루 묵어야 했기 때문이다. 이 길은 한국전쟁이 끝난 뒤 국군의 이동에도 큰 제약이 되었는데, 결국 1966년 육군 제3군단 공병단 제125공병대대가 전술도로를 착공하여 1971년 11월에 완공하였다. 햇수로 6년, 더욱이 사고로 장병 7명이 목숨을 잃었으니 첫 도로 개설은 그만큼 어려웠던 것이다. 비포장도로였던 이 도로는 1981년 8월에 포장 공사를 마침으로써 인제와 양양을 잇는 관광도로로 큰 역할을 하게 된다.

이때부터 서울에서 양양이나 속초를 왕래하는 직행버스는 이 한계령 코스를 이용하였다. 25년 뒤인 2006년에는 미시령터널이 완공되며 서울 – 속초 간 버스는 이 터널을 이용하게 되지만 그것도 잠시, 2017년 서울양양고속도로가 개통되면서 버스 노선은 또다시 고속도로로 바뀌게 된다.

도로의 변화만큼 한계령도 많이 달라졌다. 백두대간의 동쪽과 서쪽을 잇는 이 도로는 한계령 구간만 25킬로미터에 이르는데, 2006년 7월 태풍 에위니아로 엄청난 피해를 입었다. 그래도 다음 해에 친환경 도로로 복구되어 지금까지 건재하다.

지금의 한계령은 예전에 비해 붐비지 않는다. 행락철에만 잠시 복잡할 뿐 한계령의 평일은 한적하다.

양희은의 노래 〈한계령〉을 들으며 인제에서 한계령으로 들어선다. 한계사지로 가기 위해서다. 옥녀탕계곡, 하늘벽을 지나 국립공원 장수대 분소에 주차한다. 장수대(將帥臺)는 설악산전투의 승리를 기념하고 전몰 장병들의 명복을 기원하는 뜻에서 1959년 세운 한옥 건물이다.

한계사지는 장수대에서 2백 미터 거리에 있다. 장수대에 내린 등산객들은 등산로를 따라 대승폭포나 대승령 쪽으로 향하기 때문에 이 절터를 찾는 사람은 별로 없다. 설악산을 자주 다닌 산꾼들도 이 한계사지를 잘 모른다. 안내판도 없고 감추어진 듯 숨어 있는 절터다.

장수대에서 서쪽으로 곧게 뻗은 비포장의 얕은 언덕 숲길은 차가 드나들 수 있을 정도로 넓지만 그런 흔적은 없다. 키가 큰 나무들이 오랜만에 찾아온

__ 인제 한계사지

길손을 반긴다. 차츰 오른쪽으로 넓은 마당을 가진 커다란 가옥이 언덕 위에 나타난다. 지금은 쓰지 않는 동부산장이다. 1980년대 초에는 사람들이 자고 갈 수 있는 시설이었다. 한계사지는 이 동부산장 바로 뒤에 있다.

　동부산장 왼쪽을 돌아 낮은 비탈길을 오르면 서서히 동서 방향으로 누운 긴 절터가 나타난다. 절터는 깊은 숲에 둘러싸여 있고, 북쪽으로는 설악산의 암봉들이 신장들처럼 우람하게 줄지어 서 있다. 한계사지 남 삼층석탑(보물)이라 부르는 석탑 주위에는 4개의 건물터가 주춧돌만 남긴 채 드러나 있다.

　석탑 뒤 금당 터(법당 터)에서 앞을 바라본다. 병풍처럼 앞을 막아선 가리봉 기암절벽의 능선이 일순간 '턱' 숨을 멎게 한다. 절경이요, 기경(奇景)이다. 말문이 닫히고 잡념이 끊어진다. 세속의 번뇌도 일순간에 사라진다. 절터는 다 명당이란 말은 허언이 아니다.

한용운 스님이 정리한 『백담사사적』에 의하면 한계사는 신라 자장 율사가 647년에 처음 지었다고 한다. 그러나 불이 자주 나서 여러 번 자리를 옮겼는데 그때마다 절 이름을 '운흥사'(790), '심원사'(987), '선구사'(1434), '영취사'(1447)로 바꾸어 달았으나 결국 세조 3년(1457)에 지금의 백담사 자리로 옮기었다는 것이다. 지금 우리가 알고 있는 백담사가 바로 이 절이니, 한계사는 백담사의 전신인 셈이다.

그렇다고 한계사가 폐허로만 남아 있었던 것은 아니다. 1985년 강원대학교의 발굴 조사 결과 '한계사 강희 20 계해(寒溪寺 康熙二十 癸亥)'라고 쓰인 기와가 발견되었다. 곧 1683년 이후 어느 시기까지 한계사는 존속하고 있었던 것이다.

지금 한계사지 절터에는 석물 밖에 남아 있지 않다. 그러나 이 석물만 보아도 한계사가 신라시대에 창건된 것은 틀림없다. 금당 터 앞의 긴 석축을 보면 자연석을 이가 맞도록 쌓았다. 전형적인 신라 양식이다. 영주 부석사 대석단이나 봉화 청량사 법당 앞 석축에서도 볼 수 있는 방식이다.

한계사지에 남아 있는 남 삼층석탑(보물)과 북쪽 언덕 위에 세워진 북 삼층석탑(보물)도 신라 후기의 양식이다. 남 삼층석탑은 동부산장을 지으면서 임의로 옮겨 놓았던 것을 발굴 조사하며 본래 위치에 다시 세웠다.

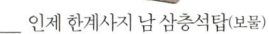

___ 인제 한계사지 남 삼층석탑(보물)   ___ 인제 한계사지 북 삼층석탑(보물)

남 삼층석탑 지붕돌의 밑변 받침이 1·2층은 5단이지만, 3층은 4단이고, 처마의 마루는 끝부분에서 살짝 들렸다. 북 삼층석탑은 밑변 받침이 전부 4단이며 처마의 마루도 남 삼층석탑과 마찬가지다. 신라 석탑의 표본이자 기준이 되는 불국사 석가탑은 지붕돌의 처마 마루가 사선으로 내려왔고, 지붕돌 밑변 받침은 전부 5단이다. 이러한 기준으로 볼 때 한계사지의 두 석탑을 9세기 이후의 조성으로 보게 된 것이다.

발굴된 석물을 모아 놓은 곳에는 계단석 소맷돌도 있다. 신라 양식의 계단석 소맷돌은 사선으로 내려 온 삼각이고 옆면은 삼각면을 전체적으로 파내었기 때문에 쉽게 알 수 있는데 현장에 남아 있는 소맷돌 2기도 역시 그러한 양식이다.

__ 한계사지 계단석 소맷돌

이 석물군에는 입체 사자상도 있고, 석불, 연화좌대도 있지만 다 훼손된 부분이 많고 온전한 유물은 하나도 없다. 그래도 부분 부분에 남겨진 가릉빈가, 사자의 조각 솜씨가 볼만하고, 연꽃 문양도 다양하고 우수하다.

__ 한계사지 사자상

자장 율사가 처음 절을 지었다고 하지만 9세기 이후 이렇게 깊은 산속에 대역사(大力事)를 일으켜 석축을 쌓고, 법당을 세운 이는 누구였

__ 한계사지 연화좌대에 새겨진 가릉빈가

을까? 한 학자는 신라 말기 강릉 사굴산문을 일으킨 범일 국사였을 것으로 추정했다. 구산선문의 하나인 굴산사파 개조 범일 국사는 굴산사를 비롯하여 강릉 신복사, 동해 삼화사, 삼척 영은사도 창건했을 뿐 아니라 철원 안양사도 창건한 것으로 기록되어 있기 때문에 한계사와 같은 큰 가람을 이룩하려면 범일 국사와 같은 큰 고승이어야만 가능했을 것으로 추정했기 때문일 것이다.

한계사는 신라시대부터 조선시대까지 면면히 법등을 이어 왔겠지만 이제는 다 없어지고 석탑과 석물 등만 남아 지나간 시절을 허공 속에 전하고 있다. 조용하고 한적한 한계사 터에 오면 텅 빈 절터가 우리에게 무언으로 전하는 말들이 마음속에 새겨진다.

세상사 모든 것은 언젠가는 부숴지고 흩어져서 공(空)으로 돌아간다. 우리네 인생사도 한 줌 흙이 되어 바람결에 흩어진다. 영원히 존속하는 세계는 없다. 오직 인연의 흐름에 따라 생겨나고 흩어지니 어디에 집착하고 어디에

__ 한계사지 불상대좌와 광배

올곧은 수행자의 귀의처, 뜻 잃은 선비들의 터전

머물 것인가?

___ 내설악에 들다

외설악은 바다로 향해 있지만 내설악은 내륙 속에 누워 있어 더욱더 내밀한 지역이다. 수행처나 은둔처로 삼을 터가 많다. 그래도 내설악의 암자를 꼽으라면 단연코 봉정암이 첫머리에 든다.

봉정암은 자장 율사가 석가모니 부처님의 진신사리를 봉안한 성지다. 자장 율사는 당나라로 건너가 수행하다가 오대산에서 문수보살을 친견해 석가모니 부처님의 진신사리와 가사 등을 받아 선덕왕 12년(643)에 귀국하였다. 이후 진신사리를 다섯 곳에 봉안하였는데 그중 한 곳이 바로 봉정암(鳳頂庵)이다.

자장 율사는 동국 제1명산 금강산에 진신사리를 봉안하려고 들어갔다. 그러나 어디선가 나타난 오색 빛 봉황새가 길을 인도해 며칠을 따라가니 바위가 병풍처럼 둘러친 곳에 이르렀고, 봉황은 한 바위 꼭대기에서 사라져 버렸다. 그 바위는 봉황을 닮기도 했고 부처님을 닮기도 했다. 어느 각도에서 보면 불보살이 합장한 모습이다. 봉황이 바로 부처님의 모습으로 바뀐 것이다.

자장 율사는 이곳이 바로 인연처임을 알고 진신사리를 봉안했다. 그리고 조그만 암자를 세웠다. 이것이 봉정암의 시작이니 자장 율사가 귀국한 다음 해의 일이다.

강원도 유형문화재로 지정되어 있는 봉정암 오층석탑은 봉정암을 상징하는 석탑이다. 큼직한 바위 위를 돌출되도록 깎아내고 바로 석탑의 몸돌을 얹었다. 바닥에는 연꽃 무늬를 새겼는데 양식으로 보아서는 고려시대의 탑이다. 곧 자장 율사가 진신사리를 봉안했을 때는 당연히 탑이 없었다.

자장 율사가 진신사리를 봉안한 다섯 곳 중 봉안된 장소가 알려진 경우

설악산 봉정암

___ 봉정암 오층석탑

는 통도사 금강계단이 유일하다. 금강계단은 스님들에게 계를 주기 위한 단으로 조성한 것이다. 곧 석가모니 부처님 앞에서 계를 받고 부처님이 이를 증명한다는 상징적 의미가 있다.

그러나 나머지 적멸보궁은 다 진신사리를 비밀스럽게 비장한 곳이어서 정확한 장소를 알 수 없다. 태백산 정암사나 영월 법흥사, 오대산 중대도 마찬가지고, 봉정암 또한 그렇다. 장소가 알려지면 유사시 도굴의 위험이 있기 때문이다. 임진왜란 때 통도사 진신사리가 도굴된 것도 장소가 알려져 있었던 탓이다.

그래도 봉정암에는 석가모니 부처님의 진신사리가 봉안됐다는 표식이 있다. 곧 봉정암에서 가야동계곡으로 넘어갈 때 만나는 오른쪽 큰 바위 면에 '석가사리탑(釋迦舍利塔)'이라고 한문 석각을 새겨 놓은 것이다. 그 큰 바위 전체가 진신사리를 비장한 사리탑이니 정확한 장소는 더더욱 알 수 없다.

오세암(五歲庵)도 자장 율사가 창건한 절이다. 이곳에서 조그마한 선실을 짓고 머물던 자장 율사는 관세음보살을 친견하고 '관음암'이라 이름하였다. 주위의 암봉들이 마치 연꽃잎처럼 둘러싸고 있어 깊고도 그윽한 암자다.

조선 초기까지 면면히 명맥을 이어오던 이 암자에 김시습(1435~1493)이 찾아들었다.

김시습! 5세에 『대학』, 『중용』을 공부하여 그 소문이 서울 장안에 파다하게 퍼지자 세종이 승지를 시켜 그 재주를 시험해 보고 크게 감탄했던 인물이 아닌가.

5살 신동이라 하여 '오세신동'이라 불

___ 김시습 초상(보물)

린 김시습은 21세 때 삼각산 중흥사에서 단종 폐위 소식을 듣곤 사흘 동안 통곡한 후 모든 서책을 불살라 버리고 스스로 머리를 자른 후 유랑의 길에 나섰다.

『백담사사적』에는 '세조 2년(1456) 김시습이 관음암에 와서 머리를 깎고 승복을 입었다'고 기록했다. 이해 6월 김시습은 사육신의 버려진 주검을 거두어 노량진에 묻었으니 그의 나이 22세였다. 이후 김시습은 주거지를 강원도에 두고 평양, 개성 등 관서 지방과 관동·호남 지방을 유랑하며 많은 글을 남겼다.

30세 되던 1464년에는 주거지를 경주 금오산(남산) 용장사로 옮기고 이곳에서 우리나라 최초의 한문소설 『금오신화』를 지었다. 세월이 흘러 세조, 예종이 죽고, 성종이 즉위하자 친지들의 권유로 서울 인근에 정착해 글쓰기를 계속했다.

44세가 되던 1478년에는 환속할 것을 결심, 새로운 부인을 맞고 가정을 꾸렸으나 49세 때 갑작스런 부인의 죽음을 맞았다. 김시습은 인생의 무상함을 뼈저리게 느끼고 다시 입산해 처음 출가했던 관음암으로 돌아온다. 한동안 관음암에 머물던 김시습은 다시 떠나 부여 무량사에서 한 많은 일생을 마치게 된다.

이 관음암을 '오세암'이라는 이름으로 바꾼 것은 인조 21년(1643) 이 암자를 중건한 설정 스님이다. 설정 스님은 고아가 된 조카를 데려다가 키웠는데, 어느 해 겨울 준비를 위해 양양으로 나가면서 4살 먹은 조카에게 혹 어려움이 있으면 '관세음보살'을 열심히 부르라고 당부했다.

그러나 심한 폭설로 설정 스님은 관음암에 들어올 수 없었고, 이듬해 눈이 녹을 즈음에 달려와 보니 조카는 건강하게 살아 있었다. 조카는 법당의 관세음보살상을 가리키며 '저 어머니가 언제나 찾아와서 밥도 주고 재워도 주

_설악산 오세암

고 놀아도 주었다'고 이야기했다. 그리하여 설정 스님은 '관세음보살이 5살 아이를 보살핀 영험 도량'이라는 의미로 절 이름을 '오세암'이라 한 것이다.

고종 33년(1896)에는 한정옥이 오세암으로 들어온다. 그가 바로 훗날의 한용운 스님이다. 한용운 스님이 태어난 시기는 조선 말기의 격변기였다. 임오군란(1882), 갑신정변(1884), 동학농민운동(1894), 을미사변(1895) 등 앞을 내다볼 수 없는 격동기에서 한용운 스님은 집을 떠나 오세암으로 들어왔다. 처음에는 절의

— 만해 한용운

일을 거들다가 출가하여 스님이 되었다. 불교의 기초 지식을 습득하고 선을 닦더니 넓은 세계에 대한 관심으로 절을 떠나 블라디보스토크, 시베리아, 만주 등을 여행하였다. 1905년 다시 입산한 스님은 설악산 백담사에서 연곡 스님을 은사로 정식으로 득도, '용운(龍雲)'이라는 법명을 받았다. '만해(卍海)'는 뒷날에 받은 법호다. 건봉사 등 선방에서 수행하면서도 마음의 의심을 풀지 못했던 한용운 스님은 1917년 12월 3일 밤 10시경 오세암에서 바람에 물건 떨어지는 소리를 듣고 비로소 마음 경계가 열렸다.

男兒到處是故鄕	남아가 가는 곳마다 고향인 것을
幾人長在客愁中	그 몇이나 나그네의 근심 속에 잠겨 있었나.
一聲喝破三千界	한 소리 크게 질러 삼천세계를 깨뜨리니
雪裡桃花片片紅	눈 속의 복사꽃이 조각조각 붉구나.

이듬해 서울로 올라온 한용운 스님은 월간지 『유심(唯心)』을 창간하고 다음 해인 1919년에는 3·1운동에 적극적으로 참여하게 된다. 그러다 3년의 옥중 생활을 마친 후 1925년에는 다시 오세암으로 들어와 선종의 깊은 뜻이 담긴 『십현담(十玄談)』을 주해한다. 이미 김시습이 이곳에 머물 때 『십현담』을 주해했는데, 수백 년이 지난 후 한용운 스님도 같은 곳에서 김시습의 『십현담요해』를 읽고 또 하나의 주해서를 쓰게 된 것이다.

오세암은 영험 기도처로서도 오랜 역사를 갖고 있지만 이처럼 불교계에 큰 영향을 끼친 인물들과의 인연도 깊은 암자다.

백담사는 앞에서 이야기했듯이 한계사가 여러 번 화재로 소실되면서 옮겨온 절이다. 화재를 예방하려고 절 이름에 못 담(潭) 자를 넣어 '백담사'라 하였지만 1915년 겨울밤에 일어난 화재로 다시 70여 칸 건물과 경전, 범종까지도 모두 사라졌다.

백담사는 다시 복원을 시작해 한용운 스님이 1928년 『백담사사적』을 쓸 때는 모두 복구가 끝날 무렵이었다. 1930년대 백담사 사진을 보면 긴 목조 건물에 나무 너와를 얹은 모습이 보인다. 하지만 이 백담사도 한국전쟁으로 다시 없어졌고 전쟁이 끝난 후 차츰 복원되면서 지금의 모습을 갖추게 되었다.

백담사는 한용운 스님이 이 절과 오세암을 오가며 「불교유신론」, 「님의 침묵」 등을 썼기 때문에 만해사상의 고향이 되었다. 근래의 백담사는 한용운 스님을 빼놓고는 이야기할 수 없는 사찰이다. 이런 인연으로 만해사상을 기리기 위해 만해마을과 만해박물관을 인근 용대리에 지었다.

그런데 정작 이 사찰이 일반에게 널리 알려지게 된 것은 전두환 대통령 때문이다. 노태우 대통령 정부 시절 5공 청산의 일환으로 전두환·이순자 부부가 1988년 11월 23일부터 1990년 12월까지 자의 반 타의 반 백담사에 칩거하면서 많은 사람들이 찾아오게 되었다. 일반인도 전임 대통령을 볼 수 있

__ 설악산 백담사

다는 점이 커다란 관광 이슈로 떠올랐던 탓이다.

내설악에는 조선시대에 창건된 사찰도 있다. 백담사에서 오세암으로 가는 길목에 있는 영시암(永矢庵)이다. 삼연(三淵) 김창흡(1653~1722)이 숙종 35년(1709)에 창건했다.

김창흡의 아버지는 김수항(1629~1689)이고, 김수항의 조부가 김상헌(1570~1652)이다. 김상헌은 병자호란 때 청나라에 항복하는 것을 끝까지 거부한 척화파의 거두였다. 인조가 삼전도에서 청 태종에게 항복한 후 김상헌은 소현세자와 함께 인질로 끌려가 6년간의 유폐 생활 끝에 소현세자와 함께 귀국했다. 그러한 강경한 기질은 손자인 김수항에게도 이어졌다.

김수항은 송시열과 함께 노론의 주도 세력이었는데 숙종이 인현왕후를 내치고 장희빈을 정비로 세우려 하자 극구 반대하였다. 결국 장희빈 편에 선 남인(南人)이 승리하면서 김수항도 진도에 유배되었다가 사약을 받고 죽었다.

___ 설악산 영시암

김수항은 아들 여섯 형제를 두었으니 곧 창집·창협·창흡·창업·창즙·창립이다. 모두 학문과 문장이 뛰어났기 때문에 세간에서는 이들 형제를 '육창(六昌)'이라고 불렀다. 이 중 셋째 김창흡은 아버지가 사사되자 형 창협과 함께 영평(지금의 포천)에 은거하였다. 철원의 삼부연(三釜淵)폭포를 좋아해 이 폭포에서 '삼연'이라는 호를 취했다.

— 김창흡 초상

김창흡은 세상에 다시 진출할 뜻이 없어 모친상을 치른 다음 숙종 31년(1705) 내설악 백담사로 들어와 3년을 머물렀다. 이후 영시암 터를 잡고 암자를 지은 것이다.

'영시(永矢)'는 '다시는 죽을 때까지 세상에 나가지 않겠다는 맹세'를 뜻한다. '시(矢)' 자는 '맹세한다'는 의미도 있기 때문이다. 또 화살은 한 번 시위를 떠나면 다시는 돌아오지 않으니 그 뜻도 함께 포함하는 이름이라 하겠다.

그러나 김창흡이 영시암에 머문 지 6년 뒤인 숙종 40년(1714) 11월에 음식을 담당하던 아낙이 호랑이에 물려 참변을 당했다. 김창흡은 춘천으로 떠난 뒤 쏜 화살처럼 다시는 돌아오지 않았다.

그 뒤 암자를 돌보는 이가 없어 폐허가 되려 하자 백담사에서 산내 암자로 가꾸어 왔으나 역시 한국전쟁 때 소실되고 말았다. 오랫동안 빈터로 있었던 곳을 백담사 주지 설봉 도윤 스님이 1992년부터 1994년까지 한국을 대표하는 서예가 삼 형제 일중 김충현, 여초 김응현, 백아 김창현의 후원을 받아 다시 복원했다. 이 형제들이 바로 김창흡의 후손들이었기 때문이다.

선종의 탯자리

대한불교조계종의 종조(宗祖)는 도의 국사다. 종조란 종단을 처음 일으킨 스님을 일컫는 말이다. 세간의 한 집안으로 치면 시조와 같은 의미다. 도의 국사는 760년경에 태어나 선덕왕 5년(784) 사신을 따라 당나라로 건너갔고 37년간을 중국에서 수행했다.

화엄종으로 출가한 스님이었지만 경전과 문자에 의지하지 않고 자기 마음을 바로 보아 단박에 깨친다는 선종에 이끌려 결국 서당 지장(735~814)의 문하에 들어가 비로소 깨달음을 얻고 마음의 의심 덩어리를 풀었다. 서당 지장은 '진실로 법을 전한다면 이런 사람에게 전하지 않고 그 누구에게 전하랴.'라고 말하면서 깨달음을 인가하고 법호를 '도의(道義)'라고 지어 주었다.

도의 국사는 헌덕왕 13년(821)에 귀국하여 서라벌에 들어가 선종을 소개하였으나 당시 신라 사회의 사상적 주도권은 교종이 쥐고 있었다. 교종은 경전의 가르침을 중시하였기에 선종의 파격적인 주장을 이해할 수 없었다. 결국 '타고난 성품이 곧 부처의 성품이며 중생도 깨달으면 바로 부처'라는 선종의 주장은 마귀의 말이라며 이단시되었다.

도의 국사는 인연이 아직 성숙하지 않았음을 알고 양양 진전사로 들어가 은거하면서 제자들을 길렀다. 그러나 선의 향기는 차츰 온 천하에 퍼졌고 많은 구도자들이 진전사로 몰려들었다. 최치원이 비문을 지은 봉암사 지증대사탑비(국보)에는 '도를 구하는

___ 도의국사진영

__ 양양 진전사지

이들이 개미 떼처럼 몰려들어 배우고 기러기 떼처럼 무리를 지어 떠났다'고 기록하고 있다.

도의 국사는 오직 염거 화상(?~844)에게 법을 전했고, 염거 화상은 보조 체징 스님에게 전법하였다. 보조 체징 스님은 희강왕 2년(837) 당나라로 건너가 여러 선사들을 친견한 뒤 '나의 조사가 전한 법 이외에 더 이상 구할 것이 없다'며 3년 만에 귀국한 후 전남 장흥 가지산의 보림사에 가지산문을 열었다.

도의 국사가 처음 선종을 전한 이래 신라 말에는 구산선문이 이루어졌고 선종의 가르침은 고려와 조선을 거쳐 지금의 대한불교조계종에 이르기까지 우리의 역사와 정신문화에 큰 영향을 미쳤기에 당연히 조계종단에서는 도의 국사를 종조로 모시게 된 것이다.

그러나 지금 도의 국사가 머물던 진전사 터에는 승탑 1기와 진전사지 삼층석탑(국보) 1기가 남아 있다. 도의국사탑비도 있었다고 전하지만 아무런 흔적도 없다. 진전사 터에 있었던 부도(승탑)는 일찍이 보물로 지정되있지만 '누구의 승탑인지 확인할 수 없었기에 '진전사지 부도'로 불려 왔다. 그러나 당시에는 아무나 부도를 세울 수 없었다는 점, 그리고 진전사 터에 유일하게 남아 있는 부도였기에 결국 도의 국사의 승탑으로 확정지었고, 지금은 '양양 진전사지 도의선사탑'(보물)으로 공식 명칭이 변경되었다.

도의선사탑은 우리나라 승탑의 시작을 알려 주는 탑이다. 선종이 등장하기 이전에는 석탑만 있었지 승탑은 존재하지 않았다. 우리가 역사 과목 시간에 배웠던 자장·의상·원효 대사 등 몇몇 고승의 승탑이 전해지지 않은 것도 같은 이유다.

그러나 선종의 고승은 다르다. 자기의 본래 성품을 깨달았다고 스승으로부터 인가를 받았기 때문에 부처님과 같이 존경의 대상이 된다. 반면 교종에

___ 양양 진전사지 도의선사탑(보물)

___ 전 흥법사 염거화상탑(국보)와 장흥 보림사 보조선사탑(보물)

서는 어느 스님도 부처님과 동격이 될 수 없었기에 입적 후에는 누구나 다비(화장)하여 승탑과 같은 흔적을 남기지 않았다.

도의 국사가 입적하자 제자들은 스승을 다비한 후 승탑을 모시기로 했겠지만 부처님 사리를 모신 석탑 형태로 조성하기에는 꺼려지는 부분이 있었다. 존경의 대상으로는 합당하지만 예경의 대상은 아니었기 때문이다. 제자들은 석탑에서 사각의 이중 기단을 빌려오고 그 위에 연꽃 좌대를 놓은 다음 팔각원당형 몸돌을 얹었다. 장소도 법당 구역을 벗어나 산 위 능선으로 정했다. 묘탑(墓塔)의 기능을 얹은 것이다.

이 승탑 양식이 제자인 염거 화상의 승탑에 이르면 부처님 좌대와 같은 팔각연화대좌 위에 팔각원당을 얹는 형식으로 바뀐다. 다시 보조 체징의 승탑에 가서는 완전한 팔각원당형 승탑으로 정착이 된다. 그래서 진전사 도의 선사탑을 우리나라 승탑의 시원으로 보는 것이다.

국보로 지정된 진전사지 삼층석탑은 신라 후기의 전형적인 석탑임을 쉽게 알 수 있다. 그 단서는 조각이다. 신라 석탑의 기준인 석가탑에는 아무런 조각이 나타나 있지 않지만 후기로 갈수록 많은 조각이 나타난다. 진전사지 삼층석탑에는 1층 몸돌 사방에 각각 부처님이 돋을새김으로 나타나 있고, 상층 기단 면석에는 팔부신중이 새겨졌다. 하층 기단으로 가면 특이하게도 면석 한 면에 천인(天人)이 2명씩 모두 8명이 앉아 있다.

신라시대 석탑에는 십이지(十二支)가 나타나는 경우가 많다. 하지만 천인들이 앉은 모습으로 새겨진 경우는 이 진전사지 삼층석탑과 남원 실상사 백장암 삼층석탑(국보) 2기뿐인 것으로 알려져 있다.

진전사지 삼층석탑은 이처럼 조각이 많이 나타나 있기에 신라 하대의 석탑으로 인정한다. 부처님이나 팔부신중의 조각이 매우 우수해 이 탑을 조성한 석공들의 솜씨도 뛰어남을 알 수 있다. 손상된 곳도 별로 없어 찬찬히 살펴

___ 양양 진전사지 삼층석탑(국보).
1층 몸돌 사방에는 부처님, 상층 기단 면석에는 팔부신중, 하층 기단 면석에는 천인이 새겨져 있다.

보게 되는 탑이 바로 이 석탑이다.

2000년 도의선사탑 인근을 발굴 조사한 결과, 탑을 세웠던 곳과 건물터 9개소, 대규모 축대 시설이 확인되었다. 여기에서는 고려·조선시대의 청자, 분청사기, 백자가 발굴되었다. 지연지세를 이용한 산지 가람으로 도의 국사가 주석한 진전사는 조선시대까지 오랜 기간 동안 이 지역의 중심 사찰로 법등을 이어 왔던 것으로 볼 수 있다. 『삼국유사』를 쓰신 일연 스님(1206~1289)이 출가하고 수행하던 사찰도 진전사였다.

한국불교에서 진전사가 갖고 있는 의미는 매우 각별하다. 근래에 속초 신흥사에서 옛 진전사 터에 새로 전각을 세우고 수행 도량으로 가꾸어 나가는 것은 이러한 중요한 역사적 배경이 있기 때문이다.

___ 전쟁의 포화 속에서도 살아남은 고찰, 영혈사

설악산 관모봉 아래에는 또 하나의 고찰이 있으니 신라시대에 창건된 영혈사가 그 주인공이다. 법당 서쪽에 '영천(靈泉)'이라는 샘물이 있어 '영혈사(靈穴寺)'라 했지만 애석하게도 신라시대와 고려시대의 기록이 전무하다. 조선시대 들어와 숙종 16년(1690) 취원 스님이 절을 중건하고 절 이름을 '영천사'로 바꾼 적도 있었으나 고종 24년(1887) 지화 스님과 도윤 스님이 퇴락한 절을 중수하고 다시 '영혈사'로 고쳤다. 이때 중수한 절은 원통전과 선실, 요사채를 겸한 건물 2채뿐이었지만 일제강점기에도 건봉사의 말사로서 명백을 잘 유지했다.

한국전쟁 발발 이전, 이 지역은 북한의 관할 구역으로 삼팔선에 가까운 접경 지역이어서 북한군의 탄약 창고가 되었다. 그런 이유 때문에 원통전에 모셔졌던 관세음보살상이 계곡에 버려졌다. 그런데 절 아랫마을 파일리에 사는 김선녀 씨와 그녀의 며느리 김필녀 씨가 산나물을 채취하러 왔다가 우연

___ 양양 영혈사 원통전. 뒤로 보이는 극락보전 자리가 본래 원통전 자리였다.

___ 양양 낙산사 건칠관음보살좌상(보물)

히 관세음보살상을 발견했고, 그날 밤중에 아무도 모르게 집으로 모셔왔다. 이후 3년 6개월 동안 관세음보살상은 이 집 벽장에 숨겨져 있었다.

한국전쟁이 일어나고 설악산 전투가 벌어졌지만 산중 깊은 곳에 있는 사찰임에도 영혈사는 용케 화를 면했다.

그 사이 어처구니없는 일이 벌어졌다. 바닷가 절인 낙산사가 미군의 오폭으로 불에 타 버린 것이다. 당시 1군단장이었던 이형근 중장이 낙산사 원통보전과 종각을 복원하면서 법당에 모실 보살상을 물색하다가 김선녀 씨 집에 영혈사 관세음보살상이 모셔져 있는 것을 알고 이 보살상을 낙산사로 이운하게 되었다. 지금 낙산사 원통보전에 있는 관세음보살상이 이때 모셔 간 보살상으로 공식 명칭은 양양 낙산사 건칠보살좌상(보물)이다.

'건칠불'이란 종이나 삼베로 만든 불보살상으로 속이 비어 있기 때문에 몹시 가볍다. 화재와 같은 긴급 상황에서 쉽게 대피시킬 수 있는 장점이 있다. 그랬기 때문에 김선녀 씨 집으로 무사히 모시고 갈 수 있었던 것이다.

영혈사에서는 중심 법당이었던 원통전이 앉았던 자리에 다시 극락보전을 새로 짓고 원통전은 아래 마당으로 옮겨 놓았다. 원통전 안에는 관세음보살상이 없이 순조 21년(1821)에 조성된 후불탱화만 덩그러니 남아 있다. 관세음보살상과 함께 한 짝을 이루었던 것이나 한국전쟁의 와중에 탱화만 남게 되었으니 전쟁의 후유증은 산속 암자도 예외가 아니었던 것이다.

___ 영혈사 원통전에 모셔진 아미타불도

___ 금강굴에서 천불동을 보다

외설악에 처음 절을 지은 이는 자장 율사다. 자장 율사는 봉정암에 진신사리를 봉안했으니 자연스럽게 지금의 외설악 설악동을 드나들었을 것이다. 스님은 지금의 설악동 입구 켄싱턴호텔 자리에 '향성사'라는 절을 지었다. 진덕왕 6년(652)의 일이다. 하지만 향성사는 효소왕 7년(698)에 화재로 모두 타 버렸다. 그 자리에는 길옆에 석탑만 1기 남아 있는데 '속초 향성사지 삼층석탑'(보물)이라 부른다.

3년 뒤인 701년 의상 대사가 향성사 터에서 2킬로미터 정도 올라간 능인암 터에 '선정사(禪定寺)'라는 절을 지었다. 능인암도 자장 율사가 지은 암자인데 역시 불에 타 버렸었다. 의상 대사는 낙산사를 창건하였으니 그 인근인 설악산에 들어왔을 터이고, 설악산은 석가모니 부처님이 6년 고행을 한 설산이라고도 불렀으니 그렇게 선정을 닦은 산이라고 하여 절 이름을 '선정사'로 지

___ 속초 향성사지 삼층석탑(보물)

은 듯하다.

그러나 701년은 의상 대사가 입적하기 바로 전 해로 대사의 나이는 77세 때였다. 아마도 의상 대사의 제자 중 그 누군가가 선정사를 세우고 스승을 창건주로 한 것은 아닌지 모르겠다. 지금도 절을 세우면 자신을 앞세우기보다 스승님을 창건주로 모시는 아름다운 전통이 절집에 내려오고 있지 않은가.

어찌 되었든 선정사는 이후 천 년 가까이 법등을 이어 왔고 임진왜란, 병자호란도 큰 피해 없이 지나갔다. 하지만 인조 20년(1642) 또 한 번의 화재로 완전히 폐허가 되었다. 숙식할 곳이 없으니 대중들도 산지사방으로 다 흩어졌다.

그러나 절의 중창을 발원하며 설악산을 떠나지 않은 스님들이 있었다. 영서, 연옥, 혜원, 이 세 스님은 인조 22년(1644) 어느 날 똑같은 꿈을 꾸었다. 비범한 신인(神人)이 나타나 절터를 점지하며 '만대에 이르도록 재앙을 면하고 널리 불법을 펼 수 있는 자리'라고 말한 것이다.

세 스님은 이 신이한 꿈을 똑같이 꾸고 나서 복원 불사에 매진했고, 3년 뒤 지금의 신흥사가 세워졌다. '신흥사(神興寺)'란 신인이 터를 잡아 주어 다시 일어난 절이라는 의미이다. 이후 신흥사는 중건과 중수를 거듭하면서 외설악의 중심 사찰로 굳건히 자리를 지켜 왔다.

── **사라질 뻔한 신흥사의 문화유산**

한국전쟁 당시 신흥사는 북한의 관할 지역에 있었다. 그러던 1950년 늦가을 북진하던 국군이 신흥사에 진주하니, 임시 연대 본부가 이곳에 설치되었다.

추운 날씨에 언 몸을 녹이려고 본부 중대 병사들은 절 안팎 여기저기에 모닥불을 피웠다. 그런데 문제가 생겼다. 병사들이 장작이나 나뭇가지를 태우는 게 아니라 신흥사의 불경 목판을 가져다가 돌, 도끼, 삽으로 마구 부숴 훨훨 타는 모닥불에 던진 것이다.

이때 이 모습을 목격한 장교가 있었다. 통일이 되든 안 되든 한겨레의 문화유산이 불길 속으로 사라지는 것을 본 장교는 부 연대장에게 달려가 상황을 설명하고, 귀중한 문화재이니 즉시 불을 끄고 모든 경판을 회수하도록 지시할 것을 종용했다. 결국 물을 부어 불을 끄고 타다 만 조각까지 회수해 경판 수장고에 다시 두도록 하였으니, 이 장교가 한양대학교에 재직하면서 『전환시대의 논리』, 『우상과 이성』, 『대화』 등을 집필한 리영희 교수다.

현재 신흥사에 남아 있는 경판은 모두 280매. 이는 1650년에서 1659년 사이에 판각된 것으로 한자, 한글, 범어(산스크리트)로 새겨진 귀중본이었다. 물론 이 경판들은 지금 강원도 유형문화재로 지정되어 있다.

신흥사에서는 인조 때 짓고, 영조 때 중수한 극락보전(보물)이 볼 만하다.

___ 설악산 신흥사 경판

___ 속초 신흥사 극락보전(보물)

정면 3칸, 측면 3칸의 건물로 석축과 계단에서부터 건물의 문살, 공포에 이르기까지 정교하고 섬세하게 짜여 있다. 이는 신흥사가 영동 지방의 중요한 왕실 원당 사찰이었기 때문이다.

한국전쟁 때 없어진 용선전(龍船殿)은 본래 정조의 만수무강을 기원하는 축성전(祝聖殿)으로 지어졌다가 정조가 붕어한 후에는 기제사와 탄신 불공을 올리는 전각이 되었다. 또 영조와 영조의 정비인 정성왕후의 기일에도 제사를 모셔 왔고, 영조의 계비인 정순왕후 김씨도 이 절에 많은 후원을 하였음이 확인되고 있다.

이렇듯 왕실과의 인연이 깊어 신흥사 승탑군의 비석에 당대의 명필들인 배와 김상숙(1717~1792), 송하 조윤형(1725~1799), 표암 강세황의 필적 또한 남게 되었을 것으로 짐작된다.

한편 신흥사 극락보전의 석축과 계단은 조선 후기의 작품 중에서 손꼽히는 명작으로 꼽힌다. 이 석물이 조성되는 데는 양양부사의 도움이 있었다. 53세의 늦은 나이로 문과에 급제하여 양양부사로 와 있던 오봉원(1702~?)이 영조 33년(1757) 봄에 신흥사로 유람을 왔다가 법당 건물에 비해 축대와 계단이 부실한 것을 보고 이의 개축을 권고하면서 후원을 약속했다. 이에 홍징, 홍운 두 스님이 이 역사를 맡아 5년 여의 공사 끝에 영조 37년(1761)에 완공시켰다. 이 석축에 대해 신흥사의 고승이었던 용암 체조(1714~1779) 스님은 '팔도의 여러 사찰에서도 볼 수 없는 석조 계단'이라고 자랑스럽게 기록했다.

　실제로도 3칸에 5단으로 되어 있는 중앙 계단의 양쪽 끝 소맷돌은 용의 등처럼 휘었고, 정면에는 용머리를 입체적으로 구수하게 만들었다. 소맷돌 옆면에는 용의 정면상과 안상, 삼태극 문양을 새겨 넣어 빈 공간이 없을 정도로 온갖 멋을 내었다. 석축 왼쪽 끝에는 모란화병도 새겨 넣었다.

　이처럼 극락보전 법당 돌계단의 소맷돌이 용머리이니 법당에 반야용선(般若龍船)의 이미지를 부여한 것이다. 극락으로 가는 배는 용이 호위하는 것으로 되어 있어 '용선'이라고도 부르니 죽은 영가뿐 아니라 삶에 지친 고단한

___ 속초 신흥사 극락보전 계단의 소맷돌 측면과 용머리 조각

___ 속초 신흥사 극락보전 보머리의 청룡과 황룡 조각

중생들도 극락으로 인도할 배가 완성된 것이다.

극락보전 건물도 요소요소 살펴볼 것이 많은 법당이다. 우선 외부 정면에는 청룡·황룡 조각이 눈에 띈다. 여느 절처럼 청룡·황룡 머리를 조각해서 끼워 넣는 방식이 아니라 튀어나온 보머리에 청룡·황룡을 그대로 조각했다. 또 공포의 끝에는 목숨 수(壽) 자를 전부 써 놓았다. 왕실의 수명 장수를 빌기 위한 뜻일 것이다.

창호도 꽃문살로 화려하게 장식했고, 특히 오른쪽 옆문 문살에는 꽃 위에 내려앉은 파랑새, 호랑나비가 보이며, 거북이와 물고기도 보인다. 다양하고 아름답게 조각해서 한 번 더 돌아보게 된다.

법당 내부의 목조아미타삼존좌상(보물)도 인조 연간에 조성된 작품으로 상호가 원만하고 후덕하다. 한편 우물천장에 정성껏 꾸며진 금박 연꽃 무늬가 볼만하다. 자세히 보면 연꽃 가운데와 주위의 6개 원 속에는 「법성게」가 한 구절씩 들어가 있다. 주상전하와 왕비의 만수무강을 기원하는 내용도 있다. 역시 왕실과의 인연을 살펴볼 수 있는 귀중한 법당이다.

___ 속초 신흥사 목조아미타여래삼존좌상(보물)

___ 외설악의 토굴 수행처

외설악에는 이름난 토굴 수행처가 2곳 있다. 한 곳은 계조암이고, 또 한 곳은 금강굴이다. 다 바위굴로 되어 있으니 정확하게는 석굴 수행처다. 계조암은 거대한 울산바위를 배경으로 목탁바위에 뚫려 있는 천연 석굴을 법당으로 삼은 암자다. 자장 율사가 이 석굴에 머물며 향성사를 지었고, 이후 원효·의상 스님 등 고승들이 수행했기 때문에 조사(祖師)들이 계속 이어진 암자라 해서 '계조암(繼祖庵)'이라는 이름이 붙었다.

금강굴은 비선대에서 6백 미터만 더 오르면 되지만 만만한 길이 아니다. 가파른 경사의 계단길이다. 고소공포증이 있으면 더 어려울 수 있다. 하지만 금강굴은 더 높이 오르지 않고도 설악산을 전부 품에 안을 수 있는 명소다. 천불동계곡을 한눈에 조망할 수 있을 뿐 아니라 집선봉, 권금성, 화채봉, 공룡능

___ 설악산 계조암과 흔들바위

선, 천화대능선 등을 골고루 감상할 수 있기 때문이다.

금강굴을 품고 있는 암봉을 보통 '장군봉'이라 부른다. 그만큼 설악산 암봉 중에서도 우람하고 헌걸차게 솟았다. '암봉 중의 장군'이라는 뜻일 것이다. 하지만 절집에서는 '미륵봉'이라고 부른다. 용암 체조 스님이 지은 글 중에는 '신흥사에서 10리쯤 위에 홀로 빼어난 천길 봉우리가 있으니 곧 미륵봉이다. 사람이 쉽게 올라가지 못하는 높은 곳에 한 굴이 있어 '금강굴'이라 하며 '비발라굴(毘鉢羅窟)'이라고도 한다. 『화엄경』에 이르기를 가섭존자가 금란가사와 발우를 가지고 비발라굴에서 미륵보살이 출현하시기를 기다린다고 하였다'는 내용이 있다.

석가모니 부처님 당시 제자인 마하가섭이 수행하던 동굴이 바로 비발라굴, 즉 핍팔라굴(pippala cave)이다. 곧 사찰에서는 장군봉을 '미륵봉'이라고 불

___ 금강굴로 이어진 계단

___ 금강굴에서 바라본 설악산

렸고, 금강굴을 마하가섭이 미륵불을 기다리는 신성한 곳으로 믿어 왔던 것이다.

해발 6백 미터 높이에 길이가 13미터, 면적은 23제곱미터에 이르는 작은 석굴 금강굴 내부엔 작은 샘이 난다. 신라시대의 원효 스님이 수행하던 굴이라고도 알려졌는데 이후에도 수행자들이 계속 머물며 마음을 닦던 곳이다. 굴 안에서 토기 등 생활 용구와 석불좌상이 발견된 것만 보아도 알 수 있다. 1980년대에도 금강굴에서는 한 스님이 수행하며 살고 계셨다.

금강굴에 오르면 원효 스님이 쓴 『발심수행장』의 한 구절이 떠오른다.

助響巖穴 爲念佛堂　메아리 울리는 바위 굴을 염불하는 불당으로 삼고
哀鳴鴨鳥 爲歡心友　애처로이 우는 기러기 소리를 기쁜 마음의 벗으로 삼으라.

이 구절이 떠오른 건 비단 나뿐만이 아닐 것이다.

전라남도 화순·나주

천불 천탑의

염원과

천년 고을의

풍모

법의 향기를 오래 전하다

광주 무등산 남쪽에 자리한 화순군은 전라남도 한가운데 어름에 자리한, 산이 많고 들은 적은 고장이다. 지금의 화순군은 조선시대 화순, 능주, 동복이 합쳐진 곳이다. 인조반정(1623) 이후 인조의 모친 능성 구씨를 왕대비로 추존하면서 왕대비의 관향인 능주현을 목(牧)으로 승격시켰다. 따라서 관직이 높은 능주목사가 화순현감과 동복현감을 거느리고 이 지역을 다스렸다. 이후 일제강점기인 1914년에 행정 개편을 통해서 세 지역을 합쳐 화순군이 만들어졌다.

화순 하면 먼저 떠오르는 인물은 이곳에서 태어난 인물이 아니라 이곳에 와서 죽은 인물이다. 중종 때 급진적 도학 정치를 추진하던 정암 조광조가 기묘사화를 당해 능주면 남정리로 귀양을 왔다가 사약을 받고 죽었다. 후에 복권되어 영의정에 추증되면서 능주에는 조광조 적려유허지가 남게 되었다.

또 한 명의 인물은 김삿갓 김병연이다. 자신의 조상을 시로서 욕보인 후 스스로 죄인을 자처하며 죽장에 삿갓 쓰고 전국을 방랑하던 김삿갓은 화순 땅 동복에서 한 많은 일생을 마쳤다.

이곳에서 태어난 인물로는 최경회(1532~1593)가 있다. 능주 출신으로 임진왜란 때 의병을 일으켜 왜군의 전라도 침입을 막는 데 힘을 보탰다. 1593년 제2차 진주성 전투가 발발하자 3백 명 병사들을 이끌고 진주성에 들어가 항쟁하다가 자결했다. 최경회의 부실이 바로 촉석루에서 왜장을 껴안고 남강에 투신해 죽은 논개다. 화순읍 다지리에 있는 그의 사당엔 논개의 영정도 모시고 있다.

화순에는 문화사적으로 아주 중요한 유적들이 있다. 쌍봉사와 운주사, 그리고 고인돌 유적이다. 특히 쌍봉사는 그 역사가 깊고 귀중한 문화재가 남아 있는 데다 중요한 인물들이 얽혀 있어 꼭 둘러보아야 할 명찰이다.

__ 화순 쌍봉사

쌍봉사는 이양면 증리에 있다. 이양 삼거리에서 보성 쪽으로 가다가 매정리에서 왼쪽으로 쌍봉사 가는 길이 갈라진다. 전에는 기묘사화 때 조광조를 두둔하다가 은거한 학포 양팽손의 고향인 쌍봉마을 초입에서 좁은 다리를 건넌 후 산간 구릉 길을 구비구비 돌아갔다. 작은 논밭들 사이로 지나가는 길은 절이라곤 있을 것 같지 않은 풍경이었지만 홀연히 쌍봉사 삼층목탑의 윗부분이 나타나며 순례객을 맞이했다.

그러나 이제는 마을 우회도로를 시원하게 뚫어 놓았고, 굽은 산길도 쭉쭉 펴 놓아 옛길의 풍취는 많이 줄었다. 게다가 쌍봉사 아래쪽 계곡을 막아 큰 저수지까지 만들어 놓으니 격세지감을 아니 느낄 수 없다. 그래도 쌍봉사는 여전히 고즈넉한 산중 고찰이다. 정확한 창건 연대는 알 수 없지만 구산선문의 하나인 동리산문을 곡성 태안사에서 개창한 혜철 선사(785~861)가 신무왕 1년(839)에 귀국해 쌍봉사에서 하안거를 지냈다는 기록이 있어 그 이전에 이미 절이 있었음을 알 수 있다.

쌍봉사를 크게 일군 이는 철감 선사(798~868)다. 선사의 법명은 '도윤'이며, 호는 '쌍봉'이다. '철감'은 스님이 입적한 뒤 신라 조정에서 내려준 시호다. 인근에 두 봉우리가 나란히 솟아 있어 절과 마을의 이름이 되었고, 스님의 호가 되었다.

철감 선사는 헌덕왕 17년(825) 당나라에서 남전 보원 선사(748~834)에게서 인가를 받았다. 선사는 남전 보원 선사가 입적한 후에도 계속 당나라에 머물다가 13년 뒤인 50세 때에 귀국했다.

그러고는 곧장 금강산으로 들어가 장담사에 머물며 제자들을 길렀으니, 그중 한 명이 징효 대사다. 금강산에서 철감 선사의 인가를 받은 그는 구산선문의 하나인 사자산문을 영월 사자산 흥녕선원(지금의 법흥사)에서 열었다. 곧 사자산문의 시조는 철감 선사인 셈이다.

__ 화순 쌍봉사 호성전. 이 전각은 철감 선사와 중국 조주 종심 선사의 진영을 모시고 있다.

철감 선사가 58세 되는 문성왕 17년(855) 봄, 왕이 사신을 보내 서남 지역 백성들을 위무해 주기를 청하였다. 완도를 중심으로 제해권을 장악하고 있던 장보고가 피살되어 어지러워진 정국이 조금 가라앉자 이 지역 민심을 안정시킬 목적으로 선사들의 이거를 요청하였던 것이다. 보조 체징 선사가 헌안왕 3년(859) 장흥 보림사에 구산선문의 하나인 가지산문을 연 것도 이때의 일이다.

철감 선사는 결국 쌍봉사로 들어와 주석하며 제자들을 기르고 주변을 교화하다가 경문왕 8년(868) 4월 18일에 홀연히 열반에 든다. 이때부터 쌍봉사는 사자산문의 본향으로서 흥망성쇠를 거듭하며 지금까지 법향을 이어오고 있다.

고려시대에는 최씨 무신정권과도 인연을 맺게 된다. 1대 집정인 최충헌이 죽자 그 권력을 아들 최우가 물려받았다. 최우는 첩에게서만 두 아들을 두었는데 그는 두 아들을 모두 송광사의 진각 국사에게 출가시켰다. 첫째는 법명이 '만종(萬宗)', 둘째는 '만전(萬全)'이었다. 두 아들은 각각 산청 단속사와 화순 쌍봉사에 머물렀는데 그 횡포가 심해 백성들의 원성이 자못 높았다.

그러나 최우는 후계자가 없던 터라 결국 쌍봉사의 만전을 불러들여 '최항'(?~1257)으로 이름을 고치고 권력을 물려주게 된다. 최씨 무신정권의 3대 집정이 된 것이다. 이 역사적 사실만 보아도 당시의 쌍봉사가 얼마나 비중 있는 사찰이었는지를 알 수 있다.

조선시대 숭유억불의 시대에도 쌍봉사는 계속 명맥을 유지했다. 세조는 치세 3년째인 1457년 8월 전라도 능성 쌍봉사에 교지를 내려 '감사와 수령은 전에 내린 전지(傳旨)에 의거해 쌍봉사를 잘 보호하고 (스님들의) 잡역을 감면하라'고 명령하였다. 이 「능성 쌍봉사 감역교지」(보물)는 동국대학교에 소장되어 있다.

정유재란으로 소진된 쌍봉사는 다시 중건되었지만 점차 불교의 위상이 낮아지면서 조광조와 양팽손 등의 위패를 모시는 죽수서원의 예속 사찰이 되

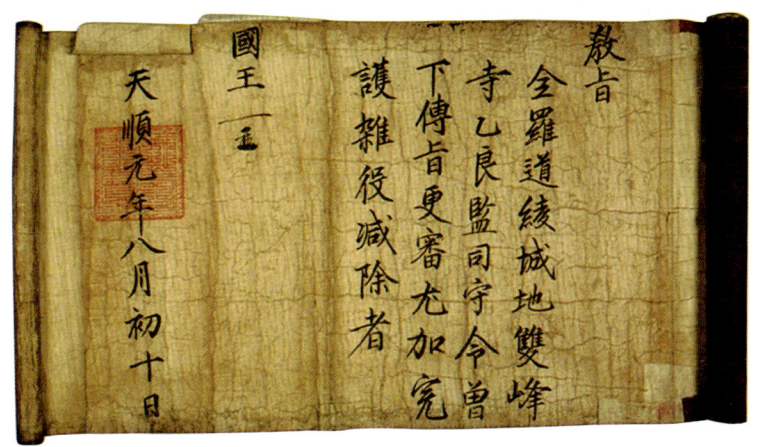

＿ 능성 쌍봉사 감역교지(보물)

었다. 그래도 정조 10년(1786) 이조판서 김종수가 사적비를 쓸 때까지만 해도 전각과 누각, 암자 등 총 4백여 칸의 건물이 있었다고 하니, 과거 쌍봉사의 규모를 짐작할 수 있다.

1800년 정조가 붕어하고 안동 김씨 문중이 모든 권력을 장악한 후 매관매직과 관리들의 가렴주구로 백성들의 살림은 급격히 쪼그라들기 시작했다. 서원과 양반의 횡포도 가세했다. 민간의 살림이 어려워지면 사찰의 살림도 어려워질 수밖에 없다. 이러한 상황에서 1824년 11월 무너진 쌍봉사 나한전을 다시 복원할 여력이 없었는지 나한상들은 장성 백양사로 옮겨 가게 된다. 석조 나한상 241구, 목조 나한상 200구, 소조 나한상 32구, 석조 사자상 3구, 목조 수문장상 2구 등 총 478구를 옮겨 갔다고 기록되어 있다.

일제강점기 들어와서도 7~8동의 건물이 남아 있던 쌍봉사는 1980년대에 이르면 대웅전으로 쓰고 있는 삼층목탑과 극락전, 명부전, 요사채 등 4동의 건물만 남아 있었다. 당시 산속 깊은 절은 신도도 별로 없는 가난한 절로 퇴락할 대로 퇴락해 있었다.

그 사이 안타까운 사건이 발생하였으니, 1984년 4월 3일, 쌍봉사를 지키던 두 비구니스님이 초파일 준비로 출타한 사이 대웅전에 불이 났다. 신도가 촛불을 켜 둔 채 그냥 나오는 바람에 불이 법당으로 옮겨 붙었던 것이다. 불을 끌 사람도 없었다.

그때 들에서 일하던 한 농부가 불길을 보고 뛰어 왔으니, 생각할 겨를 없이 양은솥을 머리에 뒤집어쓰고 불길 속으로 뛰어들어 석가모니삼존불을 차례로 들어내 모셨다. 목조 석가모니불상과 가섭존자상, 아난존자상은 이렇게 기적적으로 화마 속에서 구출되었다.

희한하게도 높이 걸려 있던 대웅전 편액도 손상을 입지 않고 살아남았다. 또 신기한 건 후일 그 농부가 대웅전에서 밖으로 모신 불보살상을 들어 보려고 했으나 결국 들지 못했다는 것이다. 보통 때는 없었던 힘도 비상하게 나타날 때가 있으니 불보살님을 구하려는 마음이 그런 힘을 내게 했을 것이다.

쌍봉사가 지금의 차분한 모습으로 탈바꿈한 것은 송광사 출신의 관해 스님 덕분이다. 관해 스님은 1993년, 주지도 없고 돌보는 신도도 없는 쌍봉사에 참배하러 오셨다가 스스로 주지를 맡았다. 지역의 교화를 위해 어린이법회, 청년법회를 열고 정부의 지원을 받지 못하는 노인들을 위해 양로원도 만들었다.

절을 도량답게 가꾸는 일에도 정성을 쏟아 쌍봉사는 점차 정갈하고 단정한 품위를 갖게 되었다. 초췌하기까지 했던 고찰을 반듯하게 일으켜 세운 관해 스님은 12년 뒤인 2004년 미련 없이 쌍봉사를 떠났다. 떠나면서 남기신 말씀에 지금도 여운이 남는다.

"수행자에게 집착이 있으면 안 되니 괜히 찾으려 하지 마십시오."

__ 화순 쌍봉사 대웅전 목조삼존불상

___ 명작들이 함께 모이다

　임진왜란으로 조선의 사찰들은 큰 피해를 입었다. 특히 전라도는 정유재란으로 왜군이 이 지역에 처음 진출하면서 승군의 근거지가 되는 모든 사찰을 불태웠다. 임진왜란 이전의 전각으로는 강진 무위사 극락전과 장흥 보림사 사천왕문만 남았을 정도였다.

　쌍봉사도 불길 속으로 사라졌다. 하지만 전쟁이 끝난 후 차례대로 전각을 복원했고, 삼층목탑도 세웠다. 일제강점기에 이르러 남한에 남아 있는 목탑은 보은 법주사 팔상전과 쌍봉사 대웅전이 유일했다. 그만큼 귀중한 문화재였다. 또 해체 수리 시에 나온 상량문 등에 따르면 이 건물은 인조 6년(1628) 처음 중건했고 숙종 16년(1690), 경종 4년(1724) 거듭 중창했음도 알게 되었다. 확실한 기록들도 갖고 있어 국보로 승격될 자격이 충분한 문화재였던 것이다.

　그러나 당시 보물로 지정되어 있던 이 목탑이 신도의 실수로 순식간에 잿더미로 변했다. 다행스럽게도 1962년 10월에 대웅전을 해체 수리하며 실측 조사를 하였기에 불이 난 다음 해인 1985년 10월에 복원 공사를 시작하여 1986년 12월 30일에 준공하였다. 지금 쌍봉사의 대웅전은 이때 복원된 건물이다.

　불타기 이전의 옛 사진을 보면 목탑의 3층 지붕이 팔작지붕이었으나 다시 복원하면서 사모지붕으로 바꾸었다. 사실 팔작지붕이기 이전에도 정자에 많이 쓰이는 사모지붕이었지만, 1층을 대웅전으로 쓰기 위해 팔작지붕으로 바꾸었을 것으로 추측되었기 때문이다. 그리하여 원래의 모습대로 복원하고자 사모지붕으로 바꾼 것이다. 하지만 화재 이후 새로 지은 대웅전은 이전의 대웅전처럼 의젓하고 경쾌한 상승감이 조금 부족한 듯 느껴진다. 한옥 건축에서 추구하는 날아오르는 듯한 선, 버선코 같은 선에 못 미치기 때문일까? 아니면 새로 지었기 때문일까?

__ 화순 쌍봉사 대웅전

뭐니 뭐니 해도 쌍봉사의 대표적인 유물은 철감선사탑(국보)이다. 누구나 인정하는 국보 중의 국보다. 철감선사탑으로 가려면 지장전 왼쪽의 언덕길을 올라가야 한다. 길 양쪽으로는 대나무와 차나무, 동백나무가 가꾸어져 있다. 언덕길 위 평평하게 닦은 대지에는 철감선사탑과 철감선사탑비(보물)가 나란히 자리 잡고 있다.

우선 철감선사탑은 승탑의 기본 양식인 팔각원당형에 충실하다. 비록 상륜부는 없어졌지만 목조 건축 양식을 엿볼 수 있는 귀중한 자료다. 도굴꾼들이 사리장치를 훔쳐 가려고 지붕돌을 쓰러트리는 바람에 파손된 부분이 많아 마음이 안쓰럽다. 1957년에야 다시 짜 맞추었으니 혼란의 시대에 돌보는 사람도 없었을 것이다.

지붕돌에서 온전히 남아 있는 지붕 끝부분을 보면 연꽃 무늬 암막새 기와 조각이 또렷이 보인다. 그렇게 작고 둥근 돌 표면에 어떻게 연꽃 무늬를 일일이 새겨 넣었을까? 섬세한 기술력에 절로 감탄사를 연발하게 된다.

지붕돌의 아래쪽 서까래에는 부연(副椽, 짧은 서까래)도 달려 있다. 처마를 깊게 할 목적으로 설치하는 부연은 보통 네모난 목재를 쓴다. 처마를 한 번 더 내밀었다고 해서 겹처마라고 부르는 방식이다. 곧 신라시대에도 겹처마를 쓰고 있었다는 확실한 증거물이다.

___ 화순 쌍봉사 철감선사탑(국보)

___ 철감선사탑 지붕돌. 지붕 끝의 연꽃 무늬와 서까래의 부연도 표현되어 있다.

전국의 승탑을 답사하다 보면 저절로 명자들을 간추리게 된다. 씩씩하고 힘찬 승탑은 여주 고달사지 승탑(국보)을 꼽는다. 새색시같이 조신하고 단아한 승탑으로는 구례 연곡사 동승탑(국보)을 들 수 있다. 팔각원당형이 아닌 승탑으로는 원주 법천사지 지광국사탑(국보)과 여주 신륵사 보제존자 석종(보물)이 우선 손꼽힐 것이다.

이에 더불어 섬세하고 화려한 승탑으로는 철감선사탑이 첫 손에 꼽힌다. 철감선사탑은 맨 아래쪽 운룡문 조각에서부터 지붕돌까지 치밀한 구성과 세련된 솜씨가 어느 곳 하나 어설픔이 없다. 사자 8마리도 그 자세가 다 다르고 음악을 연주하는 여덟 가릉빈가도 그 모습이 제각각이다. 신라인들의 구상력과 기술력은 지금도 흉내 내기 어려운 최상승의 기량이다. 각 부분의 조각을 살펴보노라면 그 정치하고 아름다운 솜씨에 저절로 숨결을 고르게 된다.

___ 철감선사탑에 새겨진 가릉빈가와 사천왕

그 옆에 있는 철감선사탑비(보물)도 명작이다. 비록 철감 선사에 대한 기록을 써 넣은 비신은 없어졌으나 남아 있는 귀부와 이수만으로도 충분히 순례객을 감동시킨다. 큼직한 여의주를 입에 물고 있는 거북이는 지금 열심히 앞으로 나아가는 중이다. 정면으로 뻥 뚫린 두 콧구멍에서는 뜨거운 콧김이 막 쏟아져 나오는 듯하다. 더욱 압권인 것은 두툼한 오른쪽 앞발이다. 왼발로 기어가는 동작을 끝내고 이제 막 오른발을 치켜들어 앞으로 나아가려는 자세를 확실히 취했다. 곧추 세운 발톱에서 거북이의 억센 기운과 의지가 읽힌다. 섬세한 조각에 역동성을 가미한 것이다. 전국에 흩어져 있는 비석의 귀부 중에서 우수작으로 꼽는 귀부가 바로 철감선사탑비의 귀부다. 예술성이 뛰어난 승탑에 어울리는 귀부인 셈이다.

철감선사탑에서 내려오면 제일 먼저 만나는 법당이 '지장전'이다. 여기에 모셔진 지장보살님은 지옥의 중생이 모두 없어질 때까지 성불을 미룬 보살님이다. 불교에서는 저승세계를 '명부(冥府)'라고 부르는데, 이승을 떠나 저승에 들어온 중생들의 죄를 심판하는 재판소이다. 여기에서 재판을 담당하는 10명의 왕이 있으니, 그들이 바로 '시왕(十王)'이다. 이런 점 때문에 다른 사찰에서는 지장전이라는 이름 대신 '명부전' 혹은 '시왕전'이라 부르기도 한다.

그럼 명부의 왕은 어떤 얼굴이어야 하나? 이 세상의 왕은 덕스럽고 인자해야 하며 위엄이 있어야 한다. 사사로운 정과 이익에 이끌려서는 안

__ 화순 쌍봉사 철감선사탑비(보물)

__ 화순 쌍봉사 지장전

된다. 올바른 판단력으로 매사를 처리하는 지혜도 있어야 한다. 거만하거나 허세를 부려서도 안 되고, 힘으로 위압해서도 안 된다. 인간으로서 갖출 수 있는 최고의 덕성을 갖추어야 하며, 그러한 인품이 얼굴에 담겨야 훌륭한 왕이다.

저세상의 시왕도 마찬가지다. 명부의 왕이라고 해서 위압적으로만 보여서는 안 된다. 이승의 왕처럼 인자함과 위엄을 고루 갖추어야 한다. 그러한 면에서 쌍봉사 지장전 시왕상은 또 하나의 명작이다. 물론 '쌍봉사 목조지장보살삼존상 및 시왕상 일괄'이라는 명칭으로 국가 지정 보물로 등재되어 있다.

지장전 존상들은 현종 8년(1667) 우두머리 조각승 운혜 스님이 11명의 화사(畵師)스님들과 함께 나무로 조성했다. 지장삼존부터 장군상까지 모두 20구가 모셔져 있다. 원래 23구를 조성했는데 사자상 1구와 동자상 2구는 보이

▁ 화순 쌍봉사 목조지장보살삼존상(보물)

▁ 화순 쌍봉사 시왕상 중 왼쪽부터 초강대왕상, 오관대왕상, 염라대왕상

지 않는다. 시중의 목조 동자상은 거의 대부분 절에서 흘러나온 문화재인데 도둑의 손을 탔는지 모르겠다.

조각승 운혜 스님은 해남, 강진, 순천 등 전라남도를 중심으로 활발하게 활동한 스님이었다. 조각승의 계보로는 수연 - 영철 - 운혜 - 경림으로 이어진다. 정통으로 실력을 다진 스님이다. 운혜 스님 작품의 특징은 존상의 몸집이 크고 시원하여 중량감이 두드러진다는 점이다. 쌍봉사 시왕의 높이도 170센티미터에 이른다.

조선의 왕은 문무백관을 거느린다. 왕은 사대부의 지존이지만 문인인 동시에 무인이다. 평상시에는 곤룡포를 입지만 비상시에는 융복(전투복)을 입는다. 절에 가서 만나는 시왕도 마찬가지다. 그래서 쌍봉사 시왕들의 복장도 융복도 있고, 곤룡포도 있다.

지장전 시왕들의 특징은 몸집이 크고 채색은 차분한 중간 색조를 많이 썼다. 시왕이 앉아 있는 의자나 갖고 있는 지물에는 부착하거나 새겨 놓은 다채로운 장식물이 있고, 옷자락에는 섬세한 문양이 아름답게 베풀어져 있다. 어느 곳 하나 빠뜨리지 않고 다양한 문양을 새기고 채색했다. 시왕상의 고풍스러움은 이후 다른 사찰의 시왕상 조성에 본보기가 되었다. 그만큼 빼어난 수작이다.

쌍봉사에는 반드시 들려야 할 곳이 하나 더 있다. 대웅전 뒤에 있는 극락전이다. 대웅전에서 극락전으로 오르는 계단 양쪽으로는 오래된 단풍나무 2그루가 서 있다. 남쪽 가지들이 많이 손상되었는데 대웅전이 불탈 때 남은 상흔이다. 두 나무가 극락전의 수호무사가 되어 불길이 번지는 것을 막아 준 탓이다.

극락전에 봉안되어 있는 목조아미타여래좌상은 전라남도 유형문화재로 지정되어 있지만 그 솜씨는 국보급에 해당된다. 지금 목조 불상을 조각하고

__ 화순 쌍봉사 극락전

__ 화순 쌍봉사 극락전 목조아미타여래좌상

있는 많은 불모들이 본보기로 삼는 불상이 바로 이 극락전의 아미타 부처님이기도 하다.

아미타여래좌상 양쪽에 서 있던 관세음·대세지 양대 보살상은 1989년 도난되어 아직까지 찾지 못했다. 원래의 후불탱화도 사라졌다. 지금 봉안되어 있는 협시보살상은 근래에 다시 조성한 작품이다.

아미타여래좌상은 전체 높이가 165센티미터로 대형 불상에 속한다. 상호는 네모진 편이며 어깨가 넓고 신체가 듬직하다. 손의 모습도 자연스럽고 자세가 편안하여 안정감이 있다. 오똑한 콧날, 미소가 어린 작은 입, 반쯤 뜬 눈에는 자비심이 흐른다. 단정하면서도 위엄 있는 이 좌상은 누가 보아도 명작이요, 명품이다.

이 아미타여래좌상은 이 지역의 대표적인 조각승 색난 스님(1640~?)이 여러 스님들과 함께 숙종 20년(1694)에 조성한 작품이다. 대웅전의 석가모니 삼존상도 색난 스님이 만들었다. 아미타여래좌상은 조선 후기 불상의 특징을 잘 나타내고 있는 데다 만들어진 연대가 확실해 다른 불상의 조상 연대를 추정하는 데 표준이 되는 작품이기도 하다.

___ 세계문화유산이 된 고대인의 무덤

쌍봉사나 운주사로 가는 길에 꼭 보아야 할 문화유산이 한 곳 있다. 바로 화순 고인돌 유적이다. '고인돌'이라는 명칭은 덮개돌 아래에 돌을 괴어 놓았기 때문에 붙은 이름이다. 바둑판처럼 작은 돌로 괸 것도 있고 탁자처럼 높게 괸 고인돌도 있다. 아예 받침돌이 없는 고인돌도 있다. 한문으로는 '지석묘(支石墓)'라고 부른다.

전 세계에는 5만여 기의 고인돌이 남아 있는데 그중 3만여 기가 한반도에 현존한다. 전라도 지역에만 2만여 기가 있다고 알려졌다. 1970년대의 새

___ 화순 대곡리 청동기 일괄(국보). 화순군 대곡리 영산강 구릉에서 발견된 청동기시대의 무덤 유적에서 출토된 유물로 현재는 국립광주박물관에 있다.

마을운동과 경지 정리로 들판의 수많은 고인돌이 사라졌는데도 이렇게나 많이 남아 있으니, 가히 고인돌의 왕국이라 불러도 손색이 없다. 미국 고고학자 세라 넬슨은 아예 한반도가 고인돌의 기원지라고 주장하기도 했다. 결국 2000년 12월 2일 한국의 고창, 강화, 화순의 고인돌 유적이 세계문화유산으로 등재되었다. 세 지역은 아직까지 집중적으로 고인돌이 잘 남아 있었기 때문이다.

원시시대에서 돌은 가장 튼튼하고 영원한 재료였다. 무기가 되고, 생활 도구가 되었다. 돌이 인류 생활의 중심에 있었다. '석기시대'라는 명칭이 있는 것만 보아도 돌을 얼마나 중시했는지 알 수 있다.

한반도의 고인돌은 이삼천 년 전의 무덤이나 상징적 기념물로서 선사시대의 문화가 집약되어 있는 중요한 유적이다. 시기적으로는 청동기시대다.

___ 화순 효산리와 대신리 일대 고인돌 유적의 정식 명칭은 '화순 효산리와 대신리 지석묘군'이다. 이 유적은 세계문화유산으로도 등재되어 있다.

사냥과 채취로 먹을거리를 찾아다니던 시대를 끝내고, 정착 농업과 목축이 시작되면서 사람들이 함께 모여 부족을 이루어 가던 시기다.

인류가 동물과 다른 점 중 하나는 동족의 죽음을 기억하고 추모한다는 점이다. 그러한 정신적 유대가 깊어지면서 고인돌도 등장하게 된 것이다. 고인돌은 이삼백 톤에 달하는 거대한 규모도 있지만 아주 작은 고인돌도 흔히 볼 수 있다. 그 아래 무덤방도 갖추고 있다. 아마 아이의 무덤일 것이다. 부모와 자식의 유대가 강화되고 그 죽음을 애도하는 마음이 이러한 고인돌 유적을 형성하게 되었을 것이다. 곧 고인돌 유적은 공동체 문화가 정착되면서 서로 협력하며 만들어낸 선사유적이다.

또한 이 고인돌 유적은 선사시대의 기술 역량이 집약되어 있는 곳이다. 채석장에서 큰 돌을 떼어내어 옮기고 괴임돌을 놓고 덮개돌을 얹는 공사는 수백 명에서 수천 명의 인원이 필요한 작업이다.

당시 사람들의 과학적 사고와 기술이 총동원된 현장이다. 그러한 고인돌이 한반도에 집중돼 있고 또한 우리 민족과 연관이 있는 산둥 반도, 만주 일대에 퍼져 있다는 것은 한민족의 역사·문화적 뿌리가 매우 깊다는 증거이기도 하다.

앞에서 말한 3곳의 고인돌 유적이 세계문화유산으로 등재된 이후 이 유적을 보존하기 위해 여러 가지 정비 계획이 실시됐다. 고인돌 유적 인근에 있던 마을을 전부 다른 곳으로 이주시키기도 하고 포도밭에 둘러싸여 있던 고인돌 풍경이 몽땅 사라지기도 했다. 곧 고인돌 유적과 함께 교감하며 살아오던 주민들과 마을, 농토가 사라지고 잔디밭과 관찰로와 노출된 유적지만 남게 되었다. 현재와 과거가 공존하던 정감어린 풍광이 사라진 것이다.

하지만 화순 고인돌 유적은 있는 그대로의 모습을 잘 보존했다. 근래의 무덤도 이곳저곳에 섞여 있어 묘한 공감을 느끼게 해 준다. 화순 고인돌 유적은 도곡면 효산리와 춘양면 대신리를 잇는 보검재(188.5미터) 계곡 일대 약 4킬로미터 거리 안에 분포되어 있다. 좁은 지역에 596기의 고인돌이 집중되어 있고 자연환경이 원형대로 보존되어 있다. 또한 고인돌 채석장이 여러 곳에 남아 있다.

가장 좋은 점은 4킬로미터 거리를 자신의 차량을 타고 이동하면서 고인돌 유적을 관찰할 수 있다는 점이다. 자가용은 물론 버스도 진입할 수 있다. 다른 고인돌 유적에서는 도보나 셔틀카를 이용해야 하는데 더운 여름이나 겨울에는 접근하기가 쉽지 않다. 화순 고인돌 유적지는 곳곳의 주차장에 차를 대고 쉽게 고인돌 유적을 돌아볼 수 있기 때문에 필자가 가장 좋아하는 유적지다.

미륵의 세상을 기다리다

화순에는 기이한 사찰도 1곳 있다. 전국 어디에도 이 사찰과 닮은 사찰은 없다. 천 불, 천 탑이 있었다는 운주사다. 중종 25년(1530)에 출간된 『신증동국여지승람』 '능성현' 조에는 '운주사는 천불산에 있다. 절의 좌우 산등성이에는 석불과 석탑이 각각 천 개씩 있고, 석실(石室)에는 두 석불이 등을 대고 앉아 있다'고 기록되어 있었다. 하지만 1980년대 초까지만 해도 운주사는 화순의 오지 사찰로 명맥만 유지했을 뿐 일반에게는 거의 잊힌 사찰이었다.

이 절이 세상에 알려진 건 황석영의 대하역사소설 『장길산』 덕분이다. 『장길산』은 1974년부터 1984년까지 〈한국일보〉에 연재되었고, 바로 이 해에 현암사에서 전 10권으로 완간하였다.

운주사는 도선 국사가 미륵불의 도래를 위해 천 불, 천 탑을 세웠다고 전해 오는 절이었는데 작가 황석영은 소설 속에서 세상 끝으로 밀려난 백성들이 미륵의 시대를 꿈꾸며 천 불, 천 탑을 세우는 내용으로 대미를 장식하였다.

__ 화순 운주사

남북으로 터진 골짜기와 야트막한 양쪽 산줄기 곳곳에 흩어져 있는 석탑과 석불들은 언제 누가 무슨 목적으로 만들었을까? 확실한 기록이 없다 보니 운주사 창건설 중에는 도선 국사가 창건했다는 설, 운주(雲住) 스님이 주도했다는 설, 마고할미가 세웠다는 설, 석공 한 명이 평생을 바쳐 이룩했다는 설이 있는가 하면, 석공들의 연습장이었다는 설도 끼어 있다.

그러나 학계의 조사 결과 운주사의 유물들은 12~13세기에 절이 조성된 것으로 확인되고 있다. 현재는 21기의 석탑과 80여 기의 석불이 남아 있지만 1942년까지만 해도 석탑은 30기, 석불은 213기가 있었다고 한다.

일제강점기인 1918년에 인근 사람들의 시주로 법당 건물이 들어섰지만 이후 절을 돌보는 이가 없어 폐사 지경에 이르렀다. 이를 다시 새로운 도량으로 가꾸려고 뜻을 세운 스님은 송광사 방장으로 계시던 구산(九山) 스님(1909~1983)이었다. 송광사 말사인 운주사를 돌아보고 적임자를 찾던 중 1978년 어느 날, 수행에 열중하고 있던 비구니 법진 스님을 송광사로 불러들였다. 스님은 '운주사 복원 중창 불사는 법진 스님이 적임자'라며 중대한 불사 업무를 맡겼다. 법진 스님은 이후 20여 년간 김연월화 보살님과 합심해 운주사 중창 불사에 매진했다. 천일기도를 3번 회향하며 정진한 결과 사찰 부지 3천여 평을 14,000평으로 늘렸고 10여 채의 당우도 새로 지었다.

필자는 1986년 가을, 처음 운주사를 찾아갔다. 구례 화엄사에 살고 있는 두 도반과 함께 순천을 거쳐 화순으로 갔는데, 운주사로 가는 지방도로를 따라가던 버스는 산간도로의 이름 모를 정류장에 내려 주었다. 인근에는 건물도 없는 지점이었다. 우리 일행은 산비탈 내리막길로 무작정 걸어 내려갔다.

절에 다다를 무렵 듣도 보도 못한 희귀한 탑이 하나 나타났다. 지대석 위에 기다란 사각 돌을 세우고 뚜껑돌을 얹은 다음 다시 그 위에 그릇 모양으로 깎은 원형의 돌 4개를 쌓아 올린 석탑이었다. 크기도 아래쪽 돌이 크고, 위쪽으로 갈수록 작은 형태였다. 어디에서도 보지 못했던 석탑이었으니 다들 석탑의 기이함에 할 말을 잃었다.

지금은 발우 형태의 몸돌을 여러 층으로 쌓아 놓은 탑이라고 하여 '발형다층석탑(鉢形多層石塔)'이라고 명칭이 붙어 있지만 일반인들은 그냥 '떡시루탑'이라고 불렀다.

이 떡시루탑 아래로 번듯한 대웅전도 없는 초라한 건물 몇 채가 당시 운주사의 전부였다. 아주 단촐한 절 살림이었다. 하지만 절 주위에 흩어져 있는 기이한 형태의 석탑과 석불, 와불들은 너무나 독특하고 인상적이어서 꽤 오랫동안 뇌리에 남았다.

두 번째로 찾아간 때는 1992년 겨울이었다. 바라밀문화기행 팀을 인솔해서 올 예정이라 사전 답사를 간 것이다. 이때는 아직 초등학교에도 들어가지 않은 딸과 아들을 데려갔다. 그 사이 운주사도 많

— 화순 운주사 발형다층석탑

이 달라져서 남쪽 주차장에서 들어가도록 정비가 되어 있었다.

답사팀의 순례 동선을 모두 확인하고 누운 두 와불에 올라갔다. 와불을 보니 아이들에게 기념으로 남길만한 사진을 찍어 주고 싶었다. 마침 두 와불이 누워 서로 어깨를 대고 있는 사이에 빈 공간이 있어 두 아이를 그 사이에 앉혀 놓고 사진을 찍었다. 보호 시설물도 없고, 전망대도 없던 시절이라서 높은 곳에서 내려다보고 찍을 수가 없었다.

마침 남쪽에 소나무 한 그루가 서 있었다. 결국 그 나무에 올라가 두 와불 사이에 앉은 아이들의 사진을 찍었다. 아직 보호 방책이 없던 때라 그런 사진을 찍을 수 있었지만 어쨌든 문화재를 크게 훼손하진 않았어도 부적절한 행동이었다. 그래도 필자에게는 잊을 수 없는 추억의 한 장면이다.

___ 화순 운주사 와형석조여래불

운주사는 이제 화순의 유명 사찰이 되었다. 보물 3점을 비롯해 지정된 문화재도 많다. 골짜기 남쪽으로는 번듯한 진입대로가 새로 생기고 넓은 주차장도 갖추었다. 일주문도 들어섰고 참배 길도 잘 가꾸어졌다. 가난하고 초라한 옛 절 모습도 어디에도 없는 절이 되었다. 그럼 그 많던 석탑과 석불은 다 어디로 사라졌을까?

오랜 세월 쇠락과 폐사, 중건을 거듭하는 사이 인근 주민들이 별생각 없이 이곳의 석물들을 헐어다가 묘지 상석을 만들기도 하고 주춧돌, 섬돌로 쓰거나 축대를 쌓기도 했다. 많은 석불들은 일제 말기와 한국전쟁 등 혼란기 때 밖으로 유출되어 이곳저곳으로 흩어졌다. 사설 박물관 등에서 운주사 석불을 쉽게 만날 수 있는 것도 바로 이 때문이다.

그래도 운주사는 아직 볼거리가 많다. 입구의 구층석탑에서부터 안쪽의 항아리탑에 이르기까지 크기도, 모양도 다른 석탑들이 줄지어 서 있고, 양쪽 산등성이에도 드문드문 서 있다. 서 있거나 앉아 있는 석불들은 골짜기 바닥에도 있고, 절벽 아래 옹기종기 무리지어 있기도 하다. 어떤 석불은 머리만 남았고, 어떤 석불은 몸통만 남았다. 골짜기 가운데 어름에는 돌집 안에 석불 2기가 등을 맞대고 앉아 있고, 서쪽 산등성이에는 거대한 불상 2기가 나란히 누워 있다. 그 남쪽에는 동그랗게 깎은 7개 칠성바위가 누워 하늘을 바라본다. 노천불이 있는가 하면 마애불도 있다. 참으로 기이하고 신비로운 사찰 풍경이다.

— 화순 운주사 마애여래좌상

대부분 자연석 바위를 기단으로 삼아 세워진 탑들은 3층, 5층, 7층, 9층 등 층수도 다양한데 기존에 우리가 알고 있는 탑의 형태와는 완전히 다르다. 심지어 입구 동쪽 산등성이에는 몸돌은 사각으로 다듬었으나 지붕돌은 자연석 돌덩이를 그대로 얹어 놓은 석탑도 있다. 그

— 화순 운주사 동냥치탑

__ 화순 운주사 구층석탑(보물)

___ 화순 운주사 석조불감(보물)

___ 화순 운주사 원형다층석탑(보물)

모습 때문에 사람들은 이 탑을 '동냥치탑', '거지탑'이라고 부른다.

비교적 사각의 탑 모습을 갖춘 석탑들도 기이하기는 마찬가지다. 몸돌은 길고 지붕돌은 얇다. 전체적으로 가늘고 호리호리하다. 몸돌에는 마름모꼴이나 'X', 'V' 자 등 알 수 없는 기하학적 무늬가 조각되어 있다. 어느 몸돌에는 4개의 꽃잎이 새겨진 것도 볼 수 있다.

운주사의 어설픈 석불이나 기이한 석탑들의 집단적 집합 속에서 우리가 느낄 수 있는 것은 무엇일까?

그것은 무언가에 대한 끝없는 염원이다. 높은 불단 위에 앉아 예경을 받는 부처님들과는 거리가 멀다. 오히려 낮은 땅에 엎드려 간절히 기원하는 듯한 중생들의 모습으로 우리에게 다가온다.

내세울 것 없는 비슷비슷한 표정으로 비가 오면 비를 맞고, 눈이 오면 눈을 맞으며 긴긴 세월을 지냈다. 그 고요함 속에는 끈질긴 기다림과 그치지 않는 염원의 세월이 담겨 있다.

그 염원은 뙤약볕과 비바람에도 결코 사그라드는 법이 없다. 지금도 묵묵하지만 뜨겁게 살아 있다. 마치 모든 중생들이 두 손 모으고 함께 염불하는 듯 거대한 웅얼거림으로 골짜기를 가득 채우고 있다. 미륵의 시대는 언제나 오려나?

___ 나주 고을로 가는 길

화순군 도암면 운주사에서 서쪽으로 3킬로미터 떨어진 곳에도 유서 깊은 고찰이 1곳 있다. 나주시 다도면의 불회사다. 행정 구역은 다르지만 10리도 채 안 되는 거리다.

불회사는 덕룡산 동쪽 자락에 있는 절로 침류왕 원년(384) 인도 승려 마라난타가 창건한 것으로 전하고 있다. 마라난타는 중국의 동진(東晉)에 머무르다가 배를 타고 영광 법성포로 들어와 백제에 불교를 전했다. 지금은 굴비로 더 유명한 법성포(法聖浦)는 본래 '불법의 성인이 들어온 포구'라 하여 이름이 지어졌다.

마라난타는 법성포에서 가까운 불갑사를 처음 창건하였으니, 두 번째로 창건한 사찰이 불회사인 셈이다. 마라난타는 다음 해인 385년에 백제의 도읍지 하남 위례성으로 올라가 침류왕을 알현한 후 절을 짓고 백제 최초로 10인의 백제인을 출가시켜 득도케 하였다.

이후에도 마라난타는 어느 한 곳에 머무르지 않고 사방을 돌아다니며 불교를 전파하였고, 결국 아신왕 원년(392) '불법을 숭상하고 복을 구하라'는 교서를 반포하게 된다. 공식적으로 불교를 국가 차원에서 받아들이게 된 것이다.

불회사는 주차장에서 걸어 들어가는 길이 그대로 힐링 숲길이다. 울창한 편백나무 숲이 우거져 있어 발걸음을 상쾌하게 한다. 가는 도중에는 수종이 다른 나무가 한 몸이 된 연리목도 있다. 바위 위에 누워 자라던 느티나무가 옆의 단풍나무와 뿌리가 한 몸이 되면서 오랜 세월을 함께 보냈다. '사랑나무'라는 별명으로도 부른다.

주차장에서 멀지 않은 곳에 사찰 장승 중 최고의 걸작에 들어가는 두 장승이 길 양쪽에 갈라서서 서로 마주 보고 있다.

북쪽에 서 있는 장승은 큰 키에 수염을 옛 시절 처녀 머리처럼 땋아 놓고 있어 유머러스한 멋을 풍긴다. 자연히 '할아버지 장승'이라고 부른다. 건너편에 있는 키 작은 장승은 마치 이빨 빠진 할머니가 배시시 웃고 있는 듯하여 '할머니 장승'이 되었다.

장승의 특징이라고 할 퉁방울눈과 주먹코를 갖추었는데 미간을 잔뜩 찌푸리고 있는 할아버지 장승은 코가 마치 고사리처럼 말려 있어 또 한 번 우리를 웃음 짓게 한다. 더욱 재미있는 것은 큰 입 양쪽에 조그맣게 나온 송곳니다. 삿된 것을 물리치는 이빨이라고 해서 '벽사치(辟邪齒)'라고 부르는데 큰 입에 비해 있는 듯 마는 듯 아주 작게 만들어서 더욱더 보는 재미를 준다.

장승의 몸에는 '하원당장군(下元唐將軍)'이라 새겨져 있고, 할머니 장승에는 '주장군(周將軍)'이라 새겨져 있다. 이 장군들은 도교의 명부를 지키는 장군들로 원래는 3명이다. 상원주장군(上元周將軍), 중원갈장군(中元葛將軍), 하원당장군이 그것인데 길 양쪽으로 세우다 보니 중원갈장군이 빠지게 된 것이다. 명부전 문을 지키는 장군도 이들인데 조선 중기에 중국에서 들어오는 전염병을 막고자 민간에서 세운 장승이 절집에도 나타나게 된 것이다.

할아버지 장승에는 재미있는 일이 얽혀 있다. 몸통에 써 있는 '하원당장군' 한문을 자세히 보면 '下' 자도 아니고 '上' 자도 아니다. 세로 획이 하나 빠진 '正' 자다. 장승을 만드는 이가 '상원당장군'으로 새겼다가 잘못되었다는 지적을 받고 위에 가로획을 새겨 '下'

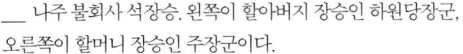
___ 나주 불회사 석장승. 왼쪽이 할아버지 장승인 하원당장군, 오른쪽이 할머니 장승인 주장군이다.

자로 고친 다음 아래의 가로획을 백회나 백토로 메워 하원당장군으로 만들었을 것이다. 그러나 오랜 세월이 흐르며 글씨를 메웠던 획이 드러나면서 이상한 한자가 된 것이다.

이 사찰 장승이 명작이라고 해서 서울 인사동 북인사마당에 이 장승들을 본뜬 모조 장승을 세웠는데 잘못된 글씨도 그대로 새겨 넣었다. 이에 서울대 국문과 교수를 지내시고 학술원 회원으로 계셨던 김용직 교수님이 필자에게 '이 장승에 새겨진 글씨가 무슨 자냐'고 물으셨다. 전문 학자로서 아무리 찾아봐도 그런 글자가 없었기 때문이다.

필자는 불회사 장승 글씨에 대해 추측하고 있던 내용을 말씀드렸고, 김 교수님도 이해하시는 듯 '허허' 웃고 지나가셨다. 이제 북인사마당의 장승들도 철거되고 김 교수님도 돌아가셨으니 다 지나간 추억이 되었다.

불회사도 이제 많은 전각이 들어섰지만 호젓한 분위기는 그대로 간직하고 있다. 특히 예나 지금이나 대웅전 뒤쪽으로 사찰을 감싸 안듯 둘러선 동백숲이 늘 싱그럽고 안온한 느낌을 준다. 동백숲 뒤로는 다시 나이를 먹은 비자나무 숲이 두텁게 둘러싸고 있어 언제나 늘 푸른 기운을 내뿜는다. 게다가 그 숲 그늘에는 야생 차나무가 많이 자생하고 있다. 이 지역을 '다도면(茶道面)'이라 부르니 예부터 차를 많이 생산했던 곳이다. 겨울철에도 늘 푸른 기운을 느낄 수 있는 곳이 바로 불회사다.

불회사는 처음 창건된 이래 여러 번의 중창을 거쳤지만 정조 22년(1798) 다시 불에 탔고, 이후 순조 8년(1808)까지 계속 중건됐다. 지금 우리들이 만나는 법당들은 다 이 무렵에 지은 건물들이다.

보물로 지정되어 있는 대웅전은 불이 난 다음 해인 1799년에 대들보를 올린 건물로 정면 3칸, 측면 3칸의 화려한 팔작지붕 다포집이다. 화마로 피해를 입었던 만큼 대웅전 안팎에는 임진왜란 후에 등장한 화재 방지용 조각이

__ 나주 불회사 대웅전(보물)

대거 등장했다. 우선 정면 현판 양쪽 기둥 위에 청룡·황룡 조각을 설치했는데 기둥 안 법당 쪽으로는 마치 물고기 꼬리처럼 생긴 용의 꼬리가 설치되어 있다. 정면 양쪽 추녀 끝에도 또 청룡, 황룡을 배치했다. 법당 내부의 층량에도 용이 서로 마주 보도록 꾸몄는데 한쪽 용은 물고기를 물고 있다. 물에 살고 있는 수룡(水龍)이니 반드시 화재를 진압하라는 임무를 준 것이다.

천장에는 물속을 상징하기 위해 서로 교차된 연꽃 줄기를 새겨 넣었고, 그 연꽃 줄기 사이로 수많은 물고기와 거북이가 노닐고 있다. 새우의 일종이지만 가재를 닮은 징거미새우도 있고, 큼직한 게도 움츠리고 있다. 어느 연꽃 줄기 사이에는 얼굴만 살짝 내민 수달도 보인다. 모든 수중 동물을 총동원한 듯하다. 이렇게 장식성이 뛰어난 건물이어서 조선 후기의 대표적 건물로 선정되었을 것이다.

___ 불회사 대웅전의 물고기를 물고 있는 용 조각. 법당 안쪽으로는 꼬리가 조각되어 있다.

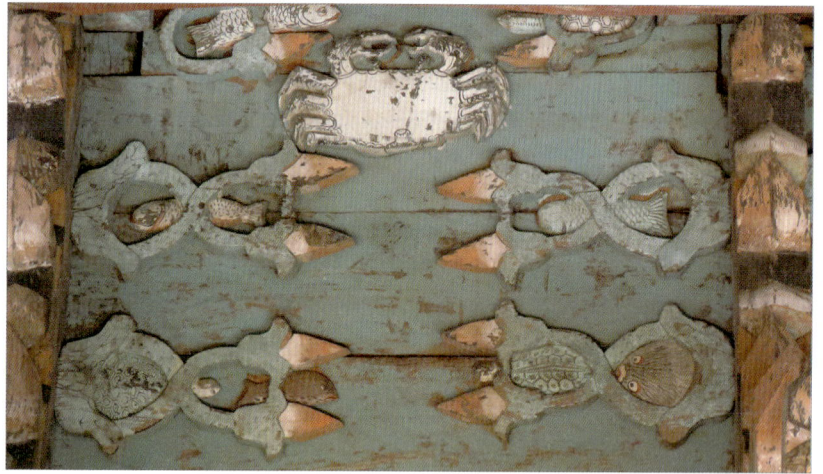

___ 불회사 대웅전 천장에는 게를 비롯하여 교차된 연꽃 줄기 사이로 물고기와 거북, 수달 등을 조각했다.

대웅전도 보물이지만 법당 중앙에 앉아계신 비로자나 부처님도 국가 지정 보물이다. 이 부처님은 고려 말에서 조선 초기에 조성된 건칠불이다. 건칠불이란 불상의 뼈대를 나무로 만들고, 삼베와 옻칠을 6~8겹 정도로 중첩되게 제작한 불상이다. 또한 흙으로 불상의 형태를 만들고, 그 위에 삼베와 옻칠을 반복한 후 내부의 흙을 파내고, 나무 뼈대를 넣기도 한다. 그래서 건칠불은 가

___ 나주 불회사 대웅전 비로자나불삼존.
중앙의 비로자나불좌상은 '나주 불회사 건칠비로자나불좌상'이란 명칭으로 보물로 지정되어 있다.

벼운 것이 특징이다.

불회사 부처님의 눈동자와 이마의 백호는 수정으로 만들어 넣었고, 손은 나무로 조각하여 끼웠다. 건칠불상은 우리나라에 약 20여 구가 남아 있는데 비로자나불상은 불회사 부처님이 유일하다. 지정 명칭은 '나주 불회사 건칠비로자나불좌상'이다.

___ **호남의 작은 서울, 나주**

'전라도'라는 지역 명칭은 '전주'와 '나주'를 합해서 만들어졌다. 그만큼 전주와 나주는 전라도를 대표하는 큰 고을이었다.

전라북도에 김제평야가 있듯 전라남도에는 나주평야가 있어 전국 제1의 곡창지대였다. 당연히 나주는 국가 차원에서 중요할 수밖에 없었다. 더구나 영산강을 끼고 있어 물자의 수송이 용이했다. 나주의 관문인 영산포는 1975년까지 서해에서 직접 배가 드나들던 포구였다.

그렇기 때문에 영산포에는 고려시대부터 조선 중종 9년(1514)까지 세곡미를 보관하는 조창이 있어 조세와 물산, 상인이 모여들었다. 해산물도 서해에서 들어와 공급됐다. 목포 홍어로 알려진 삭힌 홍어의 발상지도 영산포다. 흑산도에서 잡힌 홍어가 영산강을 거슬러 오는 도중에 발효되어 하나의 진미로 세상에 알려지게 된 것이다. 지금도 영산포에 가면 홍어만을 요리하는 음식점이 즐비하다. 삭힌 홍어부터 홍어 회, 홍어 튀김, 홍어 전, 홍어애국 등 요리도 다양하다. '홍어 골목'이라는 애칭으로 불린다.

나주의 별명은 '천년 목사 고을'이다. 말 그대로 나주는 고려 성종 2년(983)에 나주목이 된 이래 조선 고종 33년(1896) 전라남도 관찰부가 광주로 옮겨 가기 전까지 9백여 년간 목사가 근무하던 곳이다.

나주는 백제 때에는 '발라', 통일신라 때에는 '금성'이라 불렀다. 이후 신라 말에 견훤이 이 지방을 중심으로 후백제를 세웠다. 그러나 견훤이 완산(지금의 전주)으로 옮긴 후에는 궁예의 부하였던 왕건이 수군을 이끌고 영산강을 타고 들어와 이곳을 점령하고 '나주'로 이름을 고쳤다. 903년의 일이다.

고을이 크면 관청 건물도 크고, 고을이 작으면 관청 건물도 작을 수밖에 없다. 나주는 전라도를 대표하는 큰 고을이었던 만큼 그 크기를 대변하는 건물들이 남아 있다. 바로 조선시대 나주목의 객사 건물인 금성관과 향교다.

객사 건물은 중앙에서 파견된 관리가 잠시 머무는 곳이기도 하지만 외직에 근무하는 관리들이 왕이 계신 궁궐을 향해 유교의례를 올리는 장소이기도 하다. 조선시대에는 초하루와 보름에 객사의 중심 건물인 정청에 왕의 전패를 모셔 놓고 절을 하도록 했다. 또한 왕이나 왕비가 돌아갔을 때에도 이곳에 모여 곡을 하였다.

현재 남아 있는 객사 중에서 가장 규모가 큰 객사는 바로 나주의 금성관이다. '금성'이란 신라 때 이 지역을 부르는 지명이었는데 객사의 이름으로 쓰고 있는 것이다.

금성관은 나주 시내 한복판에 자리 잡고 있으며 뒤에는 680년 된 은행나무 2그루가 객사의 연륜을 대변한다. 정유재란 때 불에 탄 것을 광해군 9년(1617)에 중건하였으며 영조 51년(1775)과 고종 22년(1885)에 중수하였다. 그러나 일제강점기에 들어 크게 훼손되기 시작했다. 일제는 조선시대의 관청이나 객사 건물 부지에 관청 건물과 학교를 많이 지었다. 조선시대의 유풍을 끊고, 백성들의 사유 재산을 손대지 않으려는 의도였다. 그런 탓에 조선시대의 관청이나 객사가 온전하게 남아 있는 곳이 거의 없다. 나주 객사도 일제의 손길을 피하지 못했다.

원래 금성관은 3개의 문을 갖추고 있을 정도로 그 부지가 넓었다. 그런데

___ 나주 금성관(보물)

일제에 의해 금성관 앞 부속 건물들이 헐렸고, 대신 그 자리에 나주군청을 지었다. 금성관 정청만 남게 된 것이다.

다행히 1976~1977년 사이 금성관은 완전히 해체되어 원형에 가깝도록 복원되었다. 한편 해방 후에도 계속 나주군청과 시청으로 사용되던 건물들은 2001년부터 모두 철거되고, 대신 외삼문인 망화루와 중삼문을 복원해 놓았다.

원래 객사의 정청은 위엄을 더하기 위하여 맞배지붕으로 짓는다. 하지만 금성관 정청은 팔작지붕으로 마감했다. 희귀한 정청인 셈이다. 정청 앞에 돌로 쌓은 축대도 궁궐의 월대와 유사하니 이것도 금성관의 특징이다. 금성관은 2019년 국가 지정 보물로 등재되었다.

조선의 통치 이념은 유교였다. 조선 개국 후 태조 7년(1398)에 공자와 제자들을 배향하는 문묘 대성전과 유학을 강학하는 명륜당, 그 밖의 부속 건물들로 이루어진 성균관을 지었다. 이후 각 지방에는 성균관을 본떠서 향교를 세웠다. 국립 유교 교육 기관을 전국에 만든 것이다.

나주시 교동에 있는 나주향교는 태종 7년(1407)에 세웠다. 향교의 크기가 고을의 크기에 비례해 그 구역이 대단히 넓고 장중하다. 우선 평지에 지었기에 앞쪽에 공자와 제자를 모신 대성전을 세웠고, 뒤쪽에 기숙사 격인 동재와 서재, 강학 공간인 명륜당을 지었다. 곧 앞에 사당이 있고 뒤에 강학 공간이 있는 전묘후학(前廟後學) 배치를 따랐다.

나주향교 대성전은 임진왜란 때에도 다행히 불타지 않았다. 그래서 전쟁이 끝난 후 선조 35년(1602) 서울의 문묘 대성전을 지을 때 이곳 대성전 건물을 참고했다는 이야기도 있다. 나주향교 대성전은 서울의 문묘, 장수향교, 강릉향교와 더불어 향교 건축물 가운데 장중한 건물로 손꼽힌다. 특이하게 나주향교 대성전은 금성관처럼 팔작지붕이다. 앞쪽으로 돌계단이 있는 높고 넓

___ 나주향교 대성전(보물)

은 기단 위에 세워졌으며 건물 기둥의 간격이 널찍해 시원하면서도 위엄 있다. 앞쪽 한 칸은 틔워 놓아 제향을 올리기에 편리하도록 배려했고, 바닥에는 전돌을 깔았다. 건물 맨 앞쪽에 서 있는 기둥들의 주춧돌에는 연화문이 새겨져 있어 사찰에서 가져다 썼다는 이야기도 있다.

    대성전 뒤편의 동재와 서재는 길게 서로 마주 보고 있다. 건물의 간격도 매우 넓다. 전국의 향교나 서원에서 이곳처럼 큰 기숙사는 본 적이 없다. 동재와 서재는 각각 앞마루와 툇마루가 널찍하게 달려 있어 역시 천년 고을답다는 생각이 들게 한다. 크고도 장중하고 시원한 향교의 대표가 될 만하다.

충
청
남
도 서
   산

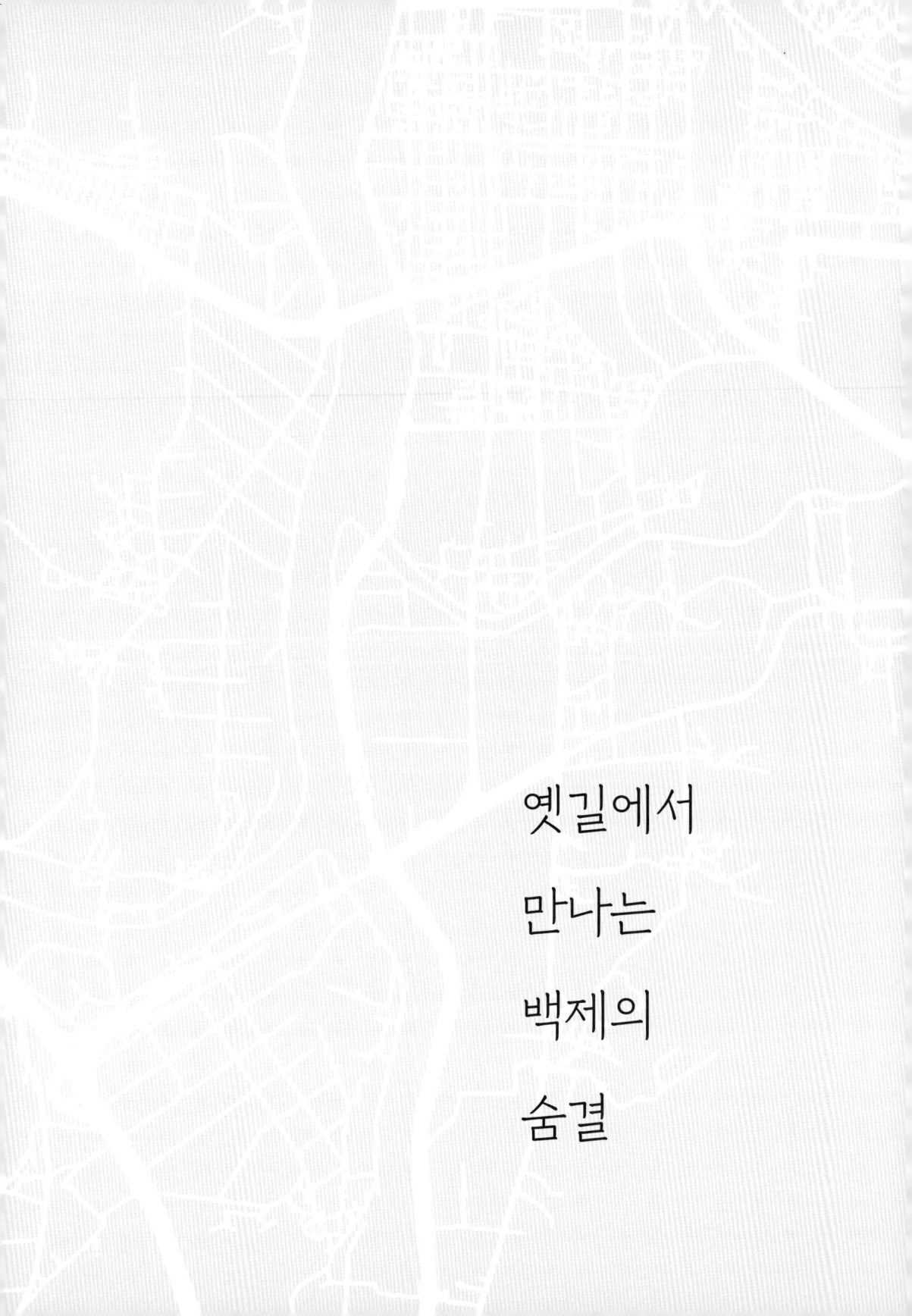

옛길에서
만나는
백제의
숨결

비산비야의 들길과 산길

뭐니 뭐니 해도 서산의 대표 유물은 서산 마애불이다. 공식 명칭은 '서산 용현리 마애여래삼존상'(국보)이지만 일반적으로 부르는 호칭은 '서산 마애불'이나 '서산 마애삼존불'이다. 그만큼 누구나 다 알고 있는 국보급 문화재다.

1993년 필자가 문화 답사 모임인 '바라밀문화기행', '인사모(인사동을 사랑하는 모임)', '산들문화답사' 등 여러 단체의 문화 답사를 인솔하게 되면서 서산 마애불도 꽤 여러 차례 드나들었다. 그래도 언제나 서산 마애불로 가는 발걸음은 경쾌하고 흐뭇하다. 늘 마음속에 담아두고 있는 마애불이고, 또한 처음 찾아온 듯 새로운 감동과 기쁨을 주기 때문이다.

처음 당진이나 서산을 드나들 때에는 이 지역에 오기가 쉽지 않았다. 경기도 평택에서 안중을 거쳐 아산만방조제를 건넌 후 다시 삽교천방조제를 통과해야 당진 땅에 들어설 수 있었다. 당진 땅에서 서산군 운산면으로 가는 길은 전형적인 비산비야의 충청도 들길이었다. 느긋하고 부드러운 풍광에 마음도 절로 푸근해졌다. 신록과 가로수, 코스모스가 반기는 힐링 코스였다.

이제는 그 길도 너무나 많이 달라졌다. 서해안고속도로와 서해대교가 생기면서 시간은 훨씬 단축되었지만 여유 있는 풍광도 많이 사라졌다. 저수지 댐 위의 길을 지나 굽이굽이 돌아가던 차량은 쭉쭉 펴 놓은 도로와 터널을 통과해 가도록 도로 사정도 바뀌었다.

그래도 우리는 여전히 서산 마애불을 만나러 간다. 몇 차례씩 다녀온 분들도 많을 것이다. 거기에는 우리의 들뜬 마음을 차분히 가라앉혀 주는 부처님의 미소가 늘 기다리고 있기 때문이다. 흔히 '백제의 미소'라고 불리는 백제 시대 최고의 마애불이 여기에 있으니 문화 답사객이든, 불교 순례자이든 다 한 번씩은 와 보기 마련이다.

그럼 백제인들은 왜 이렇게 깊은 강댕이골 골짜기 암벽에 마애삼존불을

서산 용현리 마애여래삼존상(국보)

새기게 되었을까?

475년 고구려 장수왕이 한강 남쪽의 위례성에 쳐들어와 개로왕을 사로잡아 처형함으로써 백제는 황급히 웅진(지금의 공주)으로 천도했고, 어느 정도 국력이 신장되자 다시 사비(지금의 부여)로 천도하였다.

고구려가 점령하였던 한강 유역을 신라 진흥왕이 다시 점령하면서 백제는 중국과의 해로를 태안반도 쪽으로 옮길 수밖에 없었다. 당나라로 건너가는 나루라고 하여 '당진(唐津)'이라는 지명도 생겼는데, 이 포구에서 웅진이나 사비로 가려면 예산을 거쳐야 했다. 당진에서 예산으로 가는 지름길이 바로 서산 마애불 앞 용현계곡을 따라 올라가다가 가야산 허리를 돌아서 예산군 화전리 사면석불 쪽으로 넘어가는 길이었다.

이 길을 통해 해외의 물산과 관리, 장사꾼, 들고 나는 유학승들까지 수많은 이가 웅진과 사비를 왕래하였으니, 사원스럽게 큰 절과 암자들이 골골에 들어섰다. 광해군 11년(1619)에 편찬된 『호산록(湖山綠)』에 기록된바, 서산 마애불이 자리한 골짜기인 '강댕이골'의 이름이 유래되었다고 알려진 '강당사(講堂寺)'라는 절부터, 일대 사찰 가운데 가장 큰 절로 알려진 보원사까지 과거 용현계곡에는 99개 암자가 있었다고 할 정도이다.

산신령과 두 각시

1959년 4월 '마지막 백제인'이라는 별명이 붙은 홍사준 선생(1905~1980)은 보원사지의 유물을 조사차 왔다가 서산 마애불을 처음 찾아갔다. 선생은 이곳으로 조사를 나올 때마다 마을 사람들에게 '혹시 바위에 새긴 부처님이나 석탑을 보지 못했느냐'고 물었으니, 어느 날은 한 나뭇꾼이 느릿느릿한 서산 지역 충청도 사투리로 이렇게 대답했다고 한다.

"부처님이나 탑 같은 것은 못 봤지만, 저 인바위에 가믄 환하게 웃는 산신령님이 한 분 있는디유. 양옆에 본마누라와 작은마누라도 있지유. 근데 작은마누라가 의자에 다리 꼬고 앉아서 손가락으로 볼따구를 찌르고 슬슬 웃으면서 용용 죽겠지 하고 놀리니까 본마누라가 장돌을 쥐어박을라고 벼르고 있구만유. 근데 이 산신령 양반이 가운데 서계심시러 본마누라가 돌을 던지지도 못하고 있지유."

'산신령과 두 각시'라는 재미있는 이야기와 함께 깊은 산골 동네의 산신령으로 계시다가 세상 밖으로 나온 서산 마애삼존불은 단번에 유명세를 떨치게 되었다. 그 잔잔하고도 친근한 미소로 사람들을 단숨에 매료시킨 것이다.

가운데 본존불의 어디에도 얽매이지 않는 은은한 미소와 큰 보배 구슬을 든 오른쪽 보살의 가녀린 미소는 종교적 위엄을 멀리 밀쳐내고 마치 흉허물 없이 지내는 이웃의 정답고 포근한 미소처럼 느껴졌다. 복스러운 동자형 얼굴에 어린 천진난만한 이 미소는 후일 '백제의 미소'로 불리게 되었다. 백제인

__ 서산 용현리 마애여래삼존상 중 여래입상. 흔히 '백제의 미소'로 잘 알려져 있다.

의 솜씨가 유감없이 발휘된 걸작 중의 걸작이다.

마애삼존불로 가려면 다리를 건너 가파른 계단 길을 한참 올라가야 한다. 돌 축대를 높이 쌓아 만든 조그마한 터에는 관리 사무소 건물이 앉아 있고, 이 건물에서 북쪽으로 난 계단 길을 내려갔다가 다시 올라가면 마애삼존불 앞의 작은 마당으로 들어서게 된다.

이 마애삼존불이 처음 발견되었을 때는 마애불 아래쪽이 수직 절벽이어서 쉽게 접근할 수 없었다. 결국 경사진 벼랑 아래에서부터 축대를 쌓아 올린 뒤 마애불 앞으로 작은 마당을 만들 수 있었다. 이렇듯 쉽게 접근할 수 없었기에 인위적인 훼손을 피할 수 있었던 셈이다(다만 아쉽게도 가장 안쪽의 반가사유상은 손상을 입었다).

서산 마애삼존불은 그 위치가 절묘하나. 조각상 위로는 자연식 암벽이 마치 모자의 챙처럼 돌출되어 있어 빗방울이 삼존불상 위로 직접 떨어지는

__ 서산 용현리 마애여래삼존상 중 반가사유상

__ 서산 용현리 마애여래삼존상 중 보살입상

것을 막아 준다. 마애삼존불을 조각한 바위 면도 80도로 기울어져 있어 빗방울이 조각상 위로 흐르지 않게 되어 있다.

앞쪽으로는 산자락이 가깝게 둘러 서 있어 비바람이 들이치는 것도 최대한 막아 준다. 선조들의 기막힌 위치 선정과 천부적인 솜씨가 어우러져 서산 마애삼존불이 태어난 것이다.

처음 마애삼존불이 발견되고 6년 뒤인 1965년에는 이 귀중한 문화재를 보호하기 위해서 목조 가구를 설치하고 지붕을 얹어 보호각을 만들었다. 하지만 햇빛이 차단되어 시시각각으로 변하는 '백제의 미소'를 볼 수 없게 되었다.

이 무렵 서산 마애삼존불을 찾아간 이들은 1965년부터 자진해 무보수 지킴이로 나선 정장옥 씨가 긴 장대 끝에 전등을 달아 비춰 주는 빛에 의지해 그 아름다움을 겨우 살펴볼 수 있었다.

시간이 흐르면서 보호각 설치에 들어간 시멘트에 빗물이 스며들어 하얗게 녹아 흘러내리면서 오히려 경관을 해치게 되었다. 결국 자연 상태로 두는 것이 가장 안전한 보호책이라고 생각되어 2007년 보호각을 완전히 철거하였다. 지금은 자연 상태로 노출되어 있었던 원래의 모습을 다시 볼 수 있으며 대개의 경우 오전에 도착해야 '백제의 미소'를 만날 수 있다.

이 마애삼존불이 세상에 나온 후 국보로 지정되고 돌담을 쌓게 되자 산골 동네에는 좋지 못한 일들이 연이어 일어났다고 한다. 그리하여 동네 사람들은 마애삼존불을 지키던 정장옥 씨와 힘을 합쳐 관리소 위쪽에 조촐한 산신각을 지었고, 그때부터 매년 산신제를 이어오고 있다.

마애삼존불이 아득하게 내려다보이는 산신각 앞쪽에서 다시 내려오다 보면 기왓장이 흩어진 조그만 절터가 있다. 그 터 남쪽으론 맑은 물이 흐르는 작은 계곡이 있으니, 곧 마애삼존불을 받들어 모시는 암자가 있었다는 뜻이다. 그 암자가 스러지고 나서 마애삼존불은 산골 동네를 지키는 산신령으로 신분을 감추고 숨어계셨던 것이다.

한편 관리소에서 마애삼존불로 가다 보면 왼쪽의 돌출된 바윗덩어리 앞에 조그만 팔각의 석조 연화대좌가 보인다. 바로 그 옆에는 고려시대 이후 조성된 것으로 높이 93센티미터에 지권인을 한 석조 비로자나불좌상이 있었다. 이 석불은 정장옥 씨가 1980년대에 보원사지에서 옮겨 와 모셔 놓은 부처님인데 2005년 3월 도난당하고 말았다. 도대체 문화재를 지키려는 사람은 누구이고, 이들 도둑질하려는 사람은 누구인가? 참으로 한심한 세태다.

___ 느긋한 시골 풍경 속의 보원사지

서산 마애삼존불에서 용현계곡을 따라 1킬로미터가량 올라가면 큰 절터가 나온다. 용현계곡의 큰절이었던 보원사의 절터다. 보원사지는 중심부를 관통하는 개울을 끼고 양편에 자리 잡고 있는데 흩어져 있는 석조 유물 근처에는 민가가 여러 채 있었다. 처음 이곳을 드나들 때는 충청도 산골의 전형적인 모습이라 절터라는 느낌이 없을 정도였다. 그러나 어느 때부터인가 민가에 사람의 자취가 끊어지고 발굴 조사가 시작되더니 절터는 모두 텅 빈 잔디밭으로 변했다. 나무도 사라지고, 민가도 없어졌다. 석물들만 옛 자리를 지키고 있는, 메마르고 정감 없는 공간이 되었다. 하기야 이렇게 변한 절터가 한두 곳이 아니니 이것도 시절인연으로 받아들여야 하나 보다.

보원사지에는 보물이 5점 있다. 한 절터에 보물이 5점이나 있다는 것은 오랫동안 부처님의 법등이 이어져 왔다는 뜻이다.

보원사는 최치원이 지은 『법장화상전』에 통일신라 화엄십찰(華嚴十刹)의 하나로 기록되어 있다. 곧 의상 대사가 부석사를 창건한 이후 화엄종을 전파하기 위해 세운 10곳의 화엄 사찰 중 하나였다는 것이다. 이는 보원사가 옛 백

___ 서산 보원사지

제 지역에서 중요한 사찰이었고, 삼국 통일 후 화엄종 사찰로 변모했다는 것을 뜻한다.

실제로 보원사지 발굴 조사에서 출토된 유물 중에는 6세기에 조성된 백제의 금동불이 있다. 기왓장의 종류도 백제시대부터 신라·고려시대에 걸쳐 골고루 출토되었다. 하지만 조선시대 들어 1530년에 편찬된 『신증동국여지승람』에는 이미 절 이름이 나와 있지 않으니 보원사는 그 전에 폐사되었을 것이다. 아마 도회지와 멀리 떨어진 깊은 산골의 절들은 국가의 지원이 없으면 절을 유지하기가 어려웠을 것이다.

찻길에서 가장 가까운 곳에 있는 당간지주(보물)는 전형적인 신라 양식이다. 높이 4.2미터의 늘씬한 자태를 갖추고 있는 이 당간지주는 폭이 좁은 옆면의 안쪽을 일정하게 파내어 마치 테두리를 두른 것처럼 보인다. 초기의 당간지주가 장식 없이 밋밋하여 미감이 떨어지는 부분을 보완한 양식이다. 바깥쪽 넓은 면도 또한 같은 방식인데 가운데에는 상부에서 아래까지 돌출된 두 줄의 반원형 선을 붙여서 조각했다. 이 역시 단순한 돌기둥에 미적 감각을 불어넣어 당간지주를 예술품으로 변모시켰다.

그뿐만이 아니다. 두 당간지주의 윗부분을 둥글게 깎아 마감했는데 중간을 한 번 더 접어 넣었다. 단순함에 포인트를 준 셈이다. 이러한 당간지주는 삼국을 통일한 신라가 더욱 아름답고 세련된 석조물을 만들었다는 증거물이다. 이러한 당간지주의 미감은 한국의 곡선미를 살린 서울 잠실의 롯데월드타워 디자인에도 응용되었다.

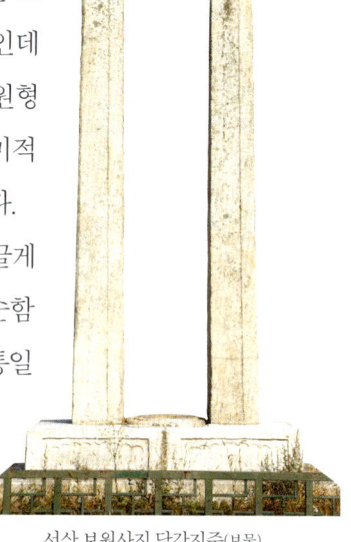
__ 서산 보원사지 당간지주(보물)

아쉽게도 당간지주의 지대석 부분은 나무 기둥을 받치는 좌대만 남기고 모두 없어졌는데 근래에 옛 방식을 참고해 새롭게 만들어 보완했다. 하지만 일일이 정으로 쪼아 만든 당간지주와 그 솜씨가 너무 달라서 다시 한 번 통일신라 당간지주의 뛰어난 미감에 감탄의 박수를 보내게 된다.

당간지주 북쪽에 있는 석조(石槽)도 보물이다. 큰 돌을 네모꼴로 다듬고 다시 그 안쪽을 네모꼴로 파낸 석조는 흐르는 물을 끌어들여 물을 담아두도록 한 용기다. 안팎으로 아무런 꾸밈이 없어 소박하면서 튼실한 힘을 가지고 있다. 겨울철 석조 안의 물이 얼면서 석조에 균열이 생긴 점

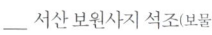
__ 서산 보원사지 석조(보물)

이 아쉽다. 그만큼 오랜 세월 버려져 있어 돌보는 사람이 없었다는 뜻이기도 하다.

당간지주에서 개울에 놓인 다리를 건너면 발굴·정리된 법당 터 앞에 늘씬한 오층석탑(보물)이 1기 서 있다. 키가 9미터에 이르는 이 석탑은 백제 지역의 석탑답게 지붕돌이 얇고 지붕 선이 완만해서 부여의 정림사지 오층석탑(국보) 양식을 이어받았음을 직감하게 된다. 탑 꼭대기에는 쇠로 만든 긴 찰주가 노반 위에 홀로 서 있다.

이 오층석탑은 고려 초기 보원사를 대대적으로 중창하였을 때 건립한 것으로 본다. 그 증거물이 1층 몸돌 아래에 있는 받침돌이다. 이러한 사각의 받침돌은 보령 성주사지 삼층석탑에 처음 나타난 것으로 알려져 있는데 고려시대 들어와 하나의 양식으로 전파됐다. 이런 받침돌이 있는 석탑은 예천 개심사지 오층석탑(보물), 강릉 신복사지 삼층석탑(보물), 담양 남산리 오층석탑(보물)가 있다. 곧 전국적으로 이러한 고려 양식이 전파되었다는 의미다.

이 석탑이 또 한 가지 특징으로는 하층 기단부에 새겨진 사자상이다.

승탑의 경우 기단석에 사자 조각이 흔히 나타나기는 하지만 석탑 기단부에 나타나는 사자는 매우 드물다. 하층 기단의 한 면을 세 칸으로 나누고 칸마다 사자를 새겼으니 모두 12마리다. 사자들은 각각 다른 포즈를 취하고 있고, 표정들도 생생해서 자꾸 눈길이 가게 된다.

오층석탑 뒤에는 정리된 금당 터가 있다. 기단부의 축대도 많이 남아 있고, 주춧돌과 함께 석조대좌가 남아 있다. 석조대좌 위에는 어떤 부처님이 계셨을까?

__ 서산 보원사지 오층석탑 하층 기단부의 사자상

___ 서산 보원사지 오층석탑(보물)

보원사는 고려 초기 탄문 스님(900~975)에 의해서 대대적으로 중창됐다. 스님은 5살에 출가해 화엄종 승려가 되었고, 15세 때인 신라 신덕왕 3년(914)에 구족계를 받았다. 이후 925년 고려 태조의 왕후 유씨가 임신하자 왕명을 받들고 기도를 올려 아들을 얻게 하였다. 이 아이가 바로 고려왕조의 기틀을 잡은 광종이니, 스님이 50세 되던 해에 즉위하자 스님도 왕사에 올랐고, 광종의 즉위를 기념하여 철조장육상을 조성하여 보원사에 모셨다.

일제강점기인 1918년 보원사지에서 2점의 철불이 발굴되어 함께 국립중앙박물관으로 옮겨졌다. 먼저 높이 150센티미터인 철조여래좌상은 통일신라시대의 불상이다. 떡 벌어진 어깨, 당당한 체구, 균형 잡힌 신체가 마치 경주 석굴암의 부처님을 떠오르게 한다. 철불은 그 재료의 한계 때문에 마무리가 거칠기 마련인데 그런 점을 전혀 느낄 수 없을 만큼 우수한 불상이다. 우리나라 철불의 대표작으로 해외에서 열린 〈한국 미술 5,000년〉 전시 등에 출품되어 아름답고 완벽한 주조 기술을 자랑하는 불상으로 명성이 높다.

또 하나의 철불은 보원사지 철조여래좌상으로 높이가 257센티미터에 이르기에 장륙상으로 본다. 장육입상은 1장 6척의 높이로 키가 4.8미터에 이르는 불상이다. 이 불상을 앉은 자세로 만들면 8척(240센티미터) 정도라고 보기 때문에 보원사지 철조불좌상을 장륙상으로 보는 것이다. 탄문 스님이 광종의 수명 장수와 국가 안녕을 위해 장륙상을 모셨다고 했으니 이 철불이 금당의 석조대좌 위에 앉아계시던 부처님이었을 것으로 짐작된다.

금당 터 뒤쪽 언덕 잘 정비된 공간에는 법인 국사 탄문의 승탑(보물)과 승탑비(보물)가 나란히 서 있다. 누가 보아도 정성을 들여 조성한 승탑이며, 비임을 한눈에 알 수 있다. 승탑 기단부에 새겨진 사자상과 난간 조각이 뛰어나고, 승탑비의 거북 머리와 이수의 네 마리 운룡도 볼 만 하다.

광종 25년(974) 탄문 스님이 은퇴를 청하자 광종은 스님을 국사로 임명

___ 전 보원사 철제여래좌상. 보원사지에서 출토된 것으로 알려진 철제여래좌상으로 통일신라시대의 불상인 것으로 전해진다.

___ 철제여래좌상. 이 보원사지 출토 불상은 고려시대의 것으로 전해진다.

했고, 서산 보원사로 떠나는 스님을 태자와 백관들을 거느리고 개경의 교외까지 나아가 전송했다. 이듬해 3월에 보원사에서 스님이 입적하자 광종은 나라의 장인들을 파견해 승탑 건립에 정성을 다했지만 그도 4개월 뒤에 죽었다.

광종의 아들 경종은 즉위하자마자 스님의 시호를 '법인(法印)', 탑호를 '보승(寶乘)'으로 내려주고, 김정언에게 비문을 짓도록 하였으니, 이 공사는 3년이 지난 뒤 978년 4월에 마무리되었다.

앞에서도 이야기했듯 승탑은 신라 말기에 들어온 선종에서 처음 등장했다. 깨달음을 인정받은 선사에 한해 승탑을 세울 수 있는 자격이 주어졌던 것인데, 이

__ 서산 보원사지 법인국사탑(보물)

에 반해 교종에서는 승탑을 세웠다는 예가 없었다. 하지만 고려 초기에 이르러 이 전통이 깨지기 시작했다. 교종에서도 자기 종파 고승들의 승탑을 세우려고 시도한 것이다. 불교의 계율에 선종 승려에게만 승탑을 세울 수 있다는 조항이 있는 것도 아니니 불가능한 일도 아니었다. 그 대표적인 예가 바로 이 화엄종 법인 국사의 승탑이다. 국사까지 역임한 고승의 승탑을 세움에 있어 국왕이 시호와 탑호를 내려주었고, 이를 계기로 다른 종파에서도 승탑을 세우게 된다.

어찌 되었든 보원사는 백제시대에 창건되어

__ 서산 보원사지 법인국사탑비(보물)

고려 말까지 오랫동안 유지되어 오던 큰 가람이었지만 조선시대 들어 국가의 지원이 끊어지면서 쇠락의 길을 걷게 되었다. 그래도 여러 시대를 아우르는 역사와 문화재를 간직하고 있어 서산 마애삼존불을 친견하러 오면 필수적으로 들려야 할 문화유적지가 되었다.

___ 상왕산의 고찰들

상왕산(象王山)은 서산과 예산의 경계를 이루는 가야산(678미터)의 북쪽 줄기에서 솟아난 산이다. '상왕(象王)'이란 코끼리 무리의 왕을 이르는 말로 불교에서는 부처님을 가리킨다. 곧 상왕산은 부처님이 머무르는 산이나 부처님을 모신 산이라는 뜻이다.

'가야산'이라는 산 이름도 불교와 연관이 깊다. 인도 비하르주에는 가야(Gaya)시가 있고, 시에서 11킬로미터 떨어진 곳에는 부다가야(Buddha Gaya)가 있다. 석가모니 부처님이 깨달음을 이룬 곳이다.

석가모니 부처님이 깨닫기 전에 수행하던 산을 '전정각산(前正覺山)'이라 하고 코끼리를 닮았기에 '상두산(象頭山)'이라고도 한다. 부다가야 인근에 있는 이 산을 현지에서는 '가야산'이라고 한다.

합천 가야산에 한국의 대표 사찰 해인사가 있듯이 서산 가야산에도 불교 사찰이 많다. 가야산 남서쪽 봉우리인 덕숭산 자락에는 수덕사가 현존하지만 가야산의 큰 절로는 가야사도 있었다. 흥선대원군이 부친 남연군의 묘를 이장하기 위해 불태웠다는 가야사가 바로 이 절이다.

상왕산 동쪽 용현계곡에는 보원사를 비롯한 백여 곳의 절이 있었다고 했고, 서쪽 자락에는 지금도 여러 고찰이 남아 있다. 문수사, 개심사, 일락사가 바로 그 절들이다.

문수사에는 2024년 4월에 보물로 승격된 극락보전이 있다. 앞서 말한

___ 서산 문수사 극락보전(보물)

『호산록』에 의하면 문수사는 화재를 만나 건물 1동만 남아 있었으나 1630년 경에 법당이 중건되었음이 목재의 연대 조사와 방사성 탄소 연대 분석을 통해 확인되었다. 정면 3칸, 측면 3칸의 극락보전은 맞배지붕 양식인데 귀퉁이 기둥을 약간 높게 세우는 귀솟음 기법도 갖추고 있다.

1728년에 닫집을 설치, 1751년에 중수했다는 기록이 있으며, 단청도 17세기에 나타나는 문양과 채색이 주요 목재에 남아 있는 이 전각은 이후 단청을 다시 채색할 때마다의 시기별 변화를 확인할 수 있어 학술적·예술적 가치가 높다고 평가되었다.

사실 문수사는 고려시대부터 유지되어 오던 사찰이다. 1973년 충남 문화유산 발굴 조사 시 극락보전에 봉안되어 있던 금동여래좌상의 복장에서 많은 유물이 쏟아져 나왔다. 『묘법연화경』, 『인왕호국반야바라밀경』과 많은 다

___ 서산 문수사 금동여래좌상 복장유물(보물) 중 발원문

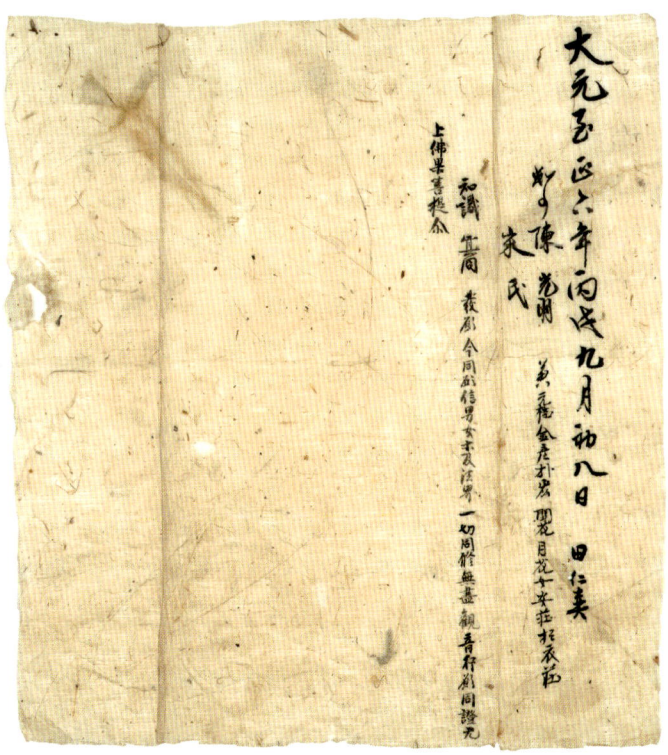

___ 서산 문수사 금동여래좌상 복장유물 중 불상조성발원문

라니, 직물류 등을 포함해 총 54종 589점이나 되었다.

특히 '지정 6년(至正六年)'이라는 기록이 있는 발원문이 발견됨으로써 문수사가 1346년에 아미타불상을 조성해 모신 것을 확인할 수 있었다. 곧 문수사는 늦어도 1346년에는 사찰로 경영되고 있었고, 조선시대에도 면면히 향화를 이어왔다는 것이다.

이 복장 유물들은 국어학, 서지학, 불교사, 미술사 등 다양한 분야에 걸쳐 학술적으로 의미 있는 자료로 문화재적 가치가 있다고 판단되어 2008년 8월에는 보물로 지정되었다. 특히 발원문을 쓴 종이에는 3백여 명의 동참자들이 자필로 쓴 이름들이 보인다. 이 당시에는 자신의 이름을 직접 쓰는 것이 하나의 풍속이었던 것으로 짐작된다.

안타까운 사연도 있다. 발견된 복장 유물은 다른 박물관으로 옮겨 안전하게 보존할 수 있었지만 정작 복장물이 나온 금동여래좌상은 도굴꾼의 손길을 피하지 못한 것이다. 금동여래좌상은 발굴 조사 이후에도 문수사 극락보전에 계속 안치되어 있었다. 필자가 사진 기자와 함께 1993년 3월 초에 취재차 문수사에 들렀을 때도 여전히 법당에 계셨는데, 이해 7월 그 불상은 감쪽같이 사라졌다. 이후 지금까지 제자리로 돌아오지 못하고 있다. 벌써 30년이 넘었다.

이 불상과 같은 시기, 같은 양식의 부처님이 또 한 분 있다. 바로 청양 장곡사 금동약사여래좌상이다. 13건 18점의 복장 유물이 발견되면서 이 불상도 문수사 금동여래좌상과 같은 해인 1346년에 조성되었음이 확인되었다. 두 불상 모두 14세기 불상의 전형적인 양식으로 단아하고 자비로운 표정, 비례감이 잘 맞는 신체에 의복, 장식의 자연스러운 표현 등 뛰어난 예술적 조형성을 갖추었다.

또한 장곡사 금동약사여래좌상에서 나온 10여 미터 길이의 발원문에는 약 1,117명에 달하는 시주자와 발원자의 이름이 적혀 있으니, 직접 손으로 쓴 이름이 있는 것도 두 발원문이 동일하다. 특히 공민왕이 왕위에 오르기 전 몽골식 이름으로 쓰인 것도 눈길을 끈다.

2022년 장곡사 금동약사여래좌상은 보물에서 국보로 승격되었다. 확실한 조성 연대와 복장 유물을 갖추고 있었기에 문화사적으로 중요하다고 판단되었기 때문이다.

이에 반해 문수사 금동여래좌상은 복장물만 남기고 종적을 감추었기에 충청남도 유형문화재로 남아 있다. 불상과 복장물이 다 있었더라면 함께 보물이나 국보가 되었을 만한 문화재이니 더욱 안타깝다는 생각이 든다.

___ 청양 장곡사 금동약사여래좌상(국보). 지금은 마주할 수 없는 문수사 금동여래좌상의 모습을 이 불상을 통해 짐작해 볼 수 있다.

상왕산 자락 또 하나의 고찰인 개심사로 가는 길에는 이국적인 목장 지대를 지나가게 된다. 드넓은 구릉지대 풀밭에 황소들이 한가롭게 풀을 뜯는 풍경은 한국에서 좀처럼 만나기 어려운 모습이다. 이 목장의 현재 이름은 '서산 한우 개량 사업소'이지만 원래 이름은 '삼화목장'이다. 여의도 면적의 3.4배로 약 10제곱킬로미터(348만 평)에 달한다. 지금은 씨수소 백 마리를 포함해 약 3천 마리의 소가 살고 있다. 씨수소는 이름처럼 씨를 생산하는 소로 전국 소의 97퍼센트가 이 목장 씨수소의 씨를 받아서 태어난다.

이 목장은 박정희 시대의 2인자였던 김종필 전 총리의 눈에 띄어 1969년

1월 '삼화축산주식회사'라는 이름으로 출발했다. 대부분이 국유지여서 쉽게 불하받았고, 사업 대상지에 들어간 집은 전부 이주를 시켰다. 당시 김종필 씨의 권세로 봤을 때 이의를 제기하는 사람은 거의 없었다. 그래서 흔히 '김종필 목장'으로 불렸다.

그런데 박정희 대통령 서거 후 들어선 신군부는 김종필을 부정 축재자로 지목했고, 삼화목장은 몰수되어 국가로 귀속됐다. 이후 축협중앙회 서산목장으로 바뀌었다가 지금은 농협 산하 한우 개량 사업소가 되었다. 그 덕분에 개심사로 가는 길은 목장 풍경을 끼고 저수지 길을 돌아가게 된다. 색다른 사찰 진입로가 된 셈이다.

개심사 경내에서 처음 만나게 되는 건 긴 네모꼴 연못이다. 산골 차가운 물이라 연꽃은 자라지 못하니 6월이면 수련이 꽃줄기를 내민다. 연못 가운데에는 두텁고 긴 통나무를 반으로 잘라 걸쳐 놓았다. 신도들은 이 나무 다리를 건너 절로 올라간다.

웬만한 절에는 계곡에 다리를 놓고 속세와 부처님 세계의 경계로 삼는다. 다리 건너 저쪽 언덕은 피안(彼岸)의 세계, 곧 부처님의 나라다. 그래서 다리 이름을 '피안교', '극락교', '수정교', '칠보교' 등으로 부른다.

그런데 개심사는 다리를 놓을 계곡이 없어 연못을 만들고 다리를 놓아 그 경계를 만들었다. 당연히 신도들은 다리를 건너면서 마음을 하나로 모으고 몸가짐을 단정히 해야 한다. 이러한 방식은 백제계 사찰인 부여 정림사지나 익산 미륵사지에서도 볼 수 있다.

이 절은 백제 때 개원사로 창건되었다가 고려시대에 폐사되었고, 충정왕 2년(1350) 처능 스님이 중창하면서 '개심사'로 이름을 바꾸었다. 그런데 조선시대 들어 성종 6년(1475) 충청도 병마절도사로 있던 김서형이 사냥을 핑계로 산에 불을 놓으면서 개심사도 불타고 말았다. 김서형은 이 일로 파직되었으

___ 서산 개심사 입구의 연못

__ 서산 개심사 안양루 현판

__ 서산 개심사 심검당. 개심사 전각 가운데 가장 오래된 것으로, 휘어진 통나무를 기둥과 부재에 사용하여 자연스러운 멋이 깃들어 있다.

나 전소된 건물은 성종 15년(1484)에 이르러서야 중창할 수 있었다. 이 내용은 『성종실록』에 실려 있다.

연못에서 계단을 올라가면 제멋대로 휘어진 통나무를 그대로 살려서 기둥으로 쓴 범종각이 나타난다. 기이하기도 하고 자연스럽기도 해서 이 또한 개심사의 눈요깃거리였다. 그러나 범종각이 신축되면서 이 멋이 사라졌다.

법당 마당을 가로막고 있는 건물은 안양루다. '안양(安養)'은 극락의 다른 말이니 모든 고통이 사라진 부처님의 국토라는 의미다. 안양루 바깥쪽으로는 건물에 비해 크다고 느껴질 정도로 큰 현판이 매달려 있다. '상왕산개심사(象王山開心寺)'라고 쓴 커다란 현판 글씨는 근세의 명필로 활약한 해강 김규진의 예서체 글씨다. 보기 드문 대작으로 그 솜씨가 물 흐르듯 유려하고 농익었다. 전혀 힘들여 쓴 것 같지 않은 자연스러움이 묻어난다. 역시 대가의 글씨는 보는 즐거움을 준다.

안양루 오른쪽의 나지막한 계단 위에는 작은 해탈문이 있고 그 안으로 들어가면 법당의 안마당이다. 왼쪽으로는 개심사에서 가장 오래되었다는 심검당이 건너다보인다. 성종 8년(1477)에 세 번째 중창을 했다고 했으니 이는 개심사가 불에 타 버리자 2년 뒤에 스님들이 거처할 요사채를 먼저 지었다는 뜻이 되겠다. 심검당도 휘어진 통나무를 기둥이나 부재로 많이 썼기 때문에 많은 사람들에게 사랑을 받는 건물이다.

개심사 대웅보전은 1963년에 보물로 지정되었다. 이 건물이 보물로 지정된 건 외형은 맞배지붕인데 공포는 다포식을 쓴 특이한 구조이기 때문이다. 고려시대 건축물은 맞배지붕에 주심포 양식이고, 조선시대 건축물은 팔작지붕에 다포식인데 이 둘을 절충한 양식이 이 전각에 나타난 것이다. 한편 내부는 고려시대 건축물처럼 서까래가 훤하게 노출된 연등천장이다. 곧 절충식 법당 건물의 초기작이어서 보물로 지정된 셈이다.

___ 서산 개심사 대웅보전(보물). 맞배지붕에 다포식 구조인 독특한 전각이다.

___ 개심사 대웅보전 천장. 서까래가 노출되어 있다.

    법당의 당호는 대웅보전이지만 안에는 아미타삼존을 모시고 있다. 아미타삼존은 원래 아미타불과 대세지보살, 관세음보살로 구성되지만, 고려 말기에 극락왕생에 대한 염원으로 지장보살이 등장하는 양식이 나타난다. 이 양식은 조선시대에도 그대로 이어지는데 개심사 대웅보전도 이 양식을 택했다.
    독특한 건 아미타불은 좌상이고, 두 협시보살상은 입상이란 점이다. 조사 결과 목조 아미타불좌상은 충렬왕 6년(1280) 이전에 조성된 것으로 확인되었으니, 곧 대웅보전을 지은 후 다른 곳에서 아미타불을 이운해 오고, 두 보살상은 법당 중건 때 조성한 것으로 추정됐다. 고려시대 목조아미타불좌상은 2009년 보물로 지정됐다.
    개심사 남쪽 내청룡맥의 능선 위에 있는 산신각 아래쪽에는 잘 차려진 묘소가 하나 있다. 묘소의 주인공은 경주 김씨 김양수(1464~?)와 그의 부인 상

___ 개심사 대웅보전에 모셔져 있는 아미타삼존상. 본존불인 아미타여래좌상은 보물로 지정되어 있다.

산 황씨다. 김양수는 바로 추사 김정희의 11대조인데 황씨 부인의 전면 비석 글씨를 바로 추사 선생이 썼다.

　김양수의 아들 김연(1494~?)은 처음으로 서산 한다리마을에 자손들이 대대로 살 땅을 마련한 사람이다. 지금의 서산시 음앙면 유계2리로 조선시대에는 큰 다리(한다리)가 있어 '대교리(大橋里)'로 부르던 마을이다. 그의 후손들은 차츰 막강한 경제력을 갖추면서 번성하였고, 7대손인 김흥경(1677~1750)은 영의정에 올랐다. 그의 아들 김한신(1720~1758)은 영조의 딸인 화순옹주에게 장가들면서 월성위에 봉해졌다. 영조의 계비 정순왕후도 이 한다리 경주 김씨 문중 출신이다. 추사 김정희는 바로 월성위 김한신의 증손이다. 곧 김양수 부부의 묘는 한다리 김씨 문중의 뿌리가 되는 묘인 것이다.

　그럼 이 집안은 어떤 인연으로 이 자리에 묘를 쓰게 되었을까? 개심사에는 이에 관해 전해져 오는 이야기가 하나 있다.

　개심사 산신각 아래쪽에 자리한 김양수와 부인 황씨의 묘소

황씨 부인이 만년에 개심사에 들어와 공양주를 살고 있었다. 그러던 어느 날 풍수에 밝은 두 스님이 절에 와서 지금의 묘소 자리에 대해 '명당이다', '아니다' 의견을 달리하며 말씨름을 하였다. 결국 이 자리가 금빛 닭이 알을 품고 있는 형국이기는 하지만 화기가 있으면 명당이 될 수 없으니 시험을 해 보자며 공양주 보살에게 달걀을 하나 가져다 달라고 부탁하였다. 이 말을 어린 아들과 함께 듣고 있던 황씨 부인은 아들에게 아랫마을에 가서 달걀을 구해 오라고 일렀다.

영민한 어린 아들은 기지를 발휘하여 마을로 내려가 삶은 달걀을 구해다 주었다. 달걀을 명당 자리에 묻었다가 다음날 꺼내서 달걀이 익은 것을 본 스님들은 화기가 치열하니 명당이 아니라고 단정 짓고 절을 떠났다. 어린 아들은 훗날 어머니 황씨 부인의 묘소로 그 자리를 정했고, 그 자리가 명당이었기에 그의 후손들이 크게 번창하게 되었다는 이야기이다.

조선시대 사대부 가문의 부인이 절의 공양주로 있었을 리는 없지만 황씨 부인이 어떤 형태로든 개심사와 깊은 인연이 있었을 것이라는 점은 짐작이 간다. 또한 황씨 부인의 묘소를 쓴 이후 한다리 경주 김씨 문중은 개심사와 오랜 인연을 이어

__ 추사의 11대손 김양수의 비(왼쪽)와 김양수의 부인인 황씨의 비(오른쪽).

갔을 것이다. 그 예로 개심사 명부전은 인조 24년(1646)에 지은 건물인데 이때는 김씨 문중이 명문가로 성장한 시기였기에 조상들의 극락왕생을 위하여 크게 시주했을 것으로 짐작된다. 이후 철종 8년(1857), 대웅보전 중수에 관한 기록에 김씨 문중의 자손들이 고루 이름을 남기고 있다. 김씨 문중이 한다리에 자리를 잡을 때부터 개심사와 오랜 인연을 이어 왔던 셈이다.

 황씨 부인의 비는 원래의 비가 오래되어 헌종 13년(1847)에 개수해 새로 세운 비다. 이때는 추사의 팔촌 형인 좌의정 김도희(1783~1860)가 비문을 짓고 추사는 비 전면의 '숙인상산황씨지묘(淑人尙山黃氏之墓)'를 썼으며 비석 뒤의 음기는 추사의 동생 김명희(1788~1857)가 썼다. 1737년에 세운 김양수의 비는 원래 선산인 고양의 대자동에 있었으나 훗날 이곳으로 이장하며 옮겨 온 것이다.

 개심사는 산중 사찰이면서도 잘 가꾸어진 숲으로 둘러싸여 있어 아늑하고 정갈한 품격을 잘 간직하고 있다. 해묵은 모과나무, 배롱나무, 전나무, 팽나무 등이 곳곳에서 가람을 수호한다. 절 이름 그대로 누구나 한 번 가면 느긋하고 여유로운 풍광에 마음을 활짝 열게 된다.

 이즈음 개심사가 더욱 유명세를 타는 것은 벚꽃 때문이다. 비구니스님들이 살 때 가꾸어 놓은 겹벚꽃들은 소담하고 화려해서 벚꽃이 필 때면 수많은 사람들이 몰려온다. 그 빛깔이 연분홍도 있고, 진분홍도 있어 더욱 다채롭다. 더구나 우리나라에서는 유일한 나무라고 알려진 청벚꽃도 있어 더욱 인기를 누린다.

 개심사는 오랜 역사와 문화재들을 보유하고 있다. 영산회 괘불탱(보물)도 있고, 고려시대의 청동은입사향완과 금동여래좌상도 있다. 그러한 역사와 문화를 향유하는 것은 바로 우리들의 몫이다. 개심사 벚꽃도 좋고, 풍광도 좋지만 우리의 문화도 다시 한 번 살펴본다면 금상첨화의 나들잇길이 될 터이다.

아픈 역사 속의 해미읍성

해미는 지금 작은 시골 면 소재지이지만 조선시대의 읍성을 그대로 보존하고 있다. 조선시대 전국의 읍성은 179곳에 이르렀는데 일제강점기에 다 헐리고 온전히 옛 모습이 남아 있는 곳은 순천 낙안읍성, 고창 고창읍성(모양성), 서산 해미읍성 3곳뿐이다. 그중에서도 해미읍성이 규모가 가장 크다. 5미터 높이의 성벽이 2미터 남짓한 너비로 만들어졌는데 성의 둘레가 약 1.8킬로미터에 이른다.

원래 해미읍성은 충청도 병마절도사영으로 만들어졌다. 병마절도사가 주둔하는 본부로, 지금 말로 하자면 충청도 관할 육군 사령관이 주둔하는 사령부다. 당연히 많은 군사들이 주둔했다.

병마절도사영을 줄여서 '병영(兵營)'이라고 불렀다. 수군절도사가 근무하는 수군절도사영을 '수영(水營)'이라고 부르는 것과 같다. 전국에 '병영'이나 '수영'이라는 지명이 남아 있는 것도 이 때문인데, 해미의 충청병영은 태종 14년(1414)에 덕산에 있던 병영을 이곳으로 옮기고 성벽을 쌓기 시작해 세종 3년(1421)에 완공하였다.

충청도 병마절도사영을 이곳에 둔 이유는 왜구 때문이었다. 고려 말 왜구가 극성이었을 때 서해안을 끼고 올라와 개성 인근까지 진출하여 백성들은 엄청난 피해를 입었다. 이런 왜구를 방어하기 위해 바다에 가까운 해미로 병영을 옮기고 충청도 해안을 방어하게 한 것이다. 지금은 천수만의 간척사업으로 해미읍성과 바다가 멀리 떨어졌지만 예전에는 읍성 가까이에 포구가 있었다. 이곳에는 종이품 벼슬의 병마절도사 휘하에 850여 명의 군사가 주둔했다. 선조 9년(1576) 무과에 급제한 이순신이 3년 뒤 군관으로 와서 10달 동안 근무하기도 했다.

임진왜란이 끝난 뒤 이 충청병영은 효종 3년(1652) 청주로 옮겨 가게 된

__ 서산 해미읍성

다. 임진왜란을 겪으며 내륙 지방을 통해 남쪽에서 북쪽으로 올라오는 외적을 방어하고 치안을 담당할 군대가 필요해졌기 때문이다.

군대가 빠져나간 해미의 충청병영에는 대신 해미현감의 현청이 들어섰다. 그래도 서해안 방어를 무시할 수 없으니 충청도를 관할하는 5개 군영 중 호서좌영이 이곳에 들어왔다. 호서 지방 왼쪽 지역을 책임지는 군영이다.

따라서 해미현감은 호서좌영장을 겸임하도록 하였고, 현감은 무관이 맡도록 하였다. 군사를 통솔하는 임무를 맡으려면 아무래도 무관이 적임자였기 때문이다. 곧 해미현감은 해미현을 다스릴 뿐 아니라 내포 지방 12개 군현의 군사권을 지휘하였던 것이다. 이때부터 충청병영을 '해미읍성'으로 부르게 되었다.

해미읍성은 전형적인 평지 성이다. 읍성의 남문은 진남문인데 이 문만 조선시대에 세워진 문이다. 북문은 원래 없었고, 동문과 서문은 없어졌던 것을 1974년에 복원했다. 진남문 문루를 가로지르고 있는 받침돌에는 붉은 글씨로 조성 연대가 새겨져 있다. 중국 연호인 홍치 4년(弘治四年)은 성종 22년(1491)이다. 곧 진남문과 성벽은 이때 다시 중수한 것으로 보인다. 진남문의 누각은 헌종 15년(1849) 박민환 현감이 성벽을 대대적으로 수리했을 때 다시 세운 것으로 알려져 있다.

내포 지방이라 하면 가야산을 중심으로 보령 오서산 북쪽의 10개 고을

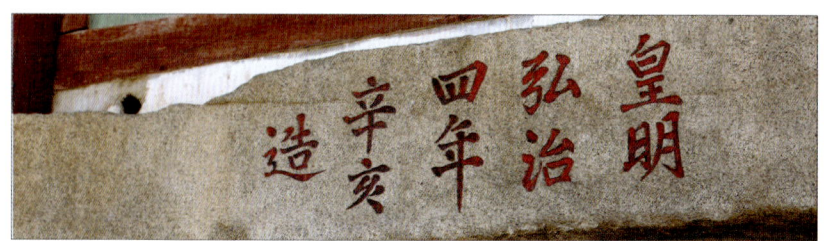
___ 해미읍성 진남문 받침돌의 글씨. 조성 연대가 기록되어 있다.

___ 해미읍성 전경

정도를 함께 묶어 부르는 이름이다. 지금의 보령, 결성, 해미, 태안, 서산, 당진, 홍성, 예산, 덕산 지역이다. 산이 험하지 않고 평야가 넓으며 바다가 있어 수산물도 풍부한 곳으로 이중환도 『택리지』에서 살기 좋고 병화가 들지 않는 곳으로 손꼽았다. 실제로 임진왜란이나 병자호란 때에도 큰 피해를 입지 않은 곳이 이 지역이다.

그런 연유로 고려시대 건축물인 수덕사 대웅전이 온전히 보존되었고, 개심사, 문수사, 장곡사에 고려시대 불상이 전해져 내려왔다. 해미읍성도 조선 초부터 조선 말기까지 큰 손상 없이 잘 지켜져 왔다. 다만 천주교 박해와 관련해 아픈 역사를 갖게 된다.

정약용의 매형인 이승훈(1756~1801)이 정조 7년(1783) 청나라에 들어가 조선인 최초로 세례를 받고 귀국한 후 열심히 천주교를 전파하여 많은 사람들을 입교시켰다. 이승훈에게 세례를 받은 권일신(?~1791)은 이존창(1752~1801)을 입교시켰는데 그는 자기 고향 지역인 내포 지역에 천주교가 뿌리내리는 데 큰 역할을 하여 '내포의 사도'라고 일컬어졌다. 참고로 조선인 1호 사제인 김대건 신부는 당진 출신이고, 2호 사제인 최양업 신부는 홍성 출신이다. 모두 이존창 선교의 영향으로 신부의 길을 걸은 내포 출신이다.

1865년 조선에서 활동하던 프랑스 선교사들의 보고에 따르면 조선의 천주교 신자 절반은 충청도에 살았고, 그중 절반은 내포 사람이었다고 한다. 내포에만 백 곳 이상의 교우촌과 공소가 집중되어 있었으니 내포 지역에 천주교도가 얼마나 많았는지 미루어 짐작할 수 있다.

그런데 정조 15년(1791) 정약용의 외사촌인 천주교도 윤지충(1759~1791)이 금산에서 모친상을 당하자 제사를 지내지 않고 신주를 불살랐으니, 결국 이 사건으로 윤지충은 조선 최초의 순교자가 되었고, 천주교 박해가 시작되었다.

특히 1866년 흥선대원군의 병인박해로 조선에서 선교하던 프랑스 신부와 선교사 9명이 피살되고, 3명은 청나라로 피신하는 사건이 발생했다. 이 사건으로 인해 프랑스 함대가 쳐들어와 강화도를 점령해 외규장각에 있던 귀중 도서와 은괴 등을 약탈하고 물러가기도 했다.

충청도 내포 지역에서 8년 동안 선교 활동을 하다가 청나라로 피신한 페롱 신부는 조선에서 어떻게 하면 선교의 자유를 얻을 수 있을까 궁리하던 중 역시 청나라로 피신해 온 천주교도 최선일이 제안한 묘책을 받아들였다. 가야산 동쪽 자락에 묻혀 있는 남연군의 묘를 파헤쳐 그 유해를 탈취해 대원군과 담판을 하자는 것이었다. 남연군은 바로 대원군의 아버지다.

그들은 항해 책임자로 독일인 오페르트를 끌어들였고, 자금은 미국인 젠킨스가 담당했다. 물론 통역과 안내는 최선일이 맡았다. 오페르트 도굴단은

648톤 증기선 차이나호를 빌려 타고 1868년 5월 9일 지금의 서해대교 아래 행담도에 도착했다. 다음날 아침 60톤급 증기선 그레타호로 갈아타고 얕은 삽교천을 거슬러 11시경 구만포에 도착했다. 미리 내통해 두었던 천주교도 김여강(金汝江) 등 8명의 영접과 안내를 받으며 남연군묘에 도착한 때는 오후 5시 30분 경이었다.

하지만 그들은 남연군묘가 도굴을 막기 위해 석회를 3백 포대나 쏟아부어 굳혀 놓았다는 것을 알지 못했다. 이 자리를 잡아 준 지관이 후세에 도굴당할 염려가 있다고 하여 대원군이 튼튼하게 방비를 해 둔 것이다.

도굴단은 5시간이나 파헤쳤으나 단단한 석회층에 막혀 진전이 없었다. 너무 늦어지면 썰물 때가 되어 배를 띄울 수가 없으니 도굴단은 5월 11일 새벽 허둥지둥 퇴각하기 시작했다. 조선군이 들이닥칠 시간도 임박했기 때문이다. 다행히 짙은 안개가 끼어 무사히 구만포로 돌아와 행담도로 철수했고, 곧 본선을 타고 외해로 빠져나갔다.

이 사건은 조선 사회에 큰 충격을 주었다. 동양이나 서양이나 묘를 파헤친다는 것은 야만인이나 하는 일인데 서양인들이 남몰래 쳐들어와 그런 일을 저질렀으니 모든 백성이 분노에 떨었다. 더구나 조상 숭배와 효를 가장 중요시하는 조선에서 이런 일이 일어났으니 대원군의 분노는 하늘을 찔렀다. 결국 내포 지방의 천주교도들을 샅샅이 찾아내 처벌하라는 엄명이 떨어졌고, 도굴단을 안내한 천주교도 8명은 대역죄로 처형되었다. 더욱이 충청감사 민지상은 천주교와 연관이 있는 사람들을 모조리 잡아들여 230여 명을 참수형에 처했다.

해미읍성의 감옥도 천주교도로 넘쳐났다. 인근 12개 지역을 관할하며 재판권을 행사하던 호서좌영이 같이 있었으니 내포 지역에서 잡혀 온 천주교도들은 이곳에서 떼죽음을 당했다. 조선 전체의 천주교 순교자가 8천 명 정도였

__ 서산 해미 순교 성지. 해미읍성에서 도보 15분 거리에 있다.

다고 하는데 해미에서 희생된 신자는 일이천 명이라고 전한다. 그중 이름이 밝혀진 순교자는 132명에 지나지 않는다. 생매장을 당하기도 하고, 교수형으로 처형하기도 했다.

지금 해미읍성 안에 복원한 감옥 앞에는 큰 회화나무 한 그루가 서 있다. 지역 사투리로는 '호야나무'라고 한다. 이 나무에 천주교도를 묶어 놓은 채 고문하고 매달아 죽이기도 했다고 한다. 2014년 8월 프란치스코 교황이 해미읍성을 방문한 이유도 이곳이 우리나라 최대의 순교 성지이기 때문이다.

조선 말기 호서좌영이 폐지되고, 이어서 일제강점기가 되자 해미읍성 안에 있던 관청 건물들도 철거됐다. 대신 면사무소와 학교가 들어오고, 민가도 160여 채가 세워졌다. 언덕 위 청허정 자리에는 신사가 자리 잡았다.

하지만 1963년 해미읍성이 사적으로 지정되면서 문화재의 보호와 관리를 위해 성안의 공공건물과 민가들도 밖으로 이전됐다. 1970년 이후로는 복원과 보수 공사를 이어오고 있으며, 동문과 서문의 누각도 새로 올렸고, 관사들도 새로 지었다. 언덕 위에는 청허정도 다시 복원됐다. 비록 옛 모습이 많이 남아 있진 않지만 조선 초기부터 말기까지 많은 역사를 간직하고 있는 해미읍성은 서산의 대표적 성곽 문화유산이다.

경기도 여주 · 강원도 원주

남한강가에

늘어선

옛

절터들

고달사지로 가는 길

필자는 에밀레박물관의 조자용 박사님을 스승으로 모시게 되면서 저절로 우리 전통문화에 관심을 갖게 되었다. 어릴 적부터 우리 산하를 돌아다니며 그곳에서 보았던 옛 유적에 대해 지적 호기심이 발동한 것이다. 조자용 박사님의 저서를 두루 읽고 난 후 우리의 전통문화를 알려면 국보부터 보아야겠다는 생각에 국보 목록을 찾아보았다. 국보 1호는 남대문, 2호는 파고다공원(지금의 탑골공원)에 있는 원각사지십층석탑, 3호는 북한산 비봉의 진흥왕순수비, 그리고 4호는 서울과 가까운 여주 고달사지 승탑이다(지금은 지정 번호가 없어졌다).

1984년 봄, 혼자 고달사지를 찾아갔다. 고속버스로 여주까지 간 후 여주에서 양동으로 가는 시외버스로 갈아탔다. 버스는 비포장길을 달려 상교리 입구에서 나를 내려 주었는데 고달사지까지 2킬로미터 남짓한 거리는 걸어가야만 했다. 표지판도, 내비게이션도 없던 시절이니 지도에 의지하면서 농민들에게 물어 찾아갔다.

고달사지는 동네 입구에 큰 느티나무가 있는 마을 뒤편으로 자리 잡고 있었다. 마을은 20여 호 가량의 농가들이 옹기종기 모여 있는 전형적인 농촌이었다. 마을에서 서쪽 산으로 난 길을 쫓아 올라가면 왼쪽으로 산수유나무가 심어진 길이 나타났다. 이 길을 따라가다 처음 만나게 되는 유물은 보물로 지정된 원종대사탑비였다.

원종대사탑비는 온통 논밭으로 둘러싸여 있었다. 절이 없어지고 민가가 들어온 후 절터는 전부 농토로 개간되어 있었던 것이다. 일제강점기 때의 사진에는 탑비 근처에도 농가가 있었다. 지금의 문화재 구역에서는 볼 수 없는 풍경이었다.

원종대사탑비를 보는 순간 전율이 일었다. 비신은 없이 귀부 위에 이수만 얹혀 있는데도 우람하고 씩씩하고 당당했다. 거북의 얼굴은 용맹스런 용의 얼굴인데 부리부리한 눈에 이제 막 콧김을 내쏟는 듯 사실적이었다.

널리 알려진대로 원종대사탑비는 우리나라에 남아 있는 귀부와 이수 중에서 규모가 가장 크고 그 솜씨가 호방하다. 조각이 깊고 뚜렷하여 한층 더 기운차게 보인다.

직사각형에 가까운 이수에는 구름 속에 감싸인 6마리 용이 서로 뒤엉켜 있다. 앞면에는 비의 주인을 알려 주는 글씨가 쓰인 전액 주위를 구름 무늬로 장식하였는데 전액 바로 아래쪽에는 도깨비의 정면상이 새겨져 있다. 머리 양쪽에는 두 앞발도 앙증맞게 나와 있다.

전액 안의 글씨는 '혜목산고달선원국사원종대사지비(慧目山高達禪院國師元宗大師之碑)'다. '혜목산에 있는 고달선원의 국사이신 원종 대사의 비'라는 뜻이니, 당시에는 '고달선원'이라 불렀음을 알 수 있다.

처음 원종대사탑비를 찾아갔을 때는 비신이 없었다. 일제강점기에 쓰러져 있는 비신을 맞추어 세워 놓았는데 1915년에 다시 비신이 뒤로 넘어가며 여덟 조각으로 깨졌다. 깨진 비신을 현장에 둘 수 없어 국립중앙박물관으로 옮겼고, 1963년에 귀부와 이수만 보물로 지정되었다.

__ 고달사지 원종대사탑비 비신

이후 2014년 8월 비신을 복제해서 원종대사탑비를 본래의 모습으로 복원했고, 2016년에는 깨진 비신을 보물로 추가 지정한 후 여주박물관으로 이전했다. 지금 고달사지에 가면 복제한 비신을 귀부 위에 세운 모습을 볼 수 있지만 대신 이수의 멋진 조각을 자세히 살

___ 여주 고달사지 원종대사탑비(보물).
파손된 비신은 여주박물관에 있으며, 현재는 새로 만들어 복원해 놓았다.

___ 고달사지 원종대사탑비 이수. 중앙의 전액 안에 '혜목산고달선원국사원종대사지비'라 새겨져 있다.

남한강가에 늘어선 옛 절터들

펴볼 수 없어 아쉬움이 남는다.

　원종 대사 찬유(869~958)는 신라 경문왕 9년에 태어나 13세에 출가하고, 고려 광종 9년에 세수 90세로 입적한 선종의 고승이다. 선종의 법맥으로 보자면 중국 백장 회해 선사의 법을 이은 원감 대사 현욱(787~868)의 손자뻘이 된다. 원감 대사의 법은 진경 대사 심희(855~923)가 법통을 이었고, 진경 대사의 제자가 바로 원종 대사이기 때문이다. 진경 대사는 구산선문의 하나인 창원 봉림산문을 세웠으므로 원종 대사는 봉림산문의 제3조가 되는 셈이다.

　원종 대사는 고달사에서 스승인 진경 대사를 처음 뵙고 가르침을 받았으며, 이후 스승의 허락으로 중국으로 건너가 투자 대동 선사(819~914)의 법을 이었다. 921년 귀국해서는 고려 태조, 혜종, 정종, 광종으로부터 극진한 예우를 받았다.

　특히 광종의 초청으로 개경에 머물러 교화를 펼쳤으며, 광종 4년(953)에는 국사로 책봉되었다. 후일 고달사로 내려와 있으면서 고달선원을 전국 제1의 선찰로 가꾸었다. 고달사는 원래 원감 대사가 옮겨 오면서 30년 가까이 선풍을 떨치다 입적한 사찰이었고, 스승 진경 대사도 머물렀었기 때문에 원종 대사도 이곳에 주석하게 된 것이다.

　고려의 왕들로부터 극진한 외호를 받았으니 고달사는 사방 30리가 절의 영역이었다. 당시의 고달선원은 도봉원, 희양원과 함께 고려의 3대 선원이었다. 하지만 고달선원은 조선시대 초기에 폐사되었고, 도봉원은 도봉산 영국사로 후일 도봉서원이 들어선 것으로 알려져 있다. 희양원은 지금의 문경 봉암사다.

　원종 대사는 이곳에서 입적한 후 광종으로부터 시호는 '원종(元宗)', 탑의 이름은 '혜진(慧眞)'으로 받았다. 고려 조정에서는 나라의 장인들을 파견했고, 입적한 지 19년 뒤인 경종 2년(977)에 탑비를 세웠다. 나라를 대표할 장인들

___ 여주 고달사지 석조대좌(보물)

이 임금의 명령으로 탑과 탑비를 조성했으니 원종 대사의 명성에 걸맞는 걸작이 탄생한 것이다.

원종대사탑비 아래쪽에는 고달사지 석조대좌(보물)가 있다. 불상은 어디로 가고 거대한 불상의 대좌만 논으로 둘러싸여 있었다.

신라시대의 불상 좌대는 보통 팔각의 연화좌대가 일반적인데 고려시대에 들어와 이렇게 직사각형으로 만든 대좌가 나타났다. 고려 초기의 강력한 국력을 상징하듯 좌대에 새겨진 앙련과 복련의 솜씨가 시원시원하다. 중대나 하대에도 화려한 조각은 없이 연꽃 무늬 안상으로만 단순하게 처리했다. 사각이 주는 강인함과 단순함이 어울려 더욱 든든해 보인다.

대좌의 크기나 장중함으로 보아 그 위에 앉아계셨을 불상 역시 규모나 조각 기법이 훌륭했을 것이라 짐작되지만 불상에 대한 정보는 아예 없다. 당

___ 여주 고달사지 승탑(국보)

시 선종에서는 철불을 많이 모셨으니 대좌 위의 불상도 철불이 아니었는지 모르겠다.

다시 원종대사탑비를 거쳐 고달사지 승탑 쪽으로 가다 보면 길섶에 작은 귀부가 있었다. 워낙 잘생긴 귀부를 보고 왔는지라 목도 떨어져 나가고 이수도 없어진 이 귀부는 마치 민물 속의 자라처럼 밋밋한 느낌을 준다. 그래도 대범하지는 않지만 귀갑 문양이나 구름 문양은 정성을 들인 흔적이 역력하다. 이 귀부의 비신에는 어떤 내용이 새겨져 있었을까?

고달사지 승탑은 고달사터에서 가장 높은 곳, 비탈길을 조금 걸어 올라간 곳에 있다. 보는 순간 그 크기와 장중함에 누구나 압도된다. 남아 있는 승탑 중에서 최대의 크기로 높이는 3.4미터에 이른다. 위엄 있게 앉아 있는 모습이 마치 힘센 장수가 태산처럼 버티고 있는 듯하다.

고달사지 승탑은 기단부, 탑신부, 지붕돌을 모두 갖춘 전형적인 팔각원당형으로 신라시대의 승탑 양식을 잘 물려받았으면서도 엄청난 힘과 세련미를 함께 갖추고 있다. 이 승탑을 본 이후에도 전국의 많은 승탑을 답사했지만 이 승탑만큼 장중하면서도 세련된 승탑을 보지 못했다. 이 승탑을 구상하고 조각해 세우는 데 얼마만큼의 공력이 들었을까? 승탑 중 최대의 대작이요, 최고의 걸작이다.

중대석의 둥근 몸돌에는 거북을 중심에 두고 4마리 용이 구름 속에서 여의주를 다투고 있다. 정면의 거북 머리는 앞으로 툭 돌출되었는데 그 기세가 자못 씩씩하다. 거북의 머리가 돌출된 만큼 정으로 쪼아내는 석공의 노고는 더욱 깊었을 것이다. 거북의 위와 아래에 있는 앙련과 복련도 두툼하고 큼직큼직해서 호방한 멋을 풍긴다.

이와 반대로 치밀하고 섬세한 조각도 쉽게 찾을 수 있다. 팔각의 몸돌에 새긴 사천왕 조각도 섬세하지만 지붕돌 처마 안쪽에 새겨진 비천상은 우아하

___ 고달사지 승탑 중대석

게 천의 자락을 휘날리며 날아간다. 지금 승탑의 주인은 천상세계에 머물고 있다는 상징이다. 이처럼 당당한 가운데 세밀한 조각을 곳곳에 배려해 넣었다.

지붕돌 처마 끝의 귀꽃도 큼직하게 장식해서 듬직한 느낌을 주는데 안타깝게도 성한 귀꽃이 서너 개뿐이다. 지붕돌 위에 다시 얹혀진 작은 보개의 귀꽃도 거의 떨어져 나갔으니 이는 분명 도굴꾼이 승탑을 쓰러트려 귀꽃이 떨어져 나갔을 것이다.

조선시대는 비록 유교사회였지만 승탑을 손대는 일은 없었다. 효와 조상 숭배가 엄정한 나라에서 무덤을 파헤친다는 것은 있을 수 없는 불문율이었다. 승탑 또한 스님들의 무덤과 같으니 누구도 손대지 않았다.

하지만 조선 말기에 이르러 일본인들이 들어와 개성의 고려 무덤에서 청자를 도굴하기 시작하며 조선인 도굴꾼이 등장하기 시작했다. 그런 나쁜 풍조는 산중에 있는 승탑들을 모조리 쓰러트렸다. 외따로 있는 승탑들은 거의 도굴당했다고 보면 된다. 물론 고달사지 승탑에서도 발견된 유물은 없다.

고달사지 승탑에서 동북쪽 내리막길을 따라 내려가면 그 원형이 온전히 보존되어 있는 원종대사탑(보물)을 만나게 된다. 흔히 고달사지 승탑을 모델로 만들었다고 하는데, 중대석에 거북을 배치한 것도 그렇고 앙련의 솜씨도 비슷하다. 거북의 아래 지대석을 사각으로 한 점이 다를 뿐이다.

하지만 거북은 오른쪽으로 고개를 돌려서 입체감이 줄었고, 용이나 구름은 조각 솜씨가 섬약하다. 전체적으로는 대장부 같은 기백이 넘치는 고달사지 승탑에 비해 얌전하고 온순한 편이다. 워낙 뛰어난 고달사지 승탑을 보고

___ 여주 고달사지 원종대사탑(보물)

내려오는 길이라 그런지 큰 감흥은 일어나지 않는다.

처음 찾아간 고달사지에서 만난 원종대사탑비와 고달사지 승탑은 오랫동안 뇌리에서 떠나지 않았다. 너무나 훌륭한 석조 문화재여서 이후에도 여러 사람들과 함께 드나들었다. 1983년부터 근 10년간 문화재 답사를 다니며 공부한 후 1993년 3월 '바라밀문화기행' 팀을 꾸려 처음으로 찾아간 유적지도 고달사지였다. 그만큼 필자에게는 두고두고 마음에 담아둔 절터였다.

원종대사탑과 탑비는 제짝인가?

고달사지를 여러 차례 드나들다 보니 자연스런 의문 하나가 생겼다. 원종대사탑과 탑비가 정말 제 짝인가 하는 점이다. 원종대사탑과 탑비의 조각 솜씨가 눈에 띌 정도로 확연히 차이가 났기 때문이다.

원종대사탑비의 거북이는 큰 눈을 부라리듯 용맹스러운데 원종대사탑의 거북이는 목을 돌리고 있을뿐더러 용맹한 기운은 거의 없다. 필자가 보기에 고달사지 승탑의 솜씨가 원종대사탑비의 솜씨와 더 가까워 보였던 것이다.

원종대사탑과 탑비가 한 쌍으로 묶이게 된 것은 원종대사탑비의 비문 내용 해석에서 비롯되었다. 비문에는 '혜목산 서북쪽 산기슭에 탑을 세웠다'고

왼쪽부터 순서대로 고달사지 승탑, 원종대사탑비, 원종대사탑 귀부 조각

하였는데 사학계에서는 원종대사탑비에서 가까운 북쪽의 승탑을 원종대사탑으로 비정하였던 것이다.

이는 원종대사탑을 스승의 승탑보다 높은 곳에 두지는 않았을 것이라는 보편적 통념을 적용했기 때문이다. 또한 원종대사탑의 거북 머리가 고달사지 승탑을 바라보고 있었기에 스승에 대한 존경의 의미로 이렇게 조성했을 것이라는 견해도 작용했다.

곧 고달사지 승탑은 원종대사탑보다 높은 위치에 있으니 이는 원종 대사의 스승인 원감 대사나 진경 대사의 승탑이었을 것으로 추정했던 것이다. 하지만 진경대사탑과 탑비는 원래 창원 봉림사지에 세워져 있던 것을 1919년 3월 조선총독부에 의해 경복궁으로 옮겨졌고, 현재는 국립중앙박물관으로 이전하였다. 따라서 고달사지 승탑은 원감 대사의 승탑으로 추정할 뿐 탑비가 없으니 확정하지는 못하였다.

그러나 조선시대에 이르러서도 조상의 묘 위쪽으로 후대 사람의 묘를 쓰지 않는다는 불문율은 임진왜란 이전까지 없었던 일이다. 묘를 쓸 당시의 풍수에 따라 조상 묘보다 높은 곳에 얼마든지 후대의 묘를 썼던 것이다. 임진왜란 전에 돌아가신 이율곡의 묘가 부모인 이원수·신사임당의 부부묘보다 위쪽 능선에 자리 잡은 것만 보아도 알 수 있다.

하지만 임진왜란을 겪으면서 많은 백성이 죽어 나가는 바람에 선산에 묻힌 조상의 묘를 제대로 찾아내는 데 많은 어려움이 생겼다. 이로부터 차츰 자연스럽게 '후대 사람의 묘는 선조의 묘 위로 쓰지 않는다'는 풍조가 생겼다. '묘는 내려 쓰지 올려 쓰지 못한다'는 불문율이 생겨난 배경이다.

근래에 고달사지 승탑과 원종대사탑을 다시 고찰해 보아야 한다는 학계의 의견이 많아졌다. 사실 원종대사탑비에서 보자면 서북쪽은 고달사지 승탑이 있는 쪽이다. 원종대사탑이 먼저 조성되고 탑비가 나중에 세워졌기 때문에 탑비가 세워진 위치에서 보자면 고달사지 승탑이 서북쪽이 된다. 지금의 원종대사탑은 탑비에서 보자면 오히려 북쪽에 가깝다.

최근에는 세 거북 모습을 비교하기도 하고, 구름 문양을 비교하기도 하면서 원종 대사의 승탑은 고달사지 승탑이라고 주장하는 견해가 설득력을 얻고 있다. 원종대사탑비의 구름 문양이 고달사지 승탑의 구름 문양과 유사하고 거북 머리 조각의 씩씩함도 서로 닮았다는 것이다.

이 문제는 결국 원로의 주장에 맞서지 않으려는 후학들의 관행이 발목을 잡고 있기 때문에 빚어진 것이다. 학계에서는 진실을 가린다는 자세와 냉철한 연구, 판단으로 이 문제를 다시 재론되지 않도록 시원하게 풀어 주기를 기대한다.

고달사지는 1998년부터 2019년까지 21년에 걸쳐 열 차례 발굴 조사를 하였다. 절터는 41,035제곱미터(약 12,400평)에 달하는 웅장한 규모로 원종대사탑비의 비문에 나오듯이 국가의 지원을 받는 대찰이었음이 그 규모에서도 확인된다. 절터에 들어와 있던 민가는 여주군에서 매입하여 철거하였기 때문에 지금은 동네 입구에 있던 느티나무 1그루만 살아남았다. 절터는 물론 남아 있는 유구와 잔디밭으로 정리되었다.

2000년에는 석등의 지붕돌이 발견되었다. 원래 절터에 쓰러져 있다가 1959년 경복궁으로 옮겨진 고달사지 쌍사자석등(보물)의 지붕돌이 발굴 조사로 발견된 것이다. 당연히 이 지붕돌은 국립중앙박물관에 있는 고달사지 쌍사자석등으로 옮겨져 지

__ 여주 고달사지 쌍사자석등(보물)

붕돌을 갖춘 제 모습을 찾게 되었다.

　신라시대의 쌍사자석등은 보은 법주사 쌍사자석등(국보)이나 합천 영암사지 쌍사자석등(보물)처럼 2마리 사자가 마주 서서 등불을 켜는 화사석을 받들고 있는 모습인데 고달사지 쌍사자석등은 사자가 나란히 엎드려 서로를 바라보는 형태로 만들어졌다. 등 위에는 뭉게구름이 피어나는 받침돌을 세우고 그 위에 다시 상대석과 화사석을 얹은 모습이어서 색다른 쌍사자석등 중의 하나다.

　2003년에는 사각으로 잘 다듬은 석조(石槽)가 발굴됐다. 석조의 표면을 아주 곱게 다듬었는데 네 모서리를 연꽃잎 모양으로 다듬으려고 귀접이를 하였다. 석조 하나에도 정교한 장식성을 가미한 것이다. 이러한 방식의 석조는 경주 불국사 석조(보물)나 언양 석남사 수조(水槽)에서도 만날 수 있다. 지금도 발굴된 현장에 있는 고달사지 석조는 가림막을 세워 보호하고 있다.

물길과 강변 사찰

　조선시대까지만 해도 물산의 운송은 물길을 주로 이용했다. 곡창 지대인 호남의 세곡미는 바닷길을 이용해 한강으로 들어왔고, 문경새재 남쪽 경상도의 물산은 문경에서 하늘재를 넘어 충주 미륵사(현재는 절터만 남아 있다)로 온 다음 송계계곡을 따라 내려간 뒤 다시 한강을 이용해 한양으로 수송됐다. 육로를 이용하는 육운(陸運)보다는 물길을 이용하는 수운(水運)이 훨씬 더 활발했던 것이다. 이렇게 수로 운송이 발전한 것은 우리나라가 산이 많고 들이 적어 수레가 다니기 불편하고 곡물의 손실도 더 많았기 때문이다. 또한 배는 많은 짐을 실을 수 있고 운송 시간도 더 빨랐다.

　한강 중에서도 수량이 많고 물길이 긴 남한강은 중요한 수로였다. 그래서 곳곳에 국가에서 운영하는 창고가 들어섰었다. 사람과 물산이 강물을 따라 오고 가던 시절, 자연히 강가에는 곳곳에 나루가 들어서듯 사찰도 들어섰다.

지금은 그 강변 사찰들이 전부 사라져 절터만 남았고, 사찰로 유지되고 있는 곳은 여주 신륵사뿐이다. 하지만 여러 절터에는 귀중한 문화유산들이 곳곳에 널려 있어 우리에게 찾아가는 기쁨을 선사한다(우리가 앞에서 살펴본 고달사지도 남한강에서 강원도로 들어가는 길목에 있다).

여주에서 남한강을 거슬러 올라가다 보면 강 가까이 가장 먼저 만나는 절터는 원주시 부론면 법천리에 있는 법천사지다. 그전에 법천사지 아래쪽의 샛강인 섬강을 거슬러 올라가면 흥법사지가 있다. 지금 절터에는 흥법사지 진공대사탑비(보물), 삼층석탑(보물)이 남아 있다. 과거에는 현재 국립중앙박물관에 전시되어 있는 염거화상탑(국보)과 진공대사탑 및 석관(보물)도 자리하고 있었다.

법천사지에서 직선거리로는 3킬로미터밖에 되지 않는 곳에는 신라시대 절터 거돈사지가 있고, 충주 가까이 올라가면 보각국사탑(보물)과 보각국사탑 앞 석등(보물)이 있는 청룡사지가 있다.

다시 충주 중앙탑면에 가면 남한강가에 붙어선 탑평리 칠층석탑(국보)가 있다. 신라시대 국토의 중앙에 있어 '중앙탑'이라고 불렸던 이 탑의 터가 어느 절의 터였는지는 아직 정확히 밝혀지지 않았다. 한편 탑이 자리한 이곳은 가금면이었으나 2014년 이름이 중앙탑면으로 바뀌었다. 중요문화재 하나가 면의 이름을 바꾼 셈이다.

충주 위쪽으로는 충주댐에 수몰되어 절터의 유물을 높은 언덕으로 옮겨놓은 정토사지 법경대사탑비(보물)가 있다. 정토사지에는 원래 홍법국사탑(국보)과 홍법국사탑비(보물)가 있었으나 일제강점기인 1915년에 경복궁으로 옮겨졌다. 홍법국사탑은 승탑 중에서도 특이한 형태로 몸돌이 팔각이 아니라

___ 충주 탑평리 칠층석탑(국보)

___ 원주 흥법사지 진공대사탑비(보물)

___ 충주 정토사지 법경대사탑비(보물)

___ 충주 청룡사지 보각국사탑(국보) 및 석등(보물)

___ 단양 향산리 삼층석탑(보물)

공 모양으로 만들어졌다. 현지의 법경대사탑비 옆에도 홍법국사탑의 복제품을 세워 놓았다.

단양에는 강가와 가까운 곳에 세워진 향산리 삼층석탑(보물)이 있다. 신라시대의 전형적인 이중 기단의 삼층석탑으로 단정한 매무새를 간직하고 있다. 1935년 도굴꾼이 탑을 쓰러트려 유물을 절취해 간 것을 주민들이 다시 세워 놓았다고 한다.

강변의 바위에도 마애불이 남아 있다. 배를 타고 가면서도 바로 바라볼 수 있는 암벽에 조성된 마애불들이다. 수로를 이용해 뱃길을 오가던 길손이나 뱃사공이 부처님께 안전 운행을 기원하는 기도를 올렸을 것이다.

대표적인 마애불이 충주 창동리 마애여래상이다. 높이 4미터에 이르는 마애불이 새겨진 절벽 아래는 바로 남한강의 푸른 물이다. 애초부터 강물 위에서 바라볼 수 있도록 조성한 마애불인 것이다.

이중환의 『택리지』에는 마애여래상이 있는 창동리가 금천 나루터로서 크게 번성하였다고 하였다. 곧 '동남쪽으로는 영남의 물산을 받아들이고 서북쪽으로는 한양의 생선과 소금을 받아들여 여염집이 즐비하였다. 마치 한양의 강 마을처럼 배의 고물과 이물이 잇닿도록 늘어서서 커다란 도회지를 이루었다'고 기록했다. 특히 이 마애불은

__ 충주 창동리 마애여래상

고려시대에 조성된 것으로 알려져 있기 때문에 훨씬 더 오랫동안 뱃사람들의 안전을 지켜 왔다고 할 수 있다.

또 하나의 마애불이 있으니, 고려 초에 조성된 것으로 알려진 여주 계신리 마애여래입상이다. 이 마애 부처님은 여주와 양평의 들녘을 적시며 흘러온 남한강 큰 물줄기와 이천에서 흘러온 복하천이 만나는 지점, 강물에서 4.5미터 높이의 바위 벼랑에 동남쪽을 향하여 서 계신다. 높이는 2.2미터에 이른다.

마애 부처님이 두 물줄기가 만나는 지점에 서 있어 이곳의 지명은 '부처울'이다. 절벽 건너로는 두 물줄기가 만나며 형성된 밤섬이 있다. 옛 시절에는 수로를 이용하던 장사꾼들과 행인들이 배를 대고 쉬어 가던 곳이다.

사람들은 이곳에서 마애 부처님을 바라보고 빌기도 했을 것이다. 특히 여름 장마로 강물이 불어나면 영월이나 정선에서 뗏목을 띄운 뗏목꾼들이 이곳 밤섬에서 부처님께 기도를 올리고 떠났다고 한다. 지금은 팔당댐으로 인해 물길조차 찾을 수 없지만 당시에는 여기에서부터 양평, 두물머리(양수리)를 거쳐 덕소까지 가는 물길에 급류와 여울이 많아 매우 위험했기 때문이다. 이곳을 안전하게 통과해야 한양에 목재를 공급할 수 있

___ 여주 계신리 마애불

었고 그만큼 위험한 수로였다.

이외에도 이름이 알려지지 않은 절터가 남한강가에 많이 있다. 수많은 사람과 물산이 오갔던 만큼 절도 곳곳에 있었으니, 그중에서도 절터의 흔적과 문화재가 가장 많이 남아 있는 곳은 법천사지와 거돈사지다.

___ 지광국사탑의 기구한 운명

신라시대에 창건되어 '법고사'로 불렸던 법천사는 고려시대에 들어 지광국사(984~1070)가 머물렀던 사찰이다. 스님은 원주 출신으로 이 절에서 출가하고, 이 절에서 열반에 들었다.

스승을 따라 개성으로 갔다가 해안사 준광의 제자가 되고 '해린'이라는 법명을 받은 스님은 21세 때 승과 시험에서 대선(大選)에 급제해 두각을 나타내기 시작하였고, 이후 목종, 현종, 덕종, 정종, 문종으로 이어지는 다섯 왕을 거치는 사이 법계(法階)가 높아지며 깊은 예우를 받았다. 가끔 법천사로 돌아와 수행했지만 국왕의 부름을 받아 개성의 대찰이었던 숭교사와 현화사의 주지로 머무르기도 하였으니, 그 사이 법천사는 스님의 출가 사찰로 크게 정비되었다.

역대 왕들은 자주 해린 스님을 왕실로 초청해 법문을 들었고, 문종은 해린 스님을 왕사와 국사로 추대하였다. 또한 아들도 해린 스님 앞으로 출가시켰으니 이분이 바로 대각 국사 의천 스님이다.

스님은 나이 87세(1070)에 이르자 세상과의 인연이 다 됐음을 알고 9월에 법천사로 돌아와 10월 23일 입적하였다. 문종은 시호를 '지광(智光)', 탑의 이름을 '현묘(玄妙)'라고 내려 주었고, 비문을 짓도록 대신들에게 명령하였다.

지광 국사의 일생이 이러하였으니 스님의 승탑과 비는 조정에서 온갖 정성을 기울여 조성했다. 그만큼 시간도 오래 걸렸다. 지광국사탑비의 기록에

___ 원주 법천사지

의하면 스님의 승탑과 비는 선종 2년(1085)에 세워졌다. 돌아가신 후 18년 뒤에 세워진 것이다. 거란의 침입을 물리친 후 안정기에 들었을 때의 작품이니 최고의 장인들이 참여한 걸작이 태어났다.

절터에 남아 있는 지광국사탑비도 화려하기 이를 데 없다. 지대석의 구름 문양 위에 거북이 올라앉아 있는데 거북 등에는 귀갑문마다 '임금 왕(王)' 자를 새겨 넣었다. 스님이 왕사였음을 상징하였을 것이다. 목을 쭉 뺀 거북의 턱 아래에는 마치 수염처럼 보이는 기둥이 목과 연결되어 있어 특이한 모습이다.

스님의 일대기를 써 넣은 비신은 더욱 화려하다. 비신의 앞면 테두리는 보상당초문으로 세밀하게 조각하였고, 그 위쪽 비신의 주인을 알리는 제목 글씨[頭篆] 양쪽으로는 화려한 봉황을 수놓았다.

___ 원주 법천사지 지광국사탑비(국보)와 비신 상단 및 머릿돌

더욱 화려한 조각은 비신의 맨 윗부분이다. 두전 위로는 세계의 중심인 수미산 위에 보석들이 매달린 용화수가 한 그루 서 있다. 마치 생명의 나무, 우주의 중심 나무처럼 보인다. 이를 중심으로 오른쪽에는 해를 상징하는 세 발 까마귀를, 왼쪽에는 달을 상징하는 토끼를 계수나무 아래에 새겨 넣었다. 해와 달 밖으로는 천의 자락을 휘날리며 날아가는 비천상을 새겼는데 우아하고 환상적이다. 상감청자를 만들었던 고려 장인들의 솜씨가 유감없이 드러난, 구상력과 세밀한 솜씨가 잘 어울린 명작이다. 비석의 좁은 옆면은 2마리 용이 여의주를 다투는 모습을 역동적으로 깊게 새겼다.

지광국사탑비는 비석의 머릿돌도 독특하다. 보통은 이무기가 얽혀 있는 이수로 만들지만 이

탑비의 머릿돌은 넓은 사다리꼴에 네 귀가 솟아난 모습이다. 아래쪽에 연꽃 무늬를, 위쪽에는 구름 무늬를 돌아가며 새겼고, 머릿돌 중앙부에는 돌출된 2단의 연꽃 조각 위에 보배 구슬을 얹었다. 비의 정면에서 보면 마치 왕관처럼 보이는 파격적인 모습이다.

탑비가 이렇게 특이하고 화려하니 지광국사탑(국보)도 두말할 것이 없다. 우리에게 남아 있는 승탑 가운데 가장 화려하고 특이한 탑이 바로 지광국사탑이다.

지광국사탑은 기존의 승탑과 판이하게 다르다. 팔각원당형이 아니라 사각형이 기본이다. 고려시대의 승탑 중에서 사각형이 기본인 승탑은 지광국사탑이 유일하다. 전체적인 외모는 사각의 이층탑 모습에 페르시아풍의 창과 늘어진 커튼이 있어 더욱 독특하다. 승탑 전체에는 구름 문양, 연화문, 당초 문양, 불보살상, 봉황, 신선, 문짝, 장막, 구슬 장식 등 온갖 화려한 문양과 무늬가 빈틈없이 새겨져 있어 매우 화려하고 정교하다. 두 번 다시 만들 수 없는 섬세함이 극치를 이루었다.

지광 국사는 선종의 스님이 아니라 법상종(法相宗) 스님이다. 법상종은 유식사상을 기반으로 성립된 종파다. 그래서 '유식종(唯識宗)'이라고도

___ 원주 법천사지 지광국사탑(국보)

___ 법천사지 지광국사탑 탑신(좌)과 상층기단(우)

한다. 모든 것은 마음을 떠나 존재할 수 없다고 파악하고 정신과 물질의 관계를 규명하려는 종파다. 따라서 우주 만물의 본체보다 눈앞에 벌어진 현상을 세밀하게 분류하고 분석하는 입장을 취하였다.

    승탑은 비록 선종에서 시작되었지만 법상종에서는 선종의 승탑 양식과 다른 차별성을 원했을 것으로 짐작된다. 곧 현상을 세밀하게 분석하는 유식사상에 따라 이렇게 섬세하고 화려한 승탑을 만들게 되었을 것으로 추정하는 것이다.

    너무나 화려하고 섬세한 지광국사탑은 결국 일제강점기에 들어 수난을 겪게 된다. 한일 합병이 이루어진 다음 해인 1911년 9월 모리무라 타로[森村太郎]가 법천사지로 찾아와 땅 주인과 흥정을 벌여 지광국사탑을 손에 넣었다. 모리무라는 탑을 해체해 배에 싣고 남한강을 내려가 곧 서울에 거주하는 일본인 사업가 와다 스네이치[和田常市]에게 팔았다. 탑은 무라카미[村上]병원에 있다가 결국 그의 저택 정원으로 옮겨 갔고, 다시 오사카의 남작 후지타 헤이타로[藤田平太郎]에게 팔려 1912년 일본으로 반출됐다.

    뒤늦게 이 소식을 알게 된 조선 총독 데라우치 마사타케[寺內正毅]가 몹시

화를 냈다. 조선의 유물을 마음대로 반출해 조선인의 심기를 건드리는 것이 조선 통치에 걸림돌이 된다고 생각했기 때문이다. 그는 '폐사지는 원래 국유지로 봐야 하고, 그 폐사지에 있는 유물도 역시 국가 소유'라며 모리무라와 와다를 구류에 처하고 수사에 들어갔다.

와다는 총독부에 밉보이는 것이 사업에 지장이 있을 것이라 생각해 후지타에게 승탑을 되사서 총독부에 헌납하는 것으로 타협을 보았다. 이런 사정을 거쳐 지광국사탑은 1912년 12월 조선으로 돌아왔지만 제자리로 가지 못하고 조선총독부가 있는 경복궁으로 들어갔다.

경복궁 내에서도 여러 번 자리를 이동하더니 한국전쟁 때 폭격을 맞아 1만 2천 조각으로 파괴됐다. 경복궁 내에 많은 석물이 있었지만 지광국사탑만 큰 손상을 입었다. 미인박명이라더니 기구한 운명이었다.

한동안 방치되어 있던 지광국사탑을 우연히 보게 된 이승만 대통령이 깜짝 놀라 복원을 명령하는 바람에 부랴부랴 복원했지만 사실상 곳곳에 시멘트를 바른 임시 처방이었다. 1957년의 일이다.

1990년에는 지금의 국립고궁박물관(당시 국립중앙박물관) 뒤뜰로 이전해 그 자리에 있었다. 하지만 2004년 국립중앙박물관이 용산으로 이전할 때에는 이 지광국사탑을 함께 옮겨갈 수 없었다. 당시 기술로는 이 승탑을 제대로 옮겨 복원할 수가 없었던 까닭이다.

이후 정밀 안전 진단 결과 다수의 균열과 복원 부위 등이 탈락했음이 밝혀졌고, 2016년에는 대전의 국립문화재연구원으로 해체·이전했다. 그 사이 복원을 위한 종합적 기술이 발전해 과학적 조사와 보존 처리를 진행할 수 있었던 것이다.

이제 이 승탑을 어디에 복원할 것인가에 대한 논의가 일어났고, 결국 원래 있던 법천사지로 돌아가게 되었다. 법천사지는 그 사이 절터에 들어선 민가들을 철거하고 발굴 조사를 완료하였으며, 유물의 보관과 전시를 위해 법천사지 유적전시관을 세웠다.

지광국사탑을 원래 있던 위치에 탑비와 나란히 세우면 제일 좋았겠지만 야외에서 비바람을 맞으면 훼손될 위험이 있었다. 따라서 보호각을 세워야 하는데 지반이 튼튼하지 못해 그것도 여의치 않았다.

결국 내진 설계가 되어 있는 유적진시관 내에 지광국사탑을 세우기로 결정했다. 2023년 지광국사탑의 일부 부재가 112년 만에 1,975킬로미터를 돌아 원래 자리로 돌아왔다. 더구나 지광국사탑 기단부 사방에 장식했던 사자상 4구도 국립중앙박물관에서 돌아와 제 모습을 찾게 되었다. 그리하여 2024년 11월부터 우리는 법천사지 유적전시관에 복원된 지광국사탑을 볼 수 있게 되었다.

__ 법천사지 유적전시관으로 자리를 옮겨 지난 2024년 11월 복원 기념식을 치른 지광국사탑.

신라 절터의 아름다움

법천사지에서 남한강과 나란히 달리는 531번 도로를 따라 충주 쪽으로 가다 보면 정산리에 닿게 된다. 정산리에서 좌회전해 3킬로미터가량 들어가면 거돈사지 전시관이 길 오른쪽에 나온다. 이 유적 센터에서 다리를 건너면 거돈사지의 거대한 석축이 바로 나타나고 석축 귀퉁이에는 느티나무 고목이 석축을 감싸고 수호신장처럼 서 있다. 천 년이 넘었다는 고목으로 7미터가 넘는 몸 둘레를 자랑한다.

거돈사지는 석축만 보아도 신라시대에 창건된 사찰임을 알 수 있다. 거대한 돌들을 이가 맞도록 쌓았고, 그 사이사이 빈틈을 작은 돌로 메웠다. 전형적인 신라 양식이다. 신라시대 창건인 영주 부석사나 봉화 청량산 청량사 석축에서도 이러한 양식을 찾아볼 수 있다.

석축은 서쪽 끝이 가장 높고, 동쪽으로 갈수록 낮아진다. 경사로를 따라 석축을 쌓고 수평을 맞추었기 때문이다. 중앙의 돌계단을 올라가면 차츰 삼층석탑의 윗부분이 보이면서 절터의 전경이 드러난다.

사적으로 지정된 절터는 25,339제곱미터(약 7,600평), 낮은 야산이 삼면을 병풍처럼 감싸 안고 남쪽으로는 시내를 끼고 시원스레 트였다. 절은 탑 하나, 법당 하나인 일 탑 일 금당 형식으로 뒤쪽에 강당 터를 두고 차분히 앉아 있다. 아늑하고 포근하다.

1985년 눈발이 날리는 초겨울 처음 거돈사지를 찾아왔었는데, 이후에도 이만큼 절터가 보존되고 유물이 남아 있는 곳은 별로 보지 못했다. 사실 신라시대 절터는 전국 곳곳에 있다. 절터의 크기로는 황룡사지가 첫 손에 꼽히겠지만 유물은 별로 없다. 신라시대 절터 중에서 탑과 법당 터, 강당 터가 남아 있는 가장 멋진 곳을 꼽으라면 합천 영암사지를 1순위에 두겠지만 가장 안온한 곳을 꼽으라면 필자는 이 거돈사지를 추천하겠다.

___ 원주 거돈사지

절이 없어지면 절터에 가장 먼저 들어오는 것이 민가들이다. 이미 대지가 다 다져져 집짓기가 훨씬 수월했다. 거돈사지도 임진왜란 이후 절이 없어지자 민가들이 들어와 자리를 잡았다. 1982년부터 원주시가 절터를 매입해 철거할 때에도 민가가 15채 남아 있었다. 한림대학교에서 1989년부터 1991년까지 4차에 걸쳐 발굴 조사를 하였고, 이후에도 계속 복원과 정비사업을 벌여 지금의 깔끔한 모습으로 정리하였다. 앞에서 말한 거돈사지 전시관은 2023년 1월에 문을 열었다.

절터에서 처음 만나는 유물은 거돈사지 삼층석탑(보물)이다. 전형적인 신라 양식으로 작지만 단정한 맵시를 갖고 있다. 석가탑처럼 아무런 조각이나 문양이 없다.

특이하게 절 마당 높이에 바로 탑을 세운 것이 아니라 잘 정돈된 석단을

___ 원주 거돈사지 삼층석탑(보물)

쌓고 그 위에 석탑을 앉혔다. 석단 위로 올라가는 계단을 보면 역시 전형적인 신라 양식이다. 소맷돌을 사선으로 처리하고 앞쪽은 돌출된 수평으로 마감했다. 불국사 법당의 계단들과 같은 양식이다.

그럼 석탑을 왜 이렇게 석단 위에 세웠을까? 금당과의 조화를 이루기 위해서라 추측된다. 삼층석탑 뒤 금당은 정면 6칸, 측면 5칸의 큰 규모였다. 중앙에 남아 있는 불상의 좌대만 보아도 알 수 있다. 높이가 2미터에 이르고 폭도 넓다.

법당을 먼저 짓고 석탑을 조성했는데 높이가 너무 낮았다. 다시 만들기는 어려우니 묘책이 하나 등장했다. 석단을 쌓아 기단부 전체의 높이를 높이는 것이다. 그러자 금당과 석탑의 높이가 서로 조화롭게 어울렸다. 반대로 석탑보다 나중에 지은 법당이 높아 석단을 쌓았을 수도 있다. 선후가 어찌되었든 기단부 전체를 높여 금당 건물과 어울리게 하고자 이런 발상이 나온 것으

__ 원주 거돈사지 금당지와 불좌대

로 생각된다.

그럼 이 깊은 산중에 이만한 대작 불사를 밀어붙인 스님은 누구였을까?

바로 지증 도헌 스님(824~882)이다. 계룡산에 주석하던 스님은 경문왕의 누이인 단의장(端儀長) 옹주의 초청으로 옹주의 영지 안에 있던 현계산 안락사(安樂寺)로 옮겨 오게 되었다. 도헌 스님은 안락사를 '거돈사'로 이름을 바꾸고 절을 중창했다. 1장 6척(약 4.8미터)이나 되는 철불을 조성해 모셨다고 했으니 지금의 금당 터 대좌 위에 계셨을 것이다. 삼층석탑도 이 무렵에 조성되었을 것이다. 단의장 옹주는 그사이 좋은 논밭과 노비들을 거돈사에 기증하였다. 스님 또한 자신의 집안에서 물려받은 밭 5백 결(結)을 거돈사에 예속시켰다. 당시 1결은 1,200평 정도였으니 60만 평에 이르는 큰 재산이었다.

도헌 스님은 거돈사에 15년간 머물며 이 지역을 교화하다가 헌강왕 5년(879) 문경 희양산으로 옮겨 가 봉암사를 창건했다. 이 봉암사는 차츰 구산선문의 하나인 희양산문으로 발전하게 되고, 스님은 개산조로 모셔지게 되었다.

결국 지금 정비된 거돈사의 모습은 도헌 스님이 이룩해 놓은 것으로 보면 된다. 집안의 재산을 절에 예속시켰을 뿐만 아니라 석탑과 석축, 계단이 다 신라 양식이기 때문이다.

도헌 스님은 말년에 거돈사로 다시 돌아와 계시다가 입적했다. 1년이 지난 후 스님의 법구를 희양산으로 옮겨 장사지냈다. 헌강왕은 '지증(智證)'이라는 시호를 내려 주었고, 최치원이 지은 지증대사탑비(국보)가 지금도 문경 봉암사 경내에 남아 있다. 물론 지증대사탑(보물)과 함께 있으며 탑비는 경명왕 8년(924)에 세워졌다. 앞에 말한 내용들은 이 탑비에 실려 있다.

고려 때 들어서도 거돈사는 잘 유지됐고 초기에는 원공 국사(930~1018)와 인연을 맺게 된다. 스님의 법명은 '지종(智宗)'으로 8살 때 양평 사나사에 머물고 있던 인도 승려 홍범 삼장(弘梵三藏)에게 출가하였다. 스승이 인도로 돌아간 후 부지런히 수행 정진하여 많은 사람들이 공경하였는데 어느 날 이미 입적하신 고달선원 원종 대사가 꿈에 나타나 중국으로 유학할 것을 권유했다.

이듬해인 광종 6년(955) 결국 중국으로 건너가 천태산 국청사에서 천태교를 배움으로서 해동 천태종의 효시가 되었다. 중국에서도 천태학으로 명성을 얻던 중 다시 원종 대사가 꿈에 나타나 '소기의 목적을 이루었으니 귀국하라'는 꿈을 꾸고 광종 13년(962) 귀국했다. 여러 왕들의 예우를 받았으며 현종 3년(1012) 왕사가 되었고, 6년 뒤 거돈사에 머물다가 입적했다. 현종은 '원공(圓空)'이라는 시호를 내리고 국사로 추증했다.

지금 거돈사지에는 원공국사탑비(보물)만 있고 원공국사탑(보물)은 없다.

___ 문경 봉암사 지증대사탑(보물)과 지증대사탑비(국보)

아니, 원공국사탑이 있던 자리에 원공국사탑의 복제품을 세워 놓았다. 원공국사탑은 현재 용산 국립중앙박물관 야외에 있다. 물론 경복궁에 있다가 이전해 온 것이다. 당연히 유랑의 길을 거쳐 이곳까지 오게 되었다.

원공국사탑이 거돈사지에서 어떻게 반출되었는지는 어떤 기록도 남아 있지 않다. 다만 서울로 반출된 뒤 법천사지 지광국사탑을 소유했다가 일본 오사카의 남작에게 팔아먹은 와다 스네이치의 손에 들어갔다. 문화재가 흘러간 정황으로 보아 이웃한 법천사지의 지광국사탑을 반출해 와다 스네이치에게 팔았던 모리무라 타로의 소행은 아니었는지 모르겠다.

와다 스네이치는 이 원공국사탑도 자신의 집 정원에 두었다. 기록에 따르면 그의 정원에는 수많은 석물들이 있었다고 한다. 원래 그의 집은 임진왜란 때 맹활약한 백사 이항복(1556~1618)의 집이었다. 그의 후손들이 대대로 살았지만 1910년 한일 합병이 되자 이항복의 10대손인 이건영, 이회영, 이시영 등 여섯 형제가 서로 상의해 모든 재산을 팔아 독립운동 자금을 만들어 만주로 떠났다. 그때 이 집도 팔았던 것이다.

그리하여 이완용의 손을 거쳐 다시 와다 스네이치가 구입해 살고 있었다. 와다 스네이치는 조선상업은행의 6대 주주이기도 했고, 약종상, 무역, 광산 개발까지 하며 재산을 모았다. 또한 문화재 수집이 취미였기에 많은 석조 문화재가 그의 정원에 있었다.

8·15해방이 되자 미군정청이 들어와서 1945년 9월 8일부터 1948년 8월 15일까지 남한에 단독 정부가 들어설 때까지 남한을 통치하게 된다. 미군정청 학무국 문화과에서는 동양미술을 전공한 헬렌 채핀(Helen Chapin, 1892~1950) 박사를 초빙하여 문화재 조사를 의뢰하였다. 헬렌 채핀 박사는 이미 1930년대에 한국을 여러 차례 방문하여 우리 문화재에 대한 조예도 갖고 있었다.

그녀는 주로 총독부 박물관으로 출근했는데 과거 총독부가 지정한 문화재의 소재지를 재확인하는 과정에서 원공국사탑을 확인하려고 와다 스네이치가 살던 집을 찾아갔다. 하지만 원공국사탑은 이미 사라지고 종적이 묘연했다. 누군가 벌써 실어 가 버린 것이다.

그녀는 황급히 박물관으로 돌아와 당시 박물관 연구원이었던 황수영에게 어찌 된 일인지를 물었다. 모두들 깜짝 놀라 즉시 사라진 원공국사탑을 추적했다. 몇몇 증언으로 이 모 씨가 원공국사탑을 임의로 옮겨 자신의 성북동 별장 정자 옆에 세워 놓았음을 알게 되었다. 이 모 씨는 1928년 와다 스네이치가 죽은 후 그 가족으로부터 와다의 집을 구매한 사람이었다. 박물관 측의 설명을 듣자 이 모 씨는 이 지정문화재를 순순히 내 놓았고, 원공국사탑은 다시 경복궁으로 이전하게 되었다. 1948년의 일이다.

원공국사탑은 팔각원당형에 충실한 탑이다. 거돈사지에서 반출할 때 땅에 직접 닿는 바닥돌(지대석)을 그대로 두고 반출됐다. 우선 승탑의 전체 면마다 새겨진 화려하고 섬세한 조각이 돋보인다. 지붕돌의 추녀가 목조 건축의 지붕처럼 부드럽게 치켜 올라가 경쾌한 맛을 주는 것도 일품이다.

팔각의 중대석에는 연꽃 모양 안상을 새기고 그 안에 팔부신중을 돌아가며 새겨 넣었다. 상대석의 앙련도 이중으로 하였는데 연꽃잎마다 아래쪽에 꽃 문양을 넣어 매우 화려한 느낌을 준다. 팔각의 몸돌에는 앞·뒷면에 문과 자물쇠를 넣고 좌우에는 창을 내었으며 나머지 네 면에는 사천왕 입상을 조각하였다.

지붕돌 위에도 팔각의 보개가 얹혀져 있지만 귀꽃이 다 떨어져 나간 상태다. 귀꽃이 다 살아 있었다면 훨씬 더 화려해 보였을 것이다. 진공국사탑은 고려 초기의 승탑 중에서 조형의 비례가 좋고 화려함과 중후한 멋을 조화시킨 승탑이다.

___ 원주 거돈사지 원공국사탑(보물). 현재 국립중앙박물관에 자리하고 있다.

거돈사지 현장에 남아 있는 원공국사탑비(보물)는 현종 16년(1025)에 세운 비로 원공 국사가 입적한 지 7년 뒤에 세웠다. 보존 상태가 양호해 고려 초기의 비석 양식을 더듬어 볼 수 있는 문화재다.

신라시대 말기나 고려시대에 만들어진 탑비를 보면 비신의 높이에 비해 두께가 좁은 편이다. 어느 탑비나 비슷하다. 그에 비해 받침돌인 귀부와 머릿돌인 이수는 듬직한 편이다. 어찌 보면 가분수처럼 보이는데 이 당시에는 이러한 양식이 보편화되었던 듯하다. 그중에서도 원공국사탑비는 머릿돌이 두드러지게 큰 편이다.

받침돌의 거북 머리는 물갈퀴가 있는 용의 머리를 하였는데 목을 움츠리고 입을 꽉 다문 모습이라 특이하다. 거북 등에는 겹으로 테를 두른 정육각형 문양 안에 '만(卍)' 자와 연꽃 무늬를 교대로 조각하였다. 거북 등껍질의 테두리에도 네 잎의 꽃 문양이 돌아가며 베풀어졌는데, 거북 꼬리는 S자 형태로 2번 굽어지게 만들어 살펴보는 재미를 준다.

비신은 높이가 2.45미터, 폭 1.26미터로 글씨 보존이 양호한 편이다. 김거웅이 구양순체로 비문을 썼는데 고려시대의 단정한 명품으로 알려져 있다. 비문을 지은 사람은 해동공자 최충(984~1068)이다. 이 시절만 해도 유교와 불교가 서로 갈등하지 않았던 시절이어서 유교의 대학자가 불교 고승의 비문을 짓기도 했다. 이러한 유풍은 고려 말까지 이어진다. 그 예로 북한산 태고사 원증국사탑비(보물)는 바로 태고 보우 국사(1301~1382)의 탑비로서 당시의 대 유학자인 목은 이색(1328~1396)이 비문을 지었다.

머릿돌은 아래쪽 일정 부분에 돌아가며 세로 선을 내었다. 마치 커튼을 고르게 내린 것처럼 보인다. 그 위쪽 정면 가운데에는 탑비의 주인을 알려주는 전액이 있고, 전액 양쪽으로는 구름 속에서 여의주를 다투는 용을 조각했다. 옆쪽과 뒤쪽에도 역시 운룡문이 나타나 있다.

___ 원주 거돈사지 원공국사탑비(보물)

원주 지역은 고려시대에 개경에서 한강 이남으로 가는 교통과 군사의 요충지여서 국가에서 지원하는 큰 사찰들이 있었다. 일제강점기 초기인 1914년 조선고적조사 보고서에는 '원주에는 철불, 석불, 석탑이 곳곳에 널려 있어 경주도 놀라 맨발로 도망갈 정도'라고 쓰여 있다. 그만큼 많은 유적과 유물이 남한강가를 따라 산재해 있었으니 오늘날 우리가 절터 기행의 1번지로 이 지역을 꼽게 된 것도 우연이 아닐 것이다.

사진 출처

- 강원특별자치도　　　378, 379, 386
- 국가유산청　　　21(아래), 44(위), 71, 75(위), 112, 118, 127, 129(아래), 134, 147, 168, 170(아래), 184, 187(위), 262, 263, 274(아래), 281, 283, 321(아래), 324, 325(위), 327(위), 340(위), 356, 357, 363, 380, 382, 411, 433, 446(위), 447, 463, 464, 486(위), 494(상단 오른쪽), 498, 503, 505
- 국립민속박물관　　　307, 309, 310, 311
- 국립중앙도서관　　　110, 336
- 국립중앙박물관　　　28, 30, 64, 92, 199, 374(하단 왼쪽), 450, 451, 480, 490, 512
- 국사편찬위원회　　　287, 366
- 노승대　　　21(위), 25, 94(부분), 100, 101, 102, 104, 105, 108, 113, 115, 117, 144, 145, 161, 162, 163, 177, 179(아래), 188, 189, 191, 192, 193, 194, 206(아래), 228, 239, 240, 242, 265, 267, 271, 272, 278, 302, 304, 305, 312, 318, 319(오른쪽), 331, 332, 340(아래), 358, 359, 374(위·하단 오른쪽), 384, 385, 425, 427, 428, 429, 445, 446(아래), 452, 465, 466, 469, 470, 481(아래), 486(아래), 488, 494(아래), 496, 499(위)
- 노재학　　　196
- 독립기념관　　　288
- 성보문화유산연구원　　　334
- 셔터스톡　　　10-11, 16-17, 19, 33(위), 35, 58, 70, 116, 124-125, 201, 204, 205, 206(위), 212-213, 220, 249, 316, 346-347, 348, 349, 351, 354, 387, 388(위), 412, 431, 462, 474, 493
- 수덕사근역성보관　　　455
- 연합뉴스　　　75(아래), 388(아래)
- 월정사성보박물관　　　36
- 위키미디어　　　284, 370, 454, 500
- 주수완　　　182
- 직지성보박물관　　　107
- 충북문화재돌봄센터　　　248(위)
- 충북문화재연구원　　　216, 217, 218, 247, 248(아래), 495
- 표충사호국박물관　　　260, 274(위)
- 한국관광공사　　　42, 72, 126, 132, 133, 135, 136, 197, 250, 269, 277, 279, 321(위), 471
- 한국학중앙연구원　　　501

●
이 책에 실린 모든 사진의 저작권은
각 저작권자 혹은 단체에 있습니다.

●
페이지가 표시되어 있지 않은 사진은
불광미디어 아카이브 사진입니다.

●
사진의 소장처를 확인하지
못하였거나 잘못 기재된 경우
추후 정보가 확인되는 대로
다음 쇄에 반영토록 하겠습니다.

가는 길은 알아도
무얼 봐야 할지
모르겠다면,

선생님,
지도엔 없는
이야기 하나
들려주시죠

ⓒ 노승대, 2025

2025년 6월 13일 초판 1쇄 발행

지은이 노승대
발행인 박상근(至弘) • 편집인 류지호 • 편집이사 양동민
책임편집 김재호 • 편집 양민호, 김소영, 최호승, 정유리, 이란희, 이진우 • 디자인 쿠담디자인
제작 김명환 • 마케팅 김대현, 김대우, 이선호, 류지수 • 관리 윤정안
콘텐츠국 유권준, 김희준
펴낸 곳 불광출판사 (03169) 서울시 종로구 사직로10길 17 인왕빌딩 301호
　　　 대표전화 02) 420-3200 편집부 02) 420-3300 팩시밀리 02) 420-3400
　　　 출판등록 제300-2009-130호(1979. 10. 10.)

ISBN 979-11-7261-172-9 (03910)

값 32,000원

잘못된 책은 구입하신 서점에서 바꾸어 드립니다.
독자의 의견을 기다립니다. www.bulkwang.co.kr
불광출판사는 (주)불광미디어의 단행본 브랜드입니다.